한국전통문화와 문화콘텐츠

■ **김기덕** (neutro@empal.com)

1956년생. 건국대학교 사학과를 졸업하고, 건국대학교 대학원에서 「고려 봉작제(封爵制) 연구」로 문학박사학위를 받았다. 한국사 가운데 주로 고려시대 왕족을 연구하였으며, 이후 오행사상·풍수사상으로 연구범위를 넓혔다. 한편 디지털문화의 전개와 관련하여 일찍이 영상에도 관심을 가져 '영상역사학'을 제창하였으며, 나아가 인문학과 문화콘텐츠의 상생적 결합을 의미하는 '인문콘텐츠'라는 개념을 제시하고 '인문콘텐츠학회'를 결성하는 데에 주도적 역할을 하였다. 인문콘텐츠학회 회장을 역임하였으며, 현재 건국대학교 문과대학 문화콘텐츠전공 강의교수로 있다. 지은 책으로는 『고려시대 봉작제 연구』(청년사, 1998), 『한국인의 역사의식』(공편, 청년사, 1999), 『우리 인문학과 영상』(책임편집, 푸른역사, 2002), 『고려의 황도 개경』(공저, 창작과비평사, 2002), 『효문화와 콘텐츠』(공저, 경기문화재단, 2004), 『문화콘텐츠입문』(공저, 북코리아, 2005), 『영상역사학』(생각의나무, 2005), 『한국전통문화론』(공저, 북코리아, 2006), 『인문학과 문화콘텐츠』(공저, 다할미디어, 2006) 등이 있다.

한국전통문화와 문화콘텐츠

2007년 7월 5일 초판 인쇄
2007년 7월 11일 초판 발행

지 은 이   김기덕
펴 낸 이   이찬규
펴 낸 곳   북코리아
등록번호   제10-1519호
주   소   121-802 서울시 마포구 공덕2동 173-51
전   화   (02)704-7840
팩   스   (02)704-7848
이 메 일   sunhaksa@korea.com
홈페이지   www.sunhaksa.com

값 17,000원

ISBN   978-89-92521-29-1   93380

한국
전통문화와
문화콘텐츠

김기덕 지음

북코리아

:: 책머리에

필자는 한국사를 연구하다가 2002년부터 문화콘텐츠라는 분야에 뛰어들었으니, 햇수로는 6년이 된다. 그보다 먼저 필자는 2000년부터 영상에 관심을 가져왔다. 즉 2000년 역사와 영상의 결합을 강조하는 '영상역사학'을 제창하면서부터, 2년여 동안 열심히 TV 역사극과 역사 다큐멘터리를 분석하고 영상기록을 강조하는 글들을 써왔다. 그 결실이 『우리 인문학과 영상』(푸른역사, 2002, 공저)과 『영상역사학』(생각의나무, 2006)으로 묶여 나왔다.

2000년대에 들어서도 '인문학의 위기'가 많이 논의되었다. 2002년에 필자는 영상을 포함하여 좀더 커다란 그림을 그릴 필요가 있다고 판단하였다. 그 결과 관심있는 연구자들과 함께 2002년 10월 '인문콘텐츠학회'를 조직하고 문화콘텐츠 분야에 몰두하였다. 영상역사와 관련된 연구자는 기본적으로 역사학을 하는 사람들 중에서 영상에 관심이 있는 연구자로 한정된다. 그것도 한국사를 소재로 하는 역사다큐멘터리나 TV 역사극으로 좁히면, 한국사를 전공하는 연구자로서 영상에 관심이 있는 연구자로 더욱 한정이 된다.

2002년 당시 필자는 영상역사만으로는 인문학의 위기를 극복해 나갈 수 없다고 판단하였다. 그 결과 필자는 역사를 포함하여 인문학 전체의 가치와 효용을 드러낼 필요가 있다고 결론내렸다. 그리고 그것은 영상을 포함하여 보다 큰 그릇인 문화콘텐츠라고 보았다. 이렇게 해서 인문학과 문화콘텐츠의 결합을 상징하는 '인문콘텐츠학회'를 조직하고 본격적으로 문화콘텐츠 연구에 뛰어 들었다.

지난 6년의 세월 동안 나름대로 열심히 달려 왔다고 생각한다. 이 혁명적 변화의 시대라는 21세기 초두에 6년이라는 세월은 참으로 긴 시간이었다고 느껴진다. 필자 개인뿐 아니라 인문콘텐츠학회 차원에서도 많은 성장이 있었다. 처음에는 '인문콘텐츠'라는 말에 어색하다거나 이상하다는 의견도 많았으나 지금은 대단히 자연스러운 표현으로 정착되었다. 학회의 학술지『인문콘텐츠』도 한국학술진흥재단에 등재되었다.

본 책에 실린 것들은 필자가 지난 몇 년동안 문화콘텐츠 관련 주제로 쓴 것 중에서, 이미『영상역사학』에 수록하였던 두 편의 글(「콘텐츠의 개념과 인문콘텐츠」, 「전통적인 인문학 관련 학과에 있어 '콘텐츠 교과목'의 보완」)을 제외하고 수록한 것이다. 본 책을 출간하면서 본래 발표한 글들을 그대로 실을 것인가, 아니면 적절히 보완할 것인가 하는 점을 많이 고민하였다. 그 결과 원칙적으로 본래 글의 논지를 살리되, 시대가 흘러 보완할 필요가 있는 통계자료나 내용의 중복 등을 조정하는 수준에서 최소한의 보완만 하기로 하였다. 아울러 본 책을 출간하면서 몇 편의 글을 새로 써서 본 책의 제목에 부합되도록 하였다.

『한국전통문화와 문화콘텐츠』로 이름붙인 본 책은 크게 ① 인문적 개념체계와 문화콘텐츠 ② 역사학과 문화콘텐츠 ③ 전통문화의 활용과 문화콘텐츠 ④ 한국적 특수 문화전통과 문화콘텐츠 활용 시론 ⑤ 문화원형사업과 문화콘텐츠의 다섯 장으로 구성되어 있다. 제목에서 '한국전통문화'라고 했지만, 본문에서 언급한 삼원(三元) 개념이나 풍수 및 관상이론은 조금 생소한 것이라고 할 수 있다. 필자는 문화콘텐츠 분석이론으로 삼원이론이 추가될 필요가 있다는 점, 풍수나 관상, 기(氣)이론과 같은 것도 문화콘텐츠와 만날 필요가 있다는 점을 제시한 것이다.

끝으로 <별첨논문>으로 첨가한 글은 필자가 1994년에 발표한 글이다. 10년이 넘은 글을 싣는 것에 대하여 의아하게 생각할 수도 있을 것이다. 그러나 그 글은 당시 '국제화' '세계화'라는 논의가 막 시작할 때에 그에 대하여 처음 쓴 글이며, 그 글을 준비하면서 '한국문화'에 대하여 많은 고민을 했던 글이다. 따라서 그 글은 필자가 추후 문화사에 관심을 갖고 더 나아가 민속학, 풍수, 그리고 영상이나 문화콘텐츠에 관심을 갖게 한 계기가 된 글이라고 할 수 있다. 그런 점에서 완성도와는 별개로 필자가 애착을 갖는 글이다. 비록 오래된 글이나, 전체적인 주제가 한국문화에 관한 것이며 또한 당시의 문제의식이 아직도 유효한 것이 많다고 판단하여 수정없이 그대로 본 책에 수록하였다.

한국전통문화와 문화콘텐츠의 결합을 연구한 본 책은 아직 전통문화와 관련된 다양한 소재들이 문화콘텐츠에 활용될 수 있다는 것을 제시하는 수준에 머물러 있다. 앞으로 좀더 연구되어야 할 것은 전통문화의 다양한 요소들이 적절하게 문화콘텐츠 성과물로 나타나기 위하여 필요한 구체적인 '결합방식'에 대한 제시일 것이다. 이 점을 세세하게 제시하지 못한 점이 본 책의 한계일 것이다. 앞으로 필자는 한국전통문화와 문화콘텐츠 성과물의 구체적인 결합방식에 관한 연구에 매진하고자 한다.

2007년 6월 1일

김 기 덕

contents

제2장 역사학과 문화콘텐츠 /89

contents

제4장 한국적 특수 문화전통과 문화콘텐츠 활용 시론(試論) /181

contents

제5장 문화원형사업과 문화콘텐츠 /233

제1장
인문적 개념체계와 문화콘텐츠

문화콘텐츠 분야가 학적 체계를 갖추면서 정식 '문화콘텐츠학'으로 정립되기 위해서는, 무엇보다 문화콘텐츠 분야를 분석하는 '이론'이 더욱 활발히 개발되어야 할 것으로 생각한다. 즉 기존 이론을 활용하여 문화콘텐츠 분야를 분석하는 것도 여전히 유효한 것이지만, 멀티미디어로 반영되는 문화콘텐츠 분야에 적합한 이론적 축적이 더욱 절실히 요청된다고 할 수 있다. 본 장에서 소개하는 삼원(三元)이론은 아직 생소한 이론이다. 필자는 가상세계 및 초월세계를 쉽사리 넘나드는 문화콘텐츠 분야에 있어, 삼원이론이 중요한 이론적 분석도구로 활용될 수 있을 것으로 생각한다. 본 장의 글들은 그러한 입장에서 삼원이론을 시론적으로 적용해 본 것이다. 앞으로 필자는 삼원이론을 보다 적극적으로 적용하여, 하나의 뚜렷한 문화콘텐츠 분석도구로 자리매김해 보고자 한다.

▌제1절 문화원형의 층위(層位)와 새로운 원형 개념*

I. 머리말

2005년부터 한국문화콘텐츠진흥원에서 시행한 '문화원형 디지털콘텐츠화 사업'은[1] 학계에 문화·원형·문화원형·우리문화원형·글로벌문화원형이란 무엇이며, 그것을 디지털콘텐츠화한다는 것은 어떠한 의미가 있는가 하는 과제를 본격적으로 던져 주었다고 할 수 있다.

이 점은 크게 보아 산업계의 요구가 학계에 새로운 연구과제를 던져준 것으로, 시야를 넓혀 생각하면 전혀 이상한 현상이 아니다. 필자는 현대의 다양한 흐름들을 관통하는 핵심 키워드를 '대중화코드'로 파악하고 있다. 즉 '인문정보학', '영상역사학', '문화콘텐츠'와 같은 인문학의 새로운 흐름들은 결국 대중화코드의 인문학적 관철과정이라고 정리한 바 있다.[2]

'인문학의 위기'의 본질도 이러한 대중화의 흐름에 적절히 대응하지 못한 괴리현상, 혹은 과도기 차원에서 출현한 사회적 문제제기일 것이다. 그렇다면 초점은 '대중성(대중화)'과 '전문성(전문화)'의 관계가 될 것이다. 일찍이 이에 대해 필자는 전문성의 축적만큼 대중화되며, 대중화는 새로운 전문성을 요청한

---

* 본 글은 필자의 발표논문(김기덕, 「문화원형의 층위와 새로운 원형 개념」, 『인문콘텐츠』 6, 2005)을 보완한 글이다. 본 글은 제5장 문화원형사업 검토에 배정할 수도 있으나, 문화원형의 개념 문제에 천착하였으므로 제1장에 포함시켰다.

1) 처음에는 '우리문화원형 디지털콘텐츠화사업'이었으나, 2005년에는 '우리'라는 말을 떼고 '문화원형 디지털콘텐츠화사업'이라고 하면서 우리문화원형 외에 글로벌문화원형도 개발 대상으로 포함시켰다.

2) 김기덕, 「전통 역사학의 응용적 측면의 새로운 흐름과 과제 — '인문정보학'·'영상역사학'· '문화콘텐츠' 관련 성과를 중심으로」, 『역사와 현실』 58, 2005.

다는 것으로 정리한 바 있다.3)

한국문화콘텐츠진흥원에서 수행하는 '문화원형 디지털콘텐츠화사업'에 대한 평가와는 별개로, 대중화코드의 반영인 이러한 사업이 결국 전문성을 담보하는 인문학에 새로운 과제를 던져준다는 것은 자연스러운 일이라고 보아야 한다. 물론 아직 인식의 차이로 이러한 사업에 인문학이 본격적으로 관여하는 것이 바람직한 것인가 하는 논란은 있을 수 있을 것이다.

'문화원형 디지털콘텐츠화사업'이 몇 년간 지속되면서 많은 인문학자들이 관여하였으나, 정작 문화원형이란 무엇인가에 대한 심도 있는 검토는 이루어지지 않았다.4) 이에 2005년 하반기에 인문콘텐츠학회에서 문화원형에 대한 워크숍이 있었으며, 그 결과는『인문콘텐츠』제6호에 게재되었다.5) 그 논의과정에서 필자도 나름대로 몇 가지 새로운 의견을 제시할 필요가 있어 본 글을 작성

---

3) 김기덕, 「한국사의 대중화 경향과 과제 – 한국사 저작물을 중심으로」,『중앙사론』10–11 합집, 1998; 김기덕,『영상역사학』, 생각의나무, 2005 재수록.

4) 원형(Archetype)에 대한 논의는 1960-1970년대 문학, 무속 등에서 자주 거론되어 왔다. 그 대표적인 것은 한국문학의 원형을 꿈과 관련시켜 영의 육체탈리(肉體脫離)로 본 견해(황패강,『한국서사문학연구』, 단국대학교 출판부, 1972), 한국신화의 원형을 '본풀이' 무가와 관련해서 '본풀이' 곧 본원의 풀이로 본 견해(김열규,『한국신화와 무속연구』, 일조각, 1977), 한국무속의 원형을 엘리아데의 명제를 그대로 옮겨 단군신화를 비롯한 건국신화 속에 있는 전체로 본 견해(유동식,『한국무교의 역사와 구조』, 연세대학교출판부, 1975) 등을 대표적으로 들 수 있다(김태곤, 「원본의 개념」,『한국문화의 원본사고』, 민속원, 1997, 3쪽). 이 외에도 흔히 한국기층문화 탐구의 사례로 우리의 원형을 찾는다는 취지에서, '한국신화의 원형', '한국문화의 원형', '한국시가의 원형', '한국인의 원형적 사고', '한국정치의 원형', '토속신앙의 원형', '현대소설의 원형', '한국민속의 원형' 등의 용어가 자주 쓰이고 있는 실정이다. 이처럼 원형 개념은 이미 오래 전에 적용되었으나, 그 개념의 적합성을 서로 활발히 논쟁하며 사용한 것은 아니다.

5) 김교빈, 「문화원형의 개념과 활용」; 송태현, 「카를 구스타프 융의 원형 개념」; 배영동, 「문화콘텐츠화 사업에서 '문화원형' 개념의 함의와 한계」; 김기덕, 「문화원형의 층위와 새로운 원형 개념」; 송성욱, 「문화콘텐츠 창작소재와 문화원형」

하게 되었다.

   필자는 본 글에서 문화원형을 둘러싼 개념 및 활용 문제에 대한 전체적인 고찰은 다루지 않고자 한다. 그 점은 다른 필자들이 본격적으로 다루고 있기 때문이다. 본 글에서는 좀더 구체적으로 정리할 필요가 있다고 생각하는 '문화원형의 층위' 문제와 흔히 문화원형의 논의에서 간과하고 있다고 생각하는 '근본 질서 혹은 법칙'의 측면을 제기하면서 '삼원론(三元論)'을 중점적으로 소개하고자 한다.

II. 문화원형의 층위

   '문화원형' 논의에서 공통적으로 지적하고 있는 것은 문화·문화원형은 역사적 과정 즉 시간 및 공간에 따라 변화될 수 있다는 점이다. 그렇다면 문화원형에는 다양한 범주가 있을 수 있다. 각각의 문화원형은 시간 및 공간을 달리하는 다른 다양한 범주의 문화원형과 비교하여 각기 보편성과 특수성을 아울러 갖고 있다. 보편성은 '원형'을 공유함에서 오는 것이며, 특수성이란 구성원 사이에 시간과 공간의 차이에 따라 타 구성원과 차별되는 주체성과 정체성이 될 것이다.

   시간 및 공간에 따라 변화하는 문화원형의 다양한 범주를 '문화원형의 층위'로 표현하여 설명할 수 있을 것이다. 이러한 문화원형의 층위는 앞에서 언급한 시간과 공간 외에 주제를 기준으로 나누어 볼 수도 있다고 생각한다. 그것을 표와 그림으로 제시하면 다음과 같이 될 것이다.

표 1. 문화원형의 층위

핵심 코어	시간축 확산	공간축 확산	주제축 확산
근본질서, 음양론, 터 문화 등 원초적 문화원형	원시, 고대, 중세, 근대, 현대, 초월시간대 등 시간의 변화를 통해 확산되는 문화원형	개인, 가문, 마을, 지역, 국가, 문화권, 글로벌 등 공간의 변화를 통해 확산되는 문화원형	인물, 배경, 사건, 아이템 등 다양한 주제와 그 하위 주제 등으로 계속 확산되는 문화원형

여기에서 핵심 코어(Core)란 근본적인 원형·질서·본(本) 정도의 의미로 사용하였다. 문화원형은 본질적인 핵심 코어에서 점차 시간축, 공간축, 주제축의 세 가지 지표로 확산된다고 할 수 있다. 이러한 다양한 문화원형의 층위를 다음 <그림 2>에서 <그림 5>까지 유형화해 볼 수 있을 것이다. 물론 여기에서 시간축, 공간축, 주제축 확산사례를 예시해 보았지만, 모든 층위가 하나의 기준만으로 제시되기에는 한계가 있었다. 비록 세 요소가 혼재된 측면도 있으나, 기본이 되는 요소로 제목을 잡아 보았다.

위의 예시에서는 우리문화원형의 층위만이 아니라 글로벌문화원형의 층위도 제시하여 보았다. 그만큼 무리한 측면도 커졌으나 필자가 제기하는

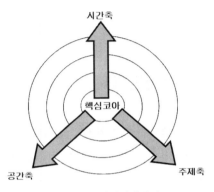

그림 1 ▶ **문화원형의 층위**

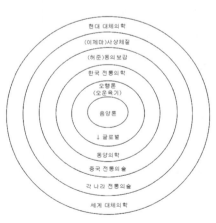

그림 2 ▶ **문화원형의 층위사례(주제축)**

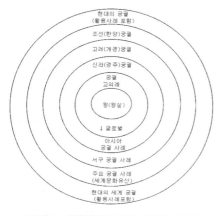

그림 3 ▶ 만화원형의 층위 사례 2(시간축)

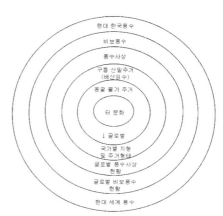

그림 4 ▶ 문화원형의 층위 사례 3(공간축)

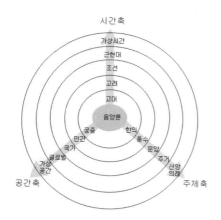

그림 5 ▶ 문화원형의 층위 사례 4(종합축)

문제의식을 명확히 하고자 시도하여 보았다. 앞에서 언급한 것처럼 모든 층위를 하나의 축으로 설명하기에는 한계가 있으나, <그림 2>는 주제축, <그림 3>은 시간축, <그림 4>는 공간축을 예시해 보았으며, <그림 5>는 세 축을 다 적용한 사례를 제시해 본 것이다.

　여기에서 필자가 강조하고 싶은 점은 다음의 세 가지이다. 첫째는 위의 다양한 문화원형의 층위들을 전부 '문화원형'이라고 부를 수 있다는 점이다. 그러므로 근현대의 사례도 문화원형의 범주에 포괄될 수 있다.6) 물론 여기에는 그야말로 근원적인 문화원형이 있으며

---

6) 이 점은 특히 '문화원형 디지털콘텐츠화사업'의 과제를 도출할 경우에 유념해야 할 것이다. '문화원형'이라는 표현이 근현대의 문화전통을 제외시킨다고 생각할 필요는 없을 것이다.

또한 시대적으로나 공간적으로 그리고 주제에 따라 상대적으로 더욱 강력하게 작용된 문화원형이 있을 수 있다. 크게 보아 우리 민족의 경우에는 오늘날 정체성 확립에 주된 요소를 정립시킨 시기는 조선후기였으므로, 조선후기를 중심으로 하는 시간축, 공간축, 주제축이 보다 강력하게 문화원형으로 작용될 수 있을 것이다. 그 점은 현존하는 자료의 측면과도 결부하여, 실제 '문화원형 디지털콘텐츠화사업'에서 가장 많이 개발된 사실에서도 간접적으로 증명된다고 할 수 있다.

둘째는 문화원형에 대한 학문적 연구에 있어서나, 산업적 활용을 염두에 두고 개발하는 '문화원형 디지털콘텐츠화사업'에 있어서나, 위의 문화원형의 층위를 전부 염두에 둘 필요가 있다는 점이다. 사실상 이 점은 '역사성'이라는 점을 고려할 경우 당연히 적용되는 것이다. 그러나 종종 '문화원형 디지털콘텐츠화사업'의 결과물들의 경우 이 점이 간과되는 측면이 있다. 물론 모든 층위를 전부 자세히 다루라는 것은 아니다. '문화원형 디지털콘텐츠화사업'에 있어 주제에 따라 공시적 혹은 통시적 개발을 하게 되는데, 어떤 경우이든 그것이 갖는 '의미'를 명확히 찾아내고 제시하기 위해서는 전체 층위를 고려해야 한다는 점을 강조하는 것이다.

셋째는 위의 두 번 째 지적의 연장선상에서 본원적인 문화원형의 핵심코어에 더욱 천착할 필요가 있다는 점을 지적하고자 한다. 흔히 본원적인 문화원형은 잘 알 수 없으므로 그것을 찾는 노력은 무의미하다는 선입견을 갖는 연구자들도 많이 있다. 그러나 그러한 태도는 온당치 않다고 필자는 생각하며, 이제 장을 달리하여 그 점을 천착해 보고자 한다.

III. 새로운 원형 개념

앞 장에서 문화원형의 핵심코어를 언급한 바 있다. 이제 이 점을 대한 논의를 전개하기 위하여 먼저 원형 개념을 간략히 정리해 보고자 한다.7)

표 2. 원형의 개념

융	엘리아데	바슐바르·프라이·뒤랑	일반용어
Archetype (집단 무의식의 기조)	Exemplary model (모범적 모형) paradigm(母本)	원초적 이미지 원형적 이미지	Prototype (전형, 원형)

흔히 '원형'이라고 하면 융의 정의를 생각한다. 융 이후의 원형 논의도 융의 논지를 염두에 두어야 비교 가능하다. 문학이나 역사학 등에서 종교적, 심리적 측면의 융 위주의 원형 개념 대신에 Prototype이라는 표현을 사용하는 경우가 있으나, 이것은 다분히 일반적인 용어로서 원형논쟁의 역사성을 갖는 것은 아니다.

필자는 원형 논쟁, 특히 한국사회에서 전개되는 원형논쟁에 의문이 있다. 우리가 처음 원형이라는 표현을 본격적으로 사용한 융에 주목하는 것은 당연한 것이지만, 융이나 그 이후에 전개되는 서구의 원형논쟁에 매몰될 필요가 있는가 하는 점이다. 원형 개념에서 대표적인 융이나 엘리아데 자신들도 혼선을 보이고 있는 원형 개념을, 그들의 논지에 비추어서 우리의 문화현상을 맞출 필요는 없다고 생각한다. 그들의 논지를 참고하고 고민하되, 우리의 문화현상을 천착하여 원형적 요소가 무엇인지 찾아보는 노력을 기울이는 것이 보다 생산적일 것이다. 그 점에서 필자는 민속학자 김태곤의 논지를 주목한다. 그리고 다른 각도에서는 융이 언급한 '집단 무의식'류의 원형개념보다는 세상의 '근본질서'에

---

7) 여기에 대해서는 주5)에서 밝힌 글들을 참고하여 필자가 재정리해 본 것이다.

주목할 필요가 있다고 본다. 그 점에서 '삼원론'의 문제를 제기해 보고자 한다.

1. 김태곤의 '원본사고(原本思考)'

먼저 민속학자 김태곤은 한국학계에서 사용되고 있는 '원형' 개념이 어떤 개념을 전제로 사용되고 있는가 하는 점이 불분명하다는 점을 지적하였다. 그리고 그는 융이나 엘리아데의 개념에 맞추어 무속현상을 설명하지 않고, 무속현장에서 무속의 핵으로 있는 것은 존재 근원에 대한 원질사고(原質思考), 즉 존재에 대한 원본(原本) 사고라고 하면서 자신의 새로운 원본개념을 제시하였다.

융의 원형은 무의식의 구조라는 개념으로 사용되었고, 엘리아데의 원형은 모범적 모형이라는 측면에서 신의 행동 특히 신의 천지창조행위라는 개념으로 사용하였으나, 김태곤의 '원본'이라는 용어는 만물의 근원을 신(神)으로 보게 된 그 사고근원을 더 분석해 들어가는 시각이라고 할 수 있다. 그래서 원본은 원형 보다도 그 이전에 있었던 존재의 근원을 문제삼는 것이다. 원형이 아키타입(Archetype)의 역어라고 할 때, 타입이라는 말은 '형'·'유형'으로 이것은 일정한 규격을 갖춘 형상이란 의미로 받아들여질 수 있고, 반면에 원본의 '본'은 '본(本: pattern)·근본·근원'의 의미, 즉 일정한 규격을 갖춘 형상 이전에 그 형상의 바탕이 되는 근원이라는 의미가 된다. 따라서 원본은 'Archepattern'이라고 옮길 수 있다.

이러한 원본사고(原本思考)에서는 존재의 근원인 '카오스'의 영원으로부터 존재를 보는 사고가 존재근원에 대한 원질사고로 무속사고의 '원본'이 된다. 그래서 존재근원인 '카오스'에서 '코스모스'로 '코스모스'에서 다시 '카오스'로 환원되어, 존재가 카오스와 코스모스의 순환체계 위에서 영원히 존속된다고

본다. 즉 모든 존재는 카오스적인 미분성(未分性)을 바탕으로 바뀌어 순환하면
서 영구히 지속한다고 보는 사고가 민간의 원본사고인 것이다.[8] 이러한 원본과
원형의 차이를 표로 제시해 보면 다음과 같다.

표 3. 원형과 원본의 비교

원 형	원 본
Arche-type·Exemplary model·paradigm • 형: 일정한 규격을 갖춘 형상 • 집단 무의식의 기조 • 모범적 모형 • 모본(母本)	Arche-pattern • 본: 일정한 규격을 갖춘 형상의 바탕 근원 • 존재근원인 '카오스'의 영원으로부터 존재를 보는 사고가 무속사고의 '원본' • '카오스'에서 '코스모스'로, 코스모스에서 다시 카오스로 환원되는 순환의 본(pattern)

　　필자가 김태곤의 원본사고를 소개한 것은 일찍이 융과 엘리아데의 그늘에
서 벗어나 한국의 문화현상을 통해 새로운 원형개념을 도출하였기 때문이다.
물론 이러한 김태곤의 논지는 그의 갑작스런 죽음으로 이후 계속 전개되지는
못하였으나, 후학들에 의해 충분히 계승될 가치가 있는 개념제시라고 필자는
생각하고 있다.[9]

---

8) 김태곤 외, 『한국문화의 원본사고』, 민속원, 1997, 3-13쪽, 525-6쪽.

9) 2005년 10월에 개최된 한국민속학자대회에서는 전체 주제를 <한국민속과 문화콘텐츠>로
설정하였다. 그 주제와 관련하여 신동흔, 「민속과 문화원형 그리고 콘텐츠」와 편무영, 「민속
원형·콘텐츠」라는 두 편의 글이 '문화원형' 개념을 다룬 발표였다. 그런데 편무영의 발표에
서는 김태곤의 '원본사고'를 여러 점에서 비판하였는데, 대표적인 논지는 김태곤의 원본 개
념은 시간과 공간의 문제를 간과했다는 점, 民을 소외시켰다는 점, 과연 원본이건 원형이건
민속에서 그러한 것이 존재 가능한 것인지 의문이라는 점 등을 제기하였다. 필자는 편무영의
토론자로 참석하여, 편무영이 김태곤의 논지를 제대로 이해하지 못하였다는 요지의 비판적
토론을 전개하였다(2005 한국민속학자대회 발표토론집 참조). 필자는 뒤의 4절에서 김태곤
의 원본사고 논리가 갖는 의미와 한계를 정리해 보았다.

2. 우실하의 '2수분화·3수분화의 세계관'

앞에 <표 2>에서 원형의 개념을 제시한 바 있지만, 다른 각도에서 원형을 이해할 수도 있을 것이다. 그것은 세상의 '근본 질서와 운행원리'라는 측면에서 원형을 이해하고, 시간축과 공간축 그리고 주제축으로 다양하게 변모하는 구체적인 세상 현상을 해석하는 것이다.

이 점과 관련하여 동양사회에서는 일찍부터 음양론(陰陽論)이 있어 왔다. 세상의 근본질서를 음과 양으로 이해하고 세상의 다양한 현상을 음과 양의 상대성으로 해석하여 왔다. 오늘날 음양론은 현상적으로는 한의학에 주로 남아 있다고 볼 수 있으나, 조그만 더 깊이 들어가면 음양론은 몸에 대한 적용을 넘어서 사회의 모든 현상을 해석하는, 일종의 세상과 몸을 이해하는 동양적 '매스터키(masterkey)'였다.[10]

따라서 이러한 음양론과 그것의 다양한 변주 및 적용도 아주 중요한 문화원형의 층위들이며, 역시 '문화원형 디지털콘텐츠화사업'의 주된 개발 대상이 되어야 할 것으로 생각한다.

그런데 최근 우실하는 '2수분화·3수분화의 세계관'을 제시하여, 음양론 위주의 논리를 극복하고자 하였다. 즉 서양문화의 원류가 헬레니즘(Hellenism)과 헤브라이즘(Hebraism)이듯이, 동아시아 문화전통도 하나는 북방 수렵문화의 전통으로 '신 중심적이고 초월적'인 '3수 분화의 세계관'과 다른 하나는 남방 농경문화의 전통으로 '인간 중심적이고 현세적'인 '2수 분화의 세계관'임을 제시하였다.

---

10) <그림 2>에서는 음양론이라는 핵심 코어에서 주로 우리 몸에 적용되는 한의학쪽으로 확산되는 문화원형의 층위를 제시하여 보았다. <그림 5>는 풍수, 전통문양 및 색깔, 민속문화, 전통주거 형식, 민속신앙의례 등으로 다양하게 적용되어온 음양관을 제시하여 보았다.

'3수분화의 세계관'은 없음(0)에서 하나(1)가 나오고, 하나에서 셋(3)으로 분화되고, 셋이 각각 셋으로 분리되어 아홉(9)이 생겨난다. 이러한 인식틀에서 3은 '변화의 계기수'가 되고 9는 '변화의 완성수'가 되며, 9의 자기 복제수인 81(9×9=81)은 '우주적 완성수'를 의미한다.

'2수분화의 세계관'은 역(易)에서 보듯이 하나(1: 太極)에서 둘(2: 陰陽) 넷(4: 四象) 여덟(8: 八卦)로 계속 둘로 나뉘어지며, 8의 자기 복제수인 64괘로 세상사를 설명한다.

북방 샤머니즘의 전통에 기반한 '3수분화의 세계관'은 이후에 다른 여러 요인들과 습합되면서 삼재론(三才論), 삼신사상(三神思想), 신선 도가사상, 풍류도 등으로 전개된다. 이런 전통은 항상 '초월적이고, 탈세간적이며, 영적 세계를 중시하는' 특성을 지닌다.

한편 '2수분화의 세계관'은 다른 요인들과 습합되면서, 음양론, 역사상(易思想), 선진 유학(先秦儒學), 성리학 등으로 전개된다. 이런 전통은 언제나 '현세적이고, 합리적이며, 인간 중심적인' 특성을 지닌다.11)

우실하는 이러한 주장을 고고학자료 및 다양한 문화 현상의 실례들을 갖고 설명하고 있다. 비록 이러한 주장은 대단히 커다란 입론이어서 논쟁의 여지가 많은 것이지만, 최소한 그가 제시하는 문화권의 차이는 주목해도 좋을 것이라고 생각한다. 그의 '2수분화·3수분화의 세계관'은 핵심 원형의 제시라고 할 수 있다. 그리고 그가 제시한 '2수분화·3수분화'의 여러 역사적·문화적·사상적 실례는 전부 문화원형의 층위에 해당한다고 할 수 있을 것이다.

---

11) 우실하, 『전통문화의 구성원리』, 소나무, 1998 참조. 그는 이후 전통음악에서도 이 점을 적용하여 해석하였다. 우실하, 『전통음악의 구조와 원리: '삼태극의 춤' 동양음악』, 소나무, 2004.

3. 박재우의 '삼원론(三元論)'

　　우실하가 음양론적 전통 외에 삼재론적 전통이 있다는 것을 제시하였다면, 박재우는 보다 적극적으로 음양론 자체를 넘어서는 새로운 패러다임으로 삼원론을 제시하였다. 사실 세상의 근본질서를 음과 양 외에 또 하나의 요소를 첨가시켜 이해한 논리는 예전부터 있어 왔다. 중(中)·삼(三)·도(道)·무극(無極)·태극(太極) 등의 표현은 음과 양 이전의 상태나 혹은 음과 양이 회통한 상태를 표현한 것들이다.

　　이처럼 기존의 음양론에서도 음과 양 이외에 또 하나의 근본 요소를 언급하기는 하였으나, 그것이 명확했던 것은 아니다. 그리고 기본은 어디까지나 음양론 위주의 사고체계였다. 박재우는 음양론적 사고를 극복하고 새로운 삼원(三元)의 개념과 논리, 작용을 종합적으로 분석하여 삼원론이라는 새로운 패러다임을 제시하고자 했다.

　　삼원이란 헤테로(Hetero), 호모(Homo), 뉴트로(Neutro)의 세 가지 근본적인 힘을 뜻한다. 헤테로와 호모는 각각 기존의 양(陽)과 음(陰)의 개념과 대비되나, 개념 규정을 새롭게 했다. 말하자면 삼원론은 기존의 음양 개념을 새롭게 정의하여 헤테로, 호모라고 이름붙이고, 여기에 뉴트로라는 개념을 첨가하여 세상의 원리와 작동논리를 보다 분명하게 설명하려는 이론이라 할 수 있다.

　　먼저 헤테로의 본질은 '변코자 하는 힘'이다. 그러나 현실세계에서는 호모와 반대되는 '변치 않고자 하는 힘'인 호모의 견제를 받으므로, 헤테로는 '다르게 하는 힘'으로 나타난다. 그 결과 이 세상에는 적어도 공간 및 시간적 차원의 관점에서 보면 어느 것 하나 똑같은 것은 존재하지 않게 된다. 즉 헤테로의 본질은 '변코자 하는 힘'이지만 그 현상적 측면은 '다르게 하려는 힘'으로 나타나고, 이와 같은 현상을 반영하여 헤테로는 우리 말로 이기(異氣)라고 표현할 수

있다.12)

헤테로와 달리 호모는 '변치 않고자 하는 힘'이다. 다시 말하면 호모는 헤테로를 견제하기 위해 이 세상에 태어난 반(反)작용의 힘과 같다. 호모의 천성은 헤테로의 천성과 부딪치면서 이 존재계에 서로 닮은 유사현상을 일으키는데, 이에 따라 모든 존재들은 결국 서로 유사성을 공유할 수밖에 없게 된다. 즉 호모의 본질은 '변치 않고자 하는 힘'이지만 그 현상은 '같게 하려는 힘'으로 나타나고, 그리하여 호모는 동기(同氣)라고 이름붙일 수 있다.

마지막으로 뉴트로는 헤테로와 호모를 조화시켜 만물을 '존재케 하려는 힘'이다. 뉴트로는 스스로 조화롭고 중화되어 있는 힘이므로 눈에 잘 띄지 않는다. 이는 마치 각각 따로 존재하는 양과 음을 한꺼번에 껴안고 있는 조화로운 태극도(太極圖)를 보고도 뉴트로의 모습을 깨닫지 못하는 것에 비유할 수 있다.

헤테로가 일차원적인 직선이라면 호모는 이차원적인 원운동의 평면공간을 일으키는 힘이고, 뉴트로는 직선과 평면이 합해지면서 형성되 입체적인 공간을 삼차원이라는 실질적인 존재계로 탄생시키는 힘이다. 또한 뉴트로는 중성자(中性子)와 같은 힘이다. 중성자는 원자핵 밖에서 좌충우돌 쏘다니는 헤테로 기질의 전자와, 원자핵 속에서 미동도 하지 않는 호모 기질의 양성자의 전기적 대립 사이에서 중성의 힘을 발휘하는 힘으로 작용한다. 이와 같은 중성자는 바로 뉴르토의 힘이 물질입자로 표현된 좋은 본보기라 할 수 있다.13)

---

12) 원칙적으로 용어는 본질(변코자 하는 힘)이 아니라, 현상(다르게 하는 힘)으로 이름붙이게 되어 있다.

13) 박재우, 『삼원의 이해』, 오행출판사, 2002 참조.

표 4. 삼원의 개념

헤테로	호 모	뉴트로	뉴 토
Hetero 변코자 하는 힘 다르게 하려는 힘 1	Homo 변치 않코자 하는 힘 같게 하려는 힘 2	Neutro 존재케 하려는 힘 중성자와 같은 힘 3	Neuto 제로세계의 뉴트로 시작 뉴트로 0

<표 4>를 보면 새롭게 뉴토(Neuto)라는 표현이 제시되어 있다. 뉴트로는 시작뉴트로와 완성뉴트로의 둘로 구분할 수 있는데, 시작뉴트로에 해당하는 것을 '뉴토'라고 구분할 수 있다. 뉴토는 현실세계와 제로세계에 걸쳐 있는데, 바로 이 뉴토에서 헤테로가

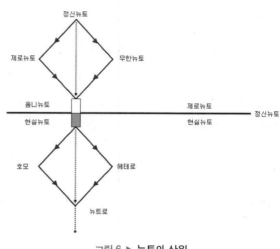

그림 6 ▶ **뉴토와 삼원**

출현하는 것이다. 이 점을 그림으로 표현하면 <그림 6>과 같다.

이러한 삼원은 숫자로도 표시될 수 있다. 제로세계와 접해 있는 뉴토는 '0', 뉴토에서 가장 먼저 출현하는 헤테로는 '1', 다음으로 출현하는 호모는 '2', 마지막으로 헤테로와 호모를 중화시키는 뉴트로는 '3'으로 표현할 수 있다. 이 점과 관련하여, 노자의『도덕경』42장이 참고된다.

「도(道)는 1을 낳고, 1은 2를 낳으며, 2는 3을 낳고, 3은 모든 만물을 낳는다. 만물은 음(陰)을 등지고 양(陽)을 안음으로써 빈 기운으로 화(和)할

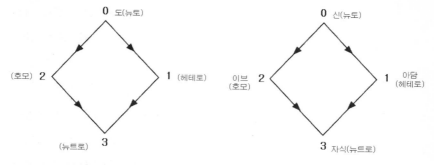

그림 7 ▶ 노자 도덕경 42장의 만물생성 모델   그림 8 ▶ 삼원과 아담·이브의 결혼

수 있다(道生一，一生二，二生三，三生萬物，萬物負陰而抱陽，沖氣以爲和)」

도(道)는 홀수인 헤테로의 1을 낳고, 헤테로인 1은 짝수인 호모의 2를 낳고, 호모인 2는 수축하여 끌어당기는 힘으로 헤테로인 1을 끌어들여 융합함으로써 3인 뉴트로를 낳게 되며, 이 현실 뉴트로인 3은 만물을 낳게 된다. 만물은 헤테로인 뒤쪽의 등에 호모인 음(陰)이 결합되고 호모인 앞쪽에는 헤테로인 양(陽)을 끌어안듯 결합시킴으로써 만물은 비로소 빈 기운 즉, 뉴트로의 힘으로 조화를 갖추고 화합된 상태로 존재할 수 있게 된 것이다. 그렇다면 도(道)는 시작 뉴트로 즉 뉴토를 뜻하는 것으로 0으로 표현될 수 있을 것이다. 도덕경의 이 대목은 그야말로 '존재의 질서'를 도식화하여 설명한 것이라고 할 수 있다. 이 점을 그림으로 표시해 보면 <그림 7>과 같이 될 것이다.14)

이러한 삼원이라는 본질적 요소가 다양한 존재현상 작용을 일으켜 나갈 때 일정한 모델격식을 따르게 되는데, 이때 모든 존재 현상에 공통적으로 적용되

---

14) 도덕경의 대목을 성서에 나오는 아담·이브의 창조과정과 비교해 보면 똑같은 모델 격식을 갖고 있음을 알 수 있다. <그림 8>은 이 점을 제시해 본 것이다. 이러한 시각에서 『천부경(天符經)』을 해석할 수 있다. 이 점은 다음의 과제로 넘기고자 한다.

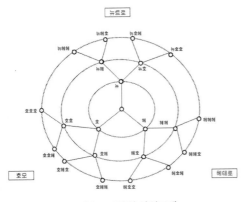

그림 9 ▶ 4차원 삼원모델

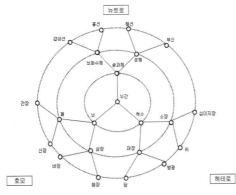

그림 10 ▶ 인체 내장기관의 4차원 삼원모델

는 격식단위가 있게 된다. 여기에서는 지면상 전체적으로 완성된 격식단위 그림과 그 사례를 적용한 그림을 제시하고자 한다.

이 새로운 삼원론이 적용된 격식단위는 존재현상을 설명하는 하나의 원형으로서 작용하게 된다. 그리고 이것을 이용하여 시간축, 공간축, 주제축으로 다양하게 변주되는 세상의 현상들을 설명할 수 있다는 점에서, 이것은 핵심 원형격식이 된다.

<그림 9>·<그림 10>은 헤테로, 호모, 뉴트로가 전부 개입된 전체 격식이지만, 뉴트로가 가진 비(非)노출성으로 인해 흔히 헤테로와 호모만이 결합된 방식도 많이 나타나는 격식이다.

그 대표적인 것이 선천팔괘(先天八卦)의 사례로 <그림 11>과 같다.[15]

필자가 지금까지 삼원론의 사례를 설명한 것은 원형의 개념에서 '집단무의식'이니, '모본(母本)'이니 하는 수준만이 아니라, 세상의 '근본질서'에 대한 것도 원형개념으로 잡을 수 있다는 점을 강조하기 위한 것이다. 물론 필자가 소개

15) 지금까지 설명한 박재우의 삼원론에 대해서는 다음의 글도 참고하면 이해하는데에 도움이 될 것이다. 김서령, 「(이사람의 삶) 삼원론 철학자 박재우」, 『신동아』 556호(2006년 1월호)

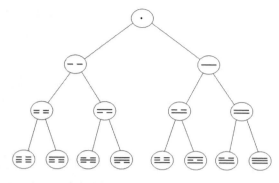

그림 11 ▶ 팔괘 생성도: 헤테로와 호모만이 개입된 질서격식

한 '근본질서'에 대한 이해도 '모본'과 유사한 개념으로 이해할 수 있다. 그리고 알게 모르게 우리는 그러한 '근본질서'에 입각한 모델격식을 따르고 있다는 점에서 '집단무의식'이라고 확대해석할 수도 있을 것이다. 그러나 본래 개념을 제시한 사람들의 의도가 있고, 그것을 연구해 온 사람들의 이해방식이 있으므로, 필자는 본 글에서 '새로운 원형 개념'이라고 표현하였다. 사실상 문화원형을 활용한 문화콘텐츠산업에서 이러한 '근본질서'에 대한 이해와 그것의 활용은 대단히 유용할 것이라고 필자는 생각하고 있다.[16] 그런 점에서 본 글에서 새롭게 몇 가지 원형개념을 소개해 보았음을 다시한번 밝혀둔다.

Ⅳ. 맺음말

지금까지 논의를 간단히 요약하면 다음과 같다. 먼저 문화원형의 다양한 범주에 주목하여 '문화원형의 층위'를 설정하여 보았다. 이러한 문화원형의 층위는 시간축과 공간축 그리고 주제축을 기준으로 나누어 예시를 들어 보았다.

이러한 문화원형의 층위에서 필자는 첫째, 다양한 문화원형의 층위들을 전

---

16) 필자는 중앙대학교, 건국대학교, 인하대학교 문화콘텐츠학과 대학원수업에서 이러한 삼원론의 논리를 문화콘텐츠작품에 대입하여 분석해 보았다. 제2절의 글은 그 사례 중의 하나이다.

부 '문화원형'이라고 부를 수 있다는 점, 그러므로 근현대의 사례도 문화원형의 범주에 포괄될 수 있다는 점을 지적하였다. 물론 여기에는 보다 근원적인 문화원형이 있으며 또한 상대적으로 더욱 강력하게 작용된 문화원형이 있을 수 있다. 둘째, 문화원형에 대한 학문적 연구에 있어서나, 산업적 활용을 염두에 두고 개발하는 사업에 있어서나, 문화원형의 다양한 층위를 전부 염두에 둘 필요가 있다는 점을 지적하였다. 셋째, 본원적인 문화원형의 핵심코어(core)에 더욱 천착할 필요가 있다는 점을 강조하였다.

특히 세 번째 측면에 주목할 경우, 융을 비롯한 외국이론에 지나치게 경도될 필요가 없이 우리식의 새로운 원형개념을 도출할 수도 있음을 제시하였다. 먼저 김태곤의 원본(Archepattern) 개념을 소개하였으며, 다음으로 '2수분화·3수분화의 세계관'을 제시한 우실하의 논리를 소개하였다. 그리고 끝으로 세상의 '근본 질서와 운행원리'라는 측면에서 전통적인 음양론(陰陽論)에 대해 새로운 패러다임을 제시한 박재우의 삼원론(三元論: Triorigin)을 소개하였다.

사실상 이러한 근본질서라는 의미에서 원형개념에 천착할 경우, 아주 많은 사례들이 새롭게 등장할 수 있다. 예를 들어 풍수사상에서도 지기(地氣) 에너지 이동법칙은 'θ=∠30°×n'의 원리인데 이러한 원리는 모든 산(山)의 변화논리에 적용된다. 즉 'θ=∠30°×n'가 하나의 원형인 것이다.[17]

필자는 이러한 근본질서라는 측면에서 원형개념에 천착한다면, 보다 다양하고 외국에 더 잘 통할 수 있는 우리의 문화콘텐츠 작품이 많이 나올 것이라고 믿고 있다. 사실상 '문화원형 디지털콘텐츠화사업의 결과물'에서 퀄리티가 뒤따르지 못하는 이유는 무엇보다 원형을 이러한 측면까지 파고 들지 못하고, 다분히 단순한 일차적 시각자료를 우선했기 때문이라고 생각한다. 어떠한 층위

---

17) 김기덕, 「風水地理學 정립을 위한 科學風水의 一 事例 -地氣에너지 移動 法則 'θ=∠30°×n'의 이해-」, 『민속학연구』 17, 2005 참조.

의 문화원형이라고 할지라도 결코 핵심코어의 이해에 도달하지 못한 문화원형 개발은 제대로된 의미부여가 되었다고 할 수 없을 것이다.

흔히 고정된 원형에 집착하지 말고 변화된 문화원형을 보아야 한다고 말한다. 백번 지당한 말이다.[18] 그러나 그 역도 성립한다는 것을 반드시 유념해야 한다고 본다. 변화된 모습에 매몰되어서는 진정한 의미부여와 핵심을 파악할 수 없다.[19] 그것이 핵심코어에 해당하는 원형을 이해해야 하는 이유이다. 그리고 그 핵심코어의 중요한 하나는, 무엇보다 '근본질서'에 대한 이해라고 필자는 보고 있다. 그 점을 강조하고자 본 글을 작성하였음을 밝혀 둔다.[20]

---

18) 이 경우에도 originality(原形)을 찾을 수 있는가라는 측면에서 문제제기하는 경우는 차원이 낮은 것이다. archetype(原型)을 잘 알 수 없고 따라서 거기에 얽매이지 말고 변화된 현상에 주목하자는 견해는 현 단계에서는 일단 수용할 수 있다. 그러나 본 글에서 필자가 강조하였듯이 근본원리에 대한 치열한 관심도 반드시 병행되어야 한다.

19) 현재 개발되고 있는 문화원형사업이 이 수준까지 전혀 가지 못하고 있다. 이 경우 '문화원형'이라는 표현보다는 '전통문화자원'으로 하는 것이 좋겠다는 배영동의 주장이 설득력이 있다 (배영동, 주)5의 글 참조). 따라서 '문화원형'이라는 표현을 사용하려면, 그리고 그것을 이용한 킬러콘텐츠를 생산하려면, 핵심코어에 대한 천착과 응용에 보다 많은 관심을 기울여야 한다.

20) 핵심코어에 대한 정확한 이해 수준에 도달하려면 문화원형 창작소재를 디지털콘텐츠화하는 사업에 있어 인문학자의 역할은 필수적이다. 결코 단순한 자문으로 해결될 수 있는 것이 아니다. 이것이 퀄리티가 수반되는 문화콘텐츠 결과물을 창출하기 위해서는, 인문학자들의 정확한 자문과 능동적 참여를 보장하는 운영체계가 모색되어야 하는 이유라고 필자는 생각하고 있다. 이 점은 제5장 제2절에서 본격적으로 언급하고자 한다.

▌제2절 삼원(三元) 캐릭터연구 시론(試論)*

I. 머리말

본 글은 삼원이론(三元理論)을 활용하여 다양한 문화콘텐츠 작품들에 반영된 캐릭터의 성격을 분석하고, 더 나아가 적합한 캐릭터 창출을 위한 방법론 모색을 위해 시도된 것이다. 본 글에서 사용한 삼원(三元)이란 기존의 전통적인 동양의 음양론(陰陽論)을 계승 발전한 삼원론(三元論)에서 도출된 개념이다.

삼원이란 세상의 근본요소를 세 가지의 힘으로 보는 원형적(原型的) 개념이다. 기존의 음양론이 음(陰)과 양(陽)이라는 두 가지의 요소로 세상을 해석한다면, 삼원론은 세 가지의 요소로 세상을 해석한다. 이러한 삼원적 이해는 예전부터 있어왔으나, 근래에 들어 박재우라는 독특한 철학자에 의해 정립된 바 있다.21) 박재우의 삼원론은 『삼원의 세계』라는 책으로 정리되었으며,22) 삼원의 논리를 침술, 의학, 정신과학 등에 적용하고 있다.23)

필자는 문화원형(文化原型)을 분석하면서 박재우의 삼원론을 간략하나마 원형의 관점에서 소개한 바 있다.24) 그리고 민속학자 김태곤의 '원본사고(原本

---

* 본 글은 필자의 발표논문(김기덕, 「삼원 캐릭터연구 시론」, 『인문콘텐츠』 9, 2007)을 보완한 글이다.

21) 박재우에 대한 소개는 다음을 참조. 김서령, 「(이사람의 삶) 삼원론 철학자 박재우」, 『신동아』 556호, 2006년 1월호.

22) 박재우, 『삼원의 이해』, 오행출판사, 2002.

23) 박재우는 1990년대 이후 주로 외국(러시아, 인도, 사이프러스 등)에서 활동하고 있으며 일년에 한두 차례 한국에 다녀가곤 한다. 필자는 지속적으로 박재우와 교류하고 있으며, 그가 제창한 삼원론이 문화콘텐츠 작품분석에 있어 유효하다고 판단하여 본 글을 집필하게 되었다.

24) 김기덕, 「문화원형의 層位와 새로운 원형 개념」, 『인문콘텐츠』 제6호, 인문콘텐츠학회,

思考)'를 검토하면서 역시 삼원론을 원용한 바 있다.25) 아울러 문화콘텐츠학과 대학원수업을 통하여 삼원론의 논리를 문화콘텐츠 작품분석에 활용하는 작업을 시도하고 있다.26)

먼저 본 글에서는 아직 사람들에게 잘 알려져 있지 않은 삼원론의 기본 개념을 핵심위주로 소개하였고, 그것들이 작품 캐릭터에 어떻게 적용될 수 있는가를 간략히 제시하여 보았다. 다음으로는 주26)에서 제시한 대상 중에서 지면관계상 네 작품만을 선정하여 주요 캐릭터를 종합적으로 분석하여 보았다. 네 작품은 각 장르별로 만화(천국의 신화), 그림(박항률의 성장화), 영화(천하장사 마돈나), 신화(창세신화)를 선택하였다.

주지하듯이 문화콘텐츠분야는 아직 '문화콘텐츠학(學)'이라고 표현할 수 있을 정도로, 방법론적 정립이 되어 있지 못한 실정이다. 시대적 요청에 부응하여 문화콘텐츠분야는 활발한 제작작업이 이루어져야 하겠지만, 아울러 다양한 분야에서 치밀한 이론적 축적작업이 병행될 필요가 있다. 이론은 단순한 논리적 차원에 머무르는 것이 아니며, 제작의 올바른 방법 제시와 함께 문화콘텐츠 분야의 정체성과 정당성을 끊임없이 부여해 주는 중요한 측면이다. 따라서 문

2005.

25) 김기덕, 「김태곤 '원본사고' 개념의 이해와 의의」, 『한국의 민속과 문화』 11, 경희대학교 민속학연구소, 2006.

26) 2006년 2학기 건국대학교와 인하대학교 대학원에서 각각 삼원론을 활용한 문화콘텐츠 작품분석을 시도하였다. 참고로 분석자와 분석작품을 제시하면 다음과 같다. 건국대학교의 경우 이은 「삼원론을 바탕으로 본 박항률의 成長畵」, 김예선 「삼원으로 보는 영화 '천하장사마돈나」, 오정미 「삼원으로 풀어본 한국의 '창세신화'」, 박재인 「'서동요'의 삼원론적 분석」, 방유라나 「삼원론과 김기덕 영화 '활'」, 김효실 「삼원론으로 살펴본 영화 '장화, 홍련'의 캐릭터」, 노영윤 「삼원론으로 풀어본 영화 '너는 내 운명'」 등이다. 인하대학교의 경우 이미정 「영화 '왕의 남자'의 삼원론 분석」, 김종우 「이현세 만화 '천국의 신화'의 삼원론적 재해석」, 전승용 「'매트릭스'의 삼원론적 분석」, 김정미 「드라마 '사랑과 야망'의 삼원론적 분석」, 정성미 「몰리에르 '서민귀족'의 삼원론적 분석」 등이다.

화콘텐츠학이 성립하기 위해서는 문화콘텐츠 분야의 다양한 측면에서 이론적 축적이 이루어져야 한다. 그리고 그러한 이론은 멀티미디어로 반영되는 문화콘텐츠분야에 적합한 것이어야 함은 물론일 것이다.

본 글에서 사용한 '캐릭터'라는 표현은 흔히 이해되는 등장인물의 뜻으로 사용한 것이다. 문화콘텐츠의 스토리텔링에 있어 새로운 요소는 '인터랙티브'에 있다. 그러나 전개과정상의 인터랙티브적 요소를 포함하여 여전히 핵심적 귀결은 등장인물에 있다고 할 수 있다. 본 글은 디지털시대 멀티미디어로 구현되는 문화콘텐츠작품에 있어, 캐릭터분석에 대한 새로운 이론제시를 시도해 본 것이다. 아직은 실험적 시도라는 점에서 '시론(試論)'이라고 표현하였음을 밝혀 둔다. 많은 분들의 질정을 바란다.

II. 삼원(三元)의 개념과 캐릭터분석의 기본 적용

삼원이란 헤테로(Hetero), 호모(Homo), 뉴트로(Neutro)의 세 가지 근본적인 힘을 뜻한다. 헤테로와 호모는 각각 기존의 양(陽)과 음(陰)의 개념과 대비되나, 개념 규정을 새롭게 했다. 말하자면 삼원론은 기존의 음양 개념을 새롭게 정의하여 호모, 헤테로라고 이름붙이고, 여기에 뉴트로라는 개념을 첨가하여 세상의 원리와 작동논리를 보다 분명하게 설명하려는 이론이라 할 수 있다.27)

먼저 헤테로의 본질은 '변코자 하는 힘'이다. 그러나 현실세계에서는 다음에 설명할 것이지만, 헤테로와 반대인 '변치 않고자 하는 힘'인 호모의 견제를

---

27) 여기에서 설명하는 삼원의 개념은 앞의 제1절에서 먼저 소개한 바 있다. 따라서 본 글에서는 본 글의 논지를 전개하는 데에 필요한 수준에서, 그리고 좀 더 다른 각도에서 간략히 보완하고자 한다.

받으므로, 헤테로는 '다르게 하는 힘'으로 나타난다. 그 결과 이 세상에는 적어도 공간 및 시간적 차원의 관점에서 보면 어느 것 하나 똑같은 것은 존재하지 않게 된다. 즉 헤테로의 본질은 '변코자 하는 힘'이지만 그 현상적 측면은 '다르게 하는 힘'으로 나타나고, 이와 같은 현상을 반영하여 헤테로는 우리 말로 이기(異氣)라고 표현할 수 있다. 이러한 헤테로의 특징을 좀더 제시하면 다음과 같다.28)

- 빅뱅(Bing Bang)은 헤테로 현상이다.
- 헤테로는 새로운 것을 창조해 나간다.
- 헤테로는 팽창시키고 증폭시킨다.
- 헤테로는 신속하고 즉흥적이며 무작위적이다.
- 헤테로는 분열하고 분리시킨다.
- 헤테로는 다양화시킨다.
- 헤테로는 원래대로 복귀시키지 않는다.
- 헤테로의 무작위성은 무질서를 낳는다.
- 헤테로는 무한세계에 그 본능적 뿌리를 두고 있다.

헤테로와 달리 호모는 '변치 않고자 하는 힘'이다. 다시 말하면 호모는 헤테로를 견제하기 위해 이 세상에 태어난 반작용(反作用)의 힘과 같다. 호모의 천성은 헤테로의 천성과 부딪치면서 이 존재계에 서로 닮은 유사현상을 일으키는데, 이에 따라 모든 존재들은 결국 서로 유사성을 공유할 수밖에 없게 된다. 즉 호모의 본질은 '변치 않고자 하는 힘'이지만 그 현상은 '같게 하려는 힘'으로 나타나고, 그리하여 호모는 동기(同氣)라고 이름붙일 수 있다. 이러한 호모의 특징을 좀더 제시하면 다음과 같다.29)

---

28) 박재우, 앞의 책, 14~23쪽 참조. 본 글에서는 자세한 설명은 생략하고 소제목만 제시하였다.

- 블랙홀(Black Hole)은 호모현상이다.
- 호모는 변치 않게 하는 힘이다.
- 호모는 속도를 늦추게 한다.
- 호모는 유사성을 지키는 힘이다.
- 호모는 수축하고 단결시키며 단순화시키는 힘이다.
- 호모의 원래대로 복귀시킨다.
- 호모의 본능은 순수 0세계에서 비롯된다.

다음으로 뉴트로는 헤테로와 호모를 조화시켜 만물을 '존재케 하려는 힘'
이다. 뉴트로는 스스로 조화롭고 중화되어 있는 힘이므로 눈에 잘 띄지 않는다.
이러한 뉴트로의 특징을 좀더 제시하면 다음과 같다.[30]

- 무중력(無重力) 상태는 뉴트로의 힘이 작용된 현상이다.
- 뉴트로는 조화(調和)를 추구한다.
- 뉴트로는 중화(中和)시킨다.
- 뉴트로는 자발성(自發性)을 일으키는 힘이다.
- 뉴트로는 연결자(Connector)이고 조정자(Coordinator)이다.
- 뉴트로는 평준화(平準化)시키는 힘이고 공평(公平)하게 하는 힘이다.
- 뉴트로는 질서화시키는 힘이다.
- 뉴트로는 활성화시킨다.
- 뉴트로는 지속시키는 힘이다.
- 뉴트로는 효율성을 높인다.
- 뉴트로는 리듬을 일으키는 힘이다.

---

29) 박재우, 앞의 책, 4~13쪽.
30) 박재우, 앞의 책, 24~50쪽.

- 뉴트로는 개선시키는 힘이다.
- 뉴트로는 융화시킨다.
- 뉴트로는 융통케 하는 힘이다.
- 뉴트로는 도덕성을 일으키는 힘이다.

지금까지 정리한 것을 핵심 위주로 도표로 정리하면 다음과 같다.

표 5. 삼원의 개념

헤테로	호모	뉴트로	뉴토
Hetero	Homo	Neutro	Neuto
변코자 하는 힘	변치 않고자 하는 힘	존재케 하려는 힘	존재정신
다르게 하려는 힘	같게 하려는 힘	<현실세계의 뉴트로>	<제로세계의 뉴트로>
'전자'와 같은 힘	'양성자'와 같은 힘	'중성자'와 같은 힘	'중성미자'와 같은 힘
'陽' 개념과 유사	'陰' 개념과 유사	'中', '太極' 개념과	'無極' 개념과 유사
1	2	유사	0
		3	

<표 5>을 보면 새롭게 뉴토(Neuto)라는 개념이 제시되어 있다. 뉴트로는 시작뉴트로(제로세계의 뉴트로)와 완성뉴트로(현실세계의 뉴트로)의 둘로 구분할 수 있는데, 시작뉴트로에 해당하는 것을 '뉴토'라고 구분하여 표현한다.

제로세계와 현실세계는 서로 다른 차원의 세계라고 할 수 있다. 제로세계의 뉴트로 즉 뉴토는 현실세계의 헤테로, 호모의 발생원인이면서 또한 현실세계에 계속적인 접속과 영향을 끼치고 있다. 그러나 제로세계가 가진 차원적 한계성으로 인해 현실세계에 작용하고 있는 헤테로, 호모의 힘에 적절히 대응하지 못하는 경우가 발생하게 된다. 또한 현실세계에서의 호모, 헤테로란 삼원(三元)이 아니고 이원(二元)이 되어 안정되고 조화된 뉴트로 정신을 구현해 나갈 수 없게 된다. 이를 위해 제로세계의 뉴토는 이 세상의 호모, 헤테로와 함께 삼원관계를 이룰 현실세계의 뉴트로를 헤테로, 호모에 이어 탄생시키게 된다.

이 현실세계의 뉴트로는 제로세계의 뉴토정신을 이어 받았으면서도 헤테로, 호모와 동등한 차원에서 능히 그들에게 효율적으로 접근하여 뉴트로적 정신을 함양시키면서 그들을 조절할 수 있는 능력을 가진 새로운 뉴트로적 힘인 것이다. 이 현실세계의 뉴트로는 제로세계의 뉴토의 화신(化身)인 셈이다. 결국 뉴토란 제로세계에 있는 본질적 뉴트로이며, 현실세계의 뉴트로는 헤테로와 호모가 출현된 이후에 이들이 다시 융합함으로써 생겨난 합성 뉴트로인 것이다.

삼원의 창조과정은 뉴토에서 시작하여 헤테로 → 호모 → 뉴트로의 순으로 존재의 근본적인 원리가 된다. 따라서 숫자로 표현하자면 뉴토가 0, 헤테로가 1, 호모가 2, 뉴트로가 3이 된다.[31] 이 근본적인 순서의 법칙을 '삼원모델'이라 할 수 있다. 뉴토, 헤테로, 호모, 그리고 현실세계의 뉴트로는 모든 존재의 근본적 힘들이고 존재의 기초가 되는 것이므로, 이들이 형성해 낸 이 격식 모델은 어느 존재 어느 차원에서나 그 시작의 초기단계에 불변의 모델로 작용하게 된다. 일종의 원형모델인 것이다. 즉 이 세상의 모든 존재들, 정신적인 세상이거나 물질적인 세상이거나 물질의 가장 기본적인 구성 요소인 소립자들조차 모두 이 삼원모델의 순서를 따른다. 모든 것들의 단위는 이 삼원모델의 순서를 따라야 한다. 만약에 따르지 않는다면 이 세상에서 존재할 수 없다.[32]

지금까지 설명한 것을 이해를 돕기 위하여 그림으로 제시하면 다음과 같다. 삼원모델은 두 가지 형태로 표현할 수 있다. 삼원모델을 둘로 나누어서 뉴토와 헤테로, 호모로 이루어지는 선천삼원(先天三元)과 헤테로와 호모 그리고 뉴트로로 이루어지는 후천삼원(後天三元)으로 구분할 수 있다. 그 예를 제시하면

---

31) 이 점은 『도덕경』 42장에 극명하게 표현되어 있다. 이 점에 대해서는 다음을 참조. 박재우, 앞의 책, 88~90쪽; 김기덕, 앞의 「문화원형의 層位와 새로운 원형 개념」, 66~67쪽(본 책 제1절) 참조.

32) 박재우, 앞의 책, 88쪽.

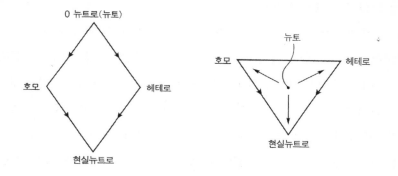

그림 12 ▶ 삼원모델

<그림 12>와 같다. 그것을 가족으로 예를 들면 <그림 13>과 같다.

이러한 삼원관계를 캐릭터 분석에 구체적으로 적용하기 위하여 일단 기초 적용사례를 제시해 보면 <삼국지>, <서유기>의 사례를 들 수 있다. 대부분의

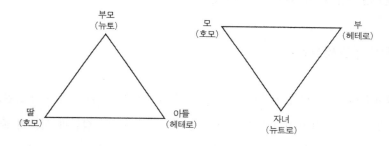

그림 13 ▶ 가족간의 삼원관계

작품 캐릭터는 요약하면 3가지의 성격으로 귀결된다. 그리고 그것은 각각 호모, 헤테로, 뉴트로를 대변하고 있다. 예를 들어 <삼국지>의 경우 장비는 헤테로, 관우는 호모, 유비현덕은 뉴트로이다. 그런데 제로세계(비물질세계)와 연결될 필요가 있을 경우, 하나의 성격이 더 등장한다. 그리고 그것은 뉴토를 대변한다.

<삼국지>의 경우 제갈공명이 그러하다.

물론 셋이나 넷이 아니라 극단적으로 두 개의 캐릭터로 압축될 수도 있다. 특히 제목의 경우 그렇게 많이 사용한다. <사랑과 야망>, <장화홍련>, <콩쥐팥쥐> 등이 그러하다. 이는 현실세계에서는 무엇보다 호모와 헤테로의 상대성이 뚜렷하기 때문이다. 비록 두 개의 캐릭터를 내세웠다고 하더라도 지향하는 목표가 뉴트로라는 점은 자명하다. 실제로 그렇게 구현하듯, 아니면 그러한 주인공을 내세우든, 아니면 호모나 헤테로였던 주인공이 뉴트로로 변화되는 모습을 그려주든, 아니면 뉴트로를 보여주지 않고 관객에게 그러한 뉴트로의 상을 그리게 하든, 이처럼 양상은 다양할 수 있지만 결국 목표는 뉴트로의 창출인 것이다.

III. 삼원 캐릭터 분석 사례연구

1. 한국의 〈창세신화〉[33]

<창세신화>에는 1) 천지개벽, 2) 창세신의 거신적 성격, 3) 물과 불의 근본, 4) 인간창조, 5) 인세차지경쟁, 6) 일월조정, 7) 천부지모의 결합과 시조의 출생과 같은 신화소가 있다.[34] <창세신화>의 이본에 따라 조금씩 다른 신화소 중에서 '인세차지경쟁' 화소를 삼원론으로 분석해 보고자 한다.

'인세차지경쟁'에는 천지왕과 대별왕, 소별왕이 등장한다. 먼저 천지왕은 창조의 주체(세상의 주인)이며 대별왕과 소별왕의 아버지이다. 그의 성격은 누

---

33) 주26)에서 밝힌 바와 같이 건국대 국문학과 박사과정 오정미의 분석 중 필요한 부분을 발췌하여 필자의 관점에서 재수정하였음을 밝혀 둔다.

34) 김헌선, 『한국의 창세신화』, 길벗, 1994, 17쪽.

구에게나 기회를 주며, 늘 관대한 결정을 내린다. 천지왕은 시작 단계에서는 뉴토(Neuto)적 요소, 전개과정에서는 뉴트로(Neutro)적 요소를 함께 보여 주고 있다. 대별왕은 천지왕의 큰 아들이다. 아버지인 천지왕의 말씀을 성실하게 받들고 언제나 약속을 충실히 이행한다. 대별왕은 호모에 비정된다. 소별왕은 천지왕의 둘째아들로, 호기심이 많고 규칙보다는 자신의 생각대로 돌출 행동을 한다. 소별왕은 헤테로로 비정할 수 있다.

이제 많은 이본(異本) 중에서 기본 서사를 이루고 있는 제주도의 <문창헌본>을 중심으로 위에서 제시한 것을 서사구조 분석을 통하여 삼원론을 좀더 자세하게 적용해 보고자 한다.

가. 천지왕이 대별왕과 소별왕에게 대웅전에 가라고 명한다(천지왕 = 뉴토).

나. 소별왕이 대별왕에게 하늘나라를 구경가자고 제안한다(소별왕 = 헤테로).

다. 대별왕은 천지왕의 말씀대로 대웅전에 가야한다고 한다(대별왕 = 호모).

라. 소별왕은 수수께끼를 제안하고, 그가 이기면 구경가자고 한다(소별왕 = 헤테로).

마. 소별왕이 이겨서 하늘나라를 구경한 후, 대웅전을 간다(소별왕 = 헤테로).

바. 천지왕은 두 아들을 꾸중한 후, 대별왕에게는 인간정치를 소별왕에게는 제향정치를 하라고 명한다(천지왕 = 뉴트로).

사. 소별왕이 또 명령을 수용하지 않자, 천지왕은 꽃피우기 시합을 하라고 한다. 이때 이긴 사람이 인간세상을 가지게 된다(소별왕 = 헤테로, 천지왕 = 뉴트로).

아. 소별왕이 대별왕에게 하늘나라 구경을 하였으니 잠을 자자고 청한다(소별왕 = 헤테로).

자. 잠을 자는 척 하는 소별왕이 자신의 꽃이 벌레 먹고 시드는 것을 보고 대별왕의 건강한 꽃과 바꾼다(소별왕 = 헤테로, 대별왕 = 호모).

차. 천지왕은 인간 정권에 문제가 생길 것을 말하고 소별왕에게 인간 세상을 준다(천지왕 = 뉴트로).

위에서 살펴본 바와 같이 서사구조를 등장인물과 함께 삼원론으로 분석할 수 있다. 천지왕은 모든 것을 관장하는 신답게 대별왕과 소별왕에게 명령을 한다. 그리고 앞으로 전개될 미래를 예언하는 신적인 모습은 마치 제로세계의 뉴토의 모습이자, 구체적인 뉴트로의 구현 모습이기도 하다. 대별왕은 호모의 성격대로 변치 않고 순응하려는 행동을 일관성있게 보여준다. 헤테로인 소별왕을 견제하는 역할로 소별왕의 무작위적 충동행위에 맞서 견제한다. 또한 모든 존재를 제로의 세계로 보내려는 것처럼 늘 뉴트로인 아버지의 말씀에 복종한다. 결국 인간세상이 아닌 제향정치를 맡게 된다. 이승이 아닌 저승의 세상이다. 저승은 변치않고자 하는 호모의 힘이 주된 힘으로 작용하는 세상이다.

헤테로의 성격인 소별왕은 주저하지 않으며 거리낌없이 일을 저지른다. 그래서 반질서적인 현상을 초래하기도 한다. 대별왕의 꽃과 자신의 꽃을 바꿔치기 해 원하는 것을 가지려는 헤테로 성향의 소별왕은 인간세상을 차지하게 된다. 그래서 이승인 인간세상은 소별왕처럼 헤테로적인 성향이 강하여 늘 변화하며 반질서적인 형상을 지닌 세상이다.

'인세차지경쟁' 화소 끝은 헤테로인 소별왕이 인간세상인 이승을 차지하고 호모인 대별왕은 저승을 차지하였다. 여기서 '왜 천지왕은 소별왕의 속임수를 인정하였는가?', '소별왕은 왜 그토록 인간세상인 이승을 가지고 싶어했을까' 하는 의문이 생길 수 있다. 그러나 삼원론으로 이해할 때에는 헤테로 성향의 소별왕이 인간정치(이승), 호모 성향의 대별왕이 제향정치(저승)와 연결되는 것이 정확하게 부합된다.

그런 점에서 뉴트로인 천지왕의 선택은 탁월한 것이며, 현실세계의 기본 성격과 부합되는 것이다. 천방지축 소별왕의 헤테로적인 성격은 세상이 정체되지 않고 발전시키는 힘이 된다. 돌고 도는 세상의 원리는 헤테로가 가진 힘 때문이다. 또한 인간 세상은 헤테로가 관장하는 세상일지라도 이승의 연장선상에 있는 저승의 호모적 성향과 호모와 헤테로 모두를 관장하는 뉴트로의 힘 아래 있기에 세상은 살만하다. 따라서 '인세차지경쟁' 화소는 언뜻 보아서는 신화답지 못한 머뭇거림이 있는 서사이지만, 그 이면에는 삼원의 원리에 부합되면서 우리에게 희망을 안겨주는 신화인 것이다.

2. 이현세 만화 〈천국의 신화〉[35)]

〈천국의 신화〉를 이해하기 위하여 먼저 우리가 잘 알고 있는 〈삼국유사〉에 나타난 〈단군신화〉를 삼원으로 제시하면 〈그림 14〉와 같다.

이러한 〈단군신화〉의 등장인물들과 〈천국의 신화〉의 등장인물들 간에는 몇 가지 차이점들이 있다.

첫째 〈천국의 신화〉에 나타난 천국(환국)은 아버지 환인이 세운 나라로서 대대의 환인, 즉 안파견 또는 거발환이라는 7대의 계승자들을 두었다는 것이다. 또한 환인을 따르는 무리를 천족이라 하였는데, 이 천족을 12부족비리국

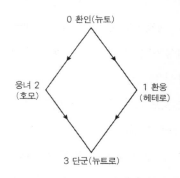

그림 14 ▶ 〈삼국유사〉 단군신화의 삼원 배정

으로 나누어 수장으로 하여금 다스리게 하였고, 그들에게 불과 말을 가르쳤다.

둘째 〈단군신화〉에서 웅녀와 결혼한 환웅이 〈천국의 신화〉에서는 마지막 7대 안파견인 지위리 환인의 태자 바람이 환웅이 된다. 이때 환인은 승천하고

---

35) 역시 주26)에서 밝힌 바와 같이 인하대 문화경영학 석사과정 김종우의 분석 중 필요한 부분을 발췌하여 필자의 관점에서 재수정하였음을 밝혀 둔다.

천인 3000명이 태자 바람을 따라 인간 세상에 남으니, 풍백(風伯), 우사(雨師), 운사(雲師)가 바람을 호위하여 태자 바람은 천부인(天符印, 신의 위력과 영험을 표상하는 부적과 도장)을 받고 환웅으로써 백두산 아래 천족의 나라 신시(神市)배달천국을 세웠다. 그리고 이것이 곧 신시

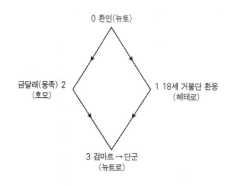

그림 15 ▶ 〈천국의 신화〉의 삼원 배정

배달 1세 환웅천왕인 거발환 환웅이다. 천국의 신화에서는 1세 거발환 환웅천왕부터 18세 거불단 환웅(단웅)까지 즉위하게 된다. 차후 웅녀와 혼인을 맺게 되는 것은 마지막 18세 환웅인 거불단 환웅이다.

셋째 〈단군신화〉에 등장하는 곰과 호랑이는 역사적 재해석에 의해 토템의 대상이며, 곰이 인간이 되기를 희구한 것은 〈단군신화〉의 인본주의적 성격을 다시 확인시켜 주는 것으로 설명되고 있다. 또한 곰과 호랑이는 부족을 상징하는 것으로써, 환웅과 웅녀의 결혼은 신과 인간의 결합이자 이주족(移住族)과 선주족(先住族)의 결합을 뜻한다. 즉 〈천국의 신화〉에서 곰은 웅(熊)족, 호랑이는 구려(호족)로 설명된다. 따라서 〈단군신화〉에서 환웅이 결혼한 웅녀는 결국 웅심국왕 딸 웅녀 금달래를 가리킨다. 〈천국의 신화〉의 등장인물을 삼원으로 다시 구성해보면 〈그림 15〉와 같다.

위의 배정에 대한 원칙은 다음과 같다. 첫째, 제로세계 또는 시작뉴트로에 해당되는 환인은 뉴토(Neuto)의 개념으로 설명될 수 있다. 뉴토에서 헤테로가 출현하게 되는 것처럼 환인에서 헤테로인 환웅이 태어난 것이다. 존재의 질서이자 근본질서인 뉴토 환인은 환국을 세웠고 환웅을 두어 천하에 뜻을 두게 되었다. 환인(桓因)이라는 단어의 뜻도 시작, 생성이라는 뉴토의 의미와 부합된

다. 즉 환웅에게 천부인(天符印) 3개를 주고 지상에 보내어 인간을 다스리도록 하였다. 시작뉴트로(뉴토)로서의 환인은 모든 질서와 법칙의 시작이며, 나아가 고조선의 시발점이 되었다.

둘째, 웅족의 금달래는 호모(Homo)의 개념으로 설명될 수 있다. 금달래는 거불단 환웅과 혼인을 맺어 음양의 대칭을 이루고 있다. 금달래는 참을성이 많고 지혜로운 어머니의 모습으로 등장한다. 이는 삼원에서 분리와 분화의 힘에 대하여 합하여 질서를 유지하려는 호모의 성향을 가진 것으로 분석된다.

셋째, 금달래와 혼인을 맺음으로써 단군을 잉태하게 하는 환웅은 헤테로(Hetero)의 개념으로 설명될 수 있다. 돌발적이고 반질서적인 헤테로는 웅족의 금달래와 혼인하였다가 필요에 의해 호족의 금령과 사랑에 빠지게 된 18세 거불단 환웅의 성격을 보여준다. 거불단 환웅은 다양하고 신속하며 넘치는 에너지로 미래지향적인 헤테로의 성격을 가지고 있다. 웅족의 공주와 혼인하고 구려국과 전쟁을 할 때 치우강에게 패하여 구려국 공주 천족 호녀 금령에게 포로가 되지만 그녀와 사랑에 빠지게 된다. 그리고 오히려 거불단 환웅은 금령의 도움으로 구려국 치우강을 물리치고 치우강은 금령에게 암살되는 결과에 이르게 된다. 거불단 환웅 또한 후에는 금달래와 결혼하면서 금령의 분노로 살해된다.

넷째, 환웅과 금달래 사이에서 태어난 검마르, 즉 단군은 뉴트로(Neutro)의 개념으로 설명될 수 있다. 뉴트로는 존재하게 하려는 힘 또는 중성자와 같은 힘이다. 뉴트로는 조화와 중립의 힘이며 제로세계와 무한대 세계의 완성된 힘인데, 천국의 신화에서 검마르가 후에 단군이 되어 고조선을 건국하여 한민족의 나라를 완성하게 된다. 분열된 삼계를 대통합하고 배달천국의 재건을 이루는 조선 1대 단군이며 예와 덕을 갖춘 인물로 묘사된다.

또한 뉴트로는 모든 사상과 존재의 본질적인 것이며 만물의 원리이자 법칙이다. 이는 단군의 고조선 건국이념이었던 홍익인간이라는 사상적 법칙을 세운

그림 16 ▶ 만화 〈천국의 신화〉 표지와 영화 〈천하장사 마돈나〉 홍보표지 두 종류

것으로 설명될 수 있다. 단군은 고조선이라는 나라를 태동시킴으로써 한민족의
시작을 알렸으며, 단군의 산신화(山神化)는 제정일치(祭政一致) 시대의 군장이
신격화되는 것을 보여준다. 연결성과 연속성, 그리고 궁극적인 완전성을 보여
주고 있는 단군은 민족화합과 한민족의 공동체 이념을 확립하였다.

3. 영화 〈천하장사마돈나〉[36]

영화 <천하장사마돈나>는 여자가 되려는 꿈을 지니고 있는 소년 오동구가
성전환 수술비를 마련하기 위해 씨름판에 뛰어든다는 이야기다. 천하장사와 마
돈나를 지닌 한 소년의 이야기는 관습의 틀을 깨고 통쾌한 뒤집기 한판을 시도
하고 있다. 씨름경기에서 한 선수가 자신의 운동에너지를 소모시켜 상대선수의
위치에너지를 바꾸는 것처럼, 기존의 질서를 뒤집고 재배치하는 것이다. 이것
은 우리 문학에서 적극적으로 활용되는 익숙한 장치이기도 하다.

---

36) 역시 주26)에서 밝힌 바와 같이 건국대 국문과 박사과정 김예선의 분석 중 필요한 부분을 발
    췌하여 필자의 관점에서 재수정하였음을 밝혀 둔다.

영화 <천하장사마돈나>에 대한 평은 대체로 긍정적이라 할 수 있다. 뿐만 아니라, 영화에 대한 평에서 일관된 흐름을 찾아볼 수 있다. 영화 <천하장사마돈나>는 ① 신선한 착상,37) ② 사회의 소수자에 대한 온당한 시선,38) ③ 절제된 균형미,39) ④ 꿈을 주는 성장영화,40) ⑤ 이율배반에 담긴 진리,41) 이렇게

---

37) 강성곤, 영화 <천하장사 마돈나> 올 여름 이색 비빔밥 한 그릇, OSEN, 2006.5.22

"한 뚱보 소년이 남성미 물씬 풍기는 씨름을 통해 여성으로 거듭나고자 한다는 착상은 기발하다." : (라제기/한국일보/2006.8.16)

"한마디로 발상이 기발한 영화다. (중략)영화는 한국적 현실에서 비대중적인 얘기를 대중적으로 이끌어 내리려고 했다.": (방승배/새영화 <천하장사마돈나>-여자가 되려고 '씨름'한다?/문화일보/2006.8.17)

"이 영화는 충무로에서 흔히 쓰이지 않는 스토리다. 기발한 발상이 돋보이는 영화라 할 수 있다." : (이준/[리뷰] 뚝심과 기발한 상상의 힘이 느껴진다!/데일리안/2006/8.25)

38) 오동진, (영화평론가 오동진의 동시 상영관) 우리 사회 편견과 위선 뒤집기 <천하장사마돈나>, 문화일보, 2006.9.5

"영화 <천하장사마돈나>는 꿋꿋하면서도 흥거운 트랜스젠더를 그려냈다." : (유재혁/[새영화] 샅바에 건 성전환의 꿈 <천하장사마돈나>/한국경제/2006.8.21)

"여자가 되고 싶은 소년의 마음을 편견에 치우치지 않은 시선으로 세심하게 보여준다." : (서필웅/새 영화 <천하장사마돈나>/서울경제/2006.8.23)

"영화는 유별나고 특이한 소수자의 고민을 함께 아파하거나 이해해줄 수 있는 보편적인 고민의 차원으로 밀어 올린다." : (이종도/동아시아판 <빌리 엘리어트>, <천하장사마돈나>/씨네21/2006.8.29)

"인간에 대한 예의와 이해의 시선만으로 타고난 성과 다른 성을 꿈꿀 수 밖에 없는 소년의 이야기를 훌륭히 그려냈다." : (이동진/<천하장사마돈나> 여자가 되려고 샅바를 잡다/조선일보/2006.8.30)

39) 최광희(FILM2.0 온라인 편집장), 꿈의 샅바를 잡은 <천하장사마돈나>, FILM2.0, 2006.8.16

"자칫 잘못 건드리면 웃음거리로 전락할 수 있는 소재와 장르에 대한 고민 속에서도 대중성과의 조화를 포기하지 않는 예리한 균형 감각이 돋보인다." : ([리뷰] <천하장사마돈나> 여자가 되고픈 남자의 유쾌한 성장 드라마/맥스무비/2006.8.16)

"욕망과 현실이 충돌하며 빚어내는 어색하고 황당한 상황을 편견과 과도한 연민 없이 바라보는 시선을 지녔다." : (김은형/영화 <천하장사마돈나> 편견의 세상아 나랑 한판 할래?/한겨레/2006.8.31)

다섯 가지 측면에서 긍정적인 평가를 받고 있다.[42]

천하장사와 마돈나의 결합은 그 자체로 이율배반적이다. 이는 대립하여 양

"영화가 선택한 것은 일방적인 주장이나 감성적 호소가 아니다. 영화는 끊임없이 이어지는 줄 위에서 균형을 잡는 쪽을 선택한다. 과장하거나 왜곡하지 않고 우리가 흔히 착각하는 남성성과 여성성에 대한 오해를 고스란히 보여주는 것이다. (중략) 눈물이 신파가 되지 않고, 웃음이 억지가 되지 않는 건 바로 이 잘 균형 잡힌 영화의 시선 덕분이다. (중략) 영화는 철저히 자기 중심을 지키면서 상대의 중심을 무너뜨린다. 이렇게 함으로써 천하장사와 마돈나, 이 전혀 어울릴 것 같지 않은 두 이미지는 동구라는 한 소년 속으로 들어온다." : (정덕현/<천하장사마돈나> 세상의 편견을 엎어치다/OSEN/ 2006.9.11)

40) 김영, 유쾌한 성장담, FILM2.0, 2006.8.28
"<천하장사마돈나>는 따가워서 힘겨운 외부 시선에는 초연하고 자신과 싸워 쌓아가야 할 생활력에서는 강인함을 잃지 않는 어른스러운 소년의 성장기다." : (송형국/삶의 샅바를 쥐고 꿈꾸는 <천하장사마돈나>/경향신문/2006.8.17)
"스포츠 영화의 틀 위에 게이코드가 가미된 성장영화로 충무로에서 흔히 볼 수 없는 영화인 것은 분명하다." : (서필웅/새 영화 <천하장사마돈나>/서울경제/2006.8.23)
"여자가 되고 싶은 가난한 고등학생의 성정체성을 고민하는 성장영화이다." : (이준/[리뷰] 뚝심과 기발한 상상의 힘이 느껴진다!/데일리안/2006.8.25)

41) 라제기, 영뚱 발랄 유쾌한 퀴어영화 <천하장사마돈나>, 한국일보, 2006.8.30
"오동구는 마돈나처럼 되기 위해 가장 남성적인 존재인 천하장사가 되어야 하는 아이러니를 받아들인다." : (채지영/[스크린산책] 으라차차 여자가 되고 말거야/동아일보/2006.8.25)
"마돈나가 되기 위해 천하장사부터 돼야 하는 뚱보 소년 오동구의 여자가 되는 길은 험하고 아찔하기만 하다." : (송용덕/[MOVIE] <천하장사마돈나>/매경이코노미/2006.8.30)
"동성애자나 트랜스젠더 등 성적 소수자마저 예뻐야 용서된다는 외모지상주의의 사회적 편견도 비껴난다." : (이형석/[영화 해부] 뚱보 소년의 성장 이야기/해럴드경제/2006.8.31)
"동구는 마돈나가 되기 위해 먼저 천하장사가 돼야 한다. 그래서 <천하장사마돈나>다. (중략) 여성이 되기 위해 먼저 남성이 되어야 하는 동구의 역설이 시작된다." : (신윤동욱/천하장사 트랜스젠더/한겨레21 /2006.9.25)

42) ■ 영화 <천하장사마돈나>, 올 여름 이색 비빔밥 한 그릇 [2006.5.22/OSEN]
   ■ 꿈의 샅바를 잡은 <천하장사마돈나> [2006.8.16/FILM2.0]
   ■ 삶의 샅바를 쥐고 꿈꾸는 <천하장사마돈나> [2006.8.17/경향신문]
   ■ <천하장사마돈나>, 여자가 되려고 샅바를 잡다 [2006.8.30/조선일보]
   ■ 영화 <천하장사마돈나>, 편견의 세상아, 나랑 한판 할래? [2006.8.31/한겨레]

립하지 않는 두 명제가 동등한 타당성을 가지고 주장되는 개념으로 모순에 해당한다. 그렇지만 천하장사와 마돈나의 결합이라는 이율배반의 법칙에는 진리가 내포되고 있다. 우리가 사는 세상이 그 자체로 모순이라는 것, 어쩌면 우리 자신도 모순의 결집체라는 것, 영화 <천하장사마돈나>에 담겨있는 이율배반의 원리는 바로 이런 것과 일맥상통할 터이다.

영화 <천하장사마돈나>가 말하려는 지점은 "천하장사와 마돈나가 더해지면 천하장사마돈나가 된다"는 것에 있다. 이것은 수학적 논리로 따지면 의심의 여지없는 사실일 터이지만, 우리를 구성하는 세계의 질서 속에서는 용납될 수 없는 일임에 분명하다. 현실의 논리에 의하면 천하장사와 마돈나는 결합하여 존재할 수 없는 것이다. 달리 말하면 개별적으로 존재할 수는 있으나, 그 자체의 결합은 용납할 수 없음을 의미한다. 천하장사마돈나는 기존의 질서와 법칙을 뒤흔드는 것이며 이것은 곧 기존 질서의 위협을 초래하는 것이기 때문이다.

영화는 기존의 질서에서 암묵적으로 금기시 되었던 결합을 시도하였다. 그 결합은 성공적이었다고 평가할 만하다. 영화 <천하장사마돈나>는 삶의 질서에 대한 다층적인 시각을 확보하는데 한 몫을 했다고 여겨진다. 이는 곧 삶에 대한 깊이 있는 성찰을 가능하게 했음을 뜻한다.

<천하장사마돈나>의 캐릭터를 삼원론으로 풀어보면 다음과 같다. 천하장사는 헤테로이며, 마돈나는 호모이다. 오동구의 꿈인 천하장사마돈나는 뉴트로이다. 그리고 감독은 기본적으로 뉴토(Neuto)로 작용하며 때때로 뉴트로(Neutro)가 되어 역시 오동구가 뉴트로(Neutro)로 완성되는 것을 돕는다. 이

러한 영화의 설정은 대단히 특징적인 것이다. 즉 헤테로와 호모 그리고 뉴트로가 전부 오동구라는 인물 하나에 담겨 있다. 그러한 점에서 앞에서 언급한 뒤집기 한판의 코드가 담겨 있는 것이다.

감독은 뉴토(Neuto)처럼 현실에 구체적으로 잘 관여하지 않는 인물로 설정된다. 씨름대회 결승을 앞두고 있는 오동구와 주장에게 감독은 어떠한 작전도 지시하지 않는다. 둘을 화장실로 불러 나란히 세워놓고는 손가락으로 번갈아 가리키며 승패를 점쳐보는 것이 전부일 뿐이다. 감독은 무척이나 재미있다는 듯이 주장과 오동구를 바라보며 손가락을 움직인다. 손가락은 주장의 승리를 예견하지만 감독은 대수롭지 않게 말한다. "딩동댕까지 해줄까?" 그렇게 되면 승자는 주장에서 오동구로 뒤집히게 되는 것이다. 중대하고 절박한 상황을 앞두고 그 상황에 어울리지 않는 웃음의 상황을 전개하고 있는 것이다. 이것은 곧 상황에 대한 뒤집기 한판이라 할 수 있다. 감독은 배설이라는 상징적인 행위를 통해 '0(zero)세계'를 드러내는 인물로, 존재하게 하는 힘을 지니고 있다. 배설은 비우는 것으로 제로(0)화되는 것이다. 그것은 제로세계로 들어가는 것과 같다. 따라서 뉴토(Neuto)인 감독을 화장실과 연상시킬 정도로 배설을 강조한 것은 적절했다고 할 수 있다.

4. 박항률의 그림세계[43]

주목받는 작가 박항률의 작품세계를 삼원으로 추적해 볼 수 있다. 그는 한동안 호모와 헤테로의 대립과 충돌을 뜻하는 단계의 그림들을 보여주고 있다. 1969년작 <운명>에서 1983년작 <인생>까지 그러하다. 그의 스무 살 때 작품

---

43) 역시 주26)에서 밝힌 바와 같이 건국대 국문학과 석사과정 이은의 분석 중 필요한 부분을 발췌하여 필자의 관점에서 재수정하였음을 밝혀 둔다.

인 <운명>, 그는 이제 막 미대에 입학하여 '운명'을 이야기 한다. 누군가 어른이 되는 것은 얼음이 되는 것이라 말했다. 우리가 물이었을 때, 그때 우리는 참으로 서로 잘 섞이고는 했다. 그것이 붉은색 물감이든 하얀 우유 빛이든, 완전히 하나가 되지는 못하더라도 적어도 작은 물병 안에서 순식간에 새로운 색을 만들어냈다. 하지만 얼음은 다르다. 얼음과 얼음은 서로가 섞이는 것이 결코 쉽지 않다. 아니 섞이는 것까지 바라지 않더라도 작은 물병 안에 함께 있는 것만으로도 서로는 불편함을 느낀다. 서로 소리를 내며 부딪치고 모난 부분으로 상처를 입히기만 할 뿐.

그는 스무 살이라는 벅찬 무게의 육체를 이고 세상의 문 앞에 서 있다. 세상이라는 공간, 그 곳에서 살아가야 한다는 것이 두려웠을까. 뿌연 캔버스 위에 연필과 약간의 검은 물감으로 그려진 그림. 화면의 중앙에는 한 마리의 늑대가 그려져 있다. 늑대는 여러 모습을 하고 있다. 두려움에 떨고 있는 모습, 지쳐 잠든 모습, 누군가에게 물어 뜯겨 뼈를 드러낸 채 주변을 경계하는 모습. 그리고 주변을 맴돌며 먹잇감을 노리는, 혹은 방관하는 다른 늑대들(<그림 17>·<그림 18> 참조).

이후 그림들은 호모와 헤테로의 객관화을 통하여 뉴트로를 찾아가는 과정

그림 17 ▶ 1969년 作 〈운명〉

그림 18 ▶ 1983년 作 〈인생〉

그림 19 ▶ 1993년 作 〈무제〉

그림 20 ▶ 1997년 作 〈무제〉

을 보여주고 있다. 그러나 아직 제목을 붙일 수 없으며(무제), 음양 대립구도라는 점에서 이 단계까지는 뉴트로를 발견하지 못하였다고 판단된다. 구도도 음양론적 대칭구도를 벗어나지 못하고 있다(<그림 19> · <그림 20> 참조).

　그 후 그는 저 너머의 세계, 즉 뉴토(Neuto)와 뉴트로(Neutro)의 세계를 발견한다. 물론 그것은 숱한 유혹의 요소를 극복한 후 찾아낸 결실일 것이다(<그림 21> · <그림 22> · <그림 23> 참조).

　그러한 과정을 통해 도달한 것은 호모 · 헤테로 · 뉴트로의 합일화를 보여준다. 그는 차분하게 그리고 드디어 뚜렷하게 응시할 수 있다. 그것은 저 너머 제로세계까지 관조하는 응시인 것이다. 2006년 겨울 그의 전시회가 또 한 번 있었다. 그는 이번 전시회에서 이제껏 시도되지 않았던, 혹은 시도하지 못했던 모습을 그림 속에 표현한다. 그의 작품 속에는 매우 정적인 인물과 함께 매우 역동적인 모습

그림 21 ▶ 1997년 作 〈유혹〉

그림 22 ▶ 1997년 作 〈저쪽〉　　　　　그림 23 ▶ 2000년 作 〈the stare〉

의 새가 등장하는 경우가 많다. 그 새는 항상 인물의 머리 위나 또는 손등에 앉아있다. 정적인 것과 역동적인 것, 작가는 무엇을 향해 가고 있는 것일까. 알 수 없지만, 한 가지 주목하여야 할 것은 이번 전시회의 그림 속에서 그가 만들어낸 한 소녀가 드디어 날개를 달았다는 것이다. 이제 그의 내면세계 안에서 호모, 헤테로, 뉴트로가 하나가 된 것이 아닐까.

IV. 맺음말

본 글은 삼원론의 논리를 활용하여 문화콘텐츠 스토리텔링을 분석하기 위한 일환으로 캐릭터 배정을 삼원으로 시도해 본 것이다. 삼원론을 활용한 캐릭터분석은 아직 시론적 단계에 머물러 있다. 본 글에서는 필자가 대학원에서 함께 연구한 내용 중 일부만을 소개하였다. 본 글에서는 구체적인 제시 또한 뉴토 → 헤테로 → 호모 → 뉴트로의 삼원모델만을 제시하였다. 그러나 그 삼원모델이 다시 확장되면 4차원 삼원모델로 발전한다.[44] 그러면 총 22개의 요소가 추출된다. 실제 주26)에서 제시된 과제에서는 필자와 함께 '4차원 삼원모델'로

---

44) 김기덕, 앞의『문화원형의 層位와 새로운 원형 개념』68쪽에 제시된 그림(본 책 32쪽) 참조.

분석하였다. 본 글에서는 삼원론을 통한 캐릭터분석 이론을 시론적으로 제시하는 데에 초점을 두었으므로, '4차원 삼원모델'까지는 제시하지 않았다. 지속될 필자의 연구와 주26)에서 제시된 연구자들의 글들이 개별논문으로 발표된다면 삼원 캐릭터분석은 보다 심도있게 전개될 수 있을 것이다.

삼원을 통한 캐릭터 분석의 의미는 무엇보다 문화콘텐츠 작품을 보다 명확히 이해할 수 있는 논리적 근거를 제시해 준다는 점에 있다. 다음으로는 스토리텔링의 구조분석, 변화모습을 핵심적으로 추적할 수 있게 해준다. 아울러 그러한 분석을 통하여 캐릭터 창출에 있어 어떠한 요소가 부족한지 그리고 지향하는 목표가 어떠한지에 대하여 뚜렷한 시각을 제시해 줄 수 있다. 그리고 이 점은 문화콘텐츠 분석뿐만 아니라, 역으로 문화콘텐츠 작품을 기획 창작할 경우 활용될 수 있을 것이다.

다시 강조하거니와 문화콘텐츠분야는 멀티미디어 구현에 걸맞는 다양한 이론을 필요로 하고 있다. 현재 문화기호학이 적극적으로 적용되는 것도 그러한 이유일 것이며, 기존의 다양한 비평 및 창작 이론도 새롭게 적용 검토되어야 할 것이다. 삼원론의 적용도 그러한 문화콘텐츠 이론 구축의 한 측면에서 활용될 수 있다고 보고 본 글을 시도하였음을 밝혀 둔다.

▌제3절　나선(螺旋)이론과 〈소용돌이〉

I. 이토준지와 〈소용돌이〉 분석의 이유

　이토준지(伊藤潤二)는 1963년생으로 일본의 공
포만화의 대가이다. 우리나라에는 시공사에서 그의
전집 16권이 발간되었고, 다시 2000년에 〈소용돌
이〉 3권이 발간됨으로써 이토준지 열풍이 불었다.
그 결과 인터넷상에는 이토준지에 대한 많은 정보가
있으며,　소용돌이연구소(http://www.itojunji.com)
까지 있다. 그 사이트는 공포만화의 대가 이토준지
의 팬 사이트로 이토준지의 관련작품에 대해 다루고
있다.

그림 24 ▶ 이토준지의 모습

　이토준지는 1999년 부천영화제 월드판타스틱 시네마에 초청 내한한 바
있다. 본래 〈소용돌이〉는 1998년 주간빅 코믹 스피리트에 연재하던 작품이다.
이 만화는 2000년에 영화로도 만들어졌다. 〈소용돌이, Uzumaki〉라는 제목
으로 히구친스키감독 작품이며, 한국배우로는 신은경도 출현했고 한국에서도
개봉된 바 있다.

　필자가 이토준지의 〈소용돌이〉를 분석하는 이유는 그 만화의 주된 테마인
다양한 소용돌이 문양에 대하여, 뒤에 언급하겠지만 이토준지 자신도 그 소용
돌이의 비밀을 잘 모르고 있다고 고백하고 있기 때문이다. 즉 세상 도처에 보이
는 소용돌이 문양의 다양한 '현상'에 주목하여 이토준지는 공포만화를 전개하
고 있다. 그리고 〈소용돌이〉 작가후기에서는 소용돌이의 '본질'에 대한 의문

으로 가득차 있다.

그런데 소용돌이란 사실 '나선형(螺旋形)'을 의미한다. 이토준지도 만화에서 간간히 소용돌이와 나선형이라는 말을 번갈아 사용하고 있기도 하다. 이 나선형이라는 것은 하나의 단순한 '현상'이 아니라 앞서 언급한 삼원(三元)의 '본질'을 담보하고 있다. 따라서 삼원이론과 그에 바탕을 둔 나선(螺旋)이론을 소개함으로써, 이토준지 자신도 이해할 수 없었던 세상 도처의 소용돌이 문양의 근거를 제시하고자 하는 것이 본 글의 분석 이유이다.

아울러 이 점은 인문학과 문화콘텐츠 창작 사이의 관계를 잘 암시해 준다고 보고 있다. 즉 고답적으로 보일 수 있는 인문적 지식, 더 나아가 본 장의 제목으로 삼은 '인문적 개념체계'에 대한 이해가 사실상 문화콘텐츠 창작에 있어 중요한 모티브를 제공해 줄 수 있다는 것을 시사하는 것으로 보고자 한다. 이 점이 본 글의 작성 이유 중의 하나이기도 하며, 이 점은 본 글의 후반부에서 다시 서술하여 보기로 한다.

II. <소용돌이> 줄거리 및 관련 이미지

남자 주인공 사이토 슈이치의 아버지는 소용돌이 모양에 빠져 있다. 소용돌이 모양의 골동품, 달팽이 껍질, 암모나이트 화석, 기계 테이프, 모기향, 덩굴 등등. 그는 소용돌이라는 것에서 신비한 힘을 느끼며, 소용돌이에는 불가사이한 힘이 담겨 있다고 믿는다. 그는 소용돌이 모양들을 모으고 서재에 널려 있는 그것들을 하루 종일 본다. 이것이 주위에 있는 소용돌이 문양에 관심을 갖는 단계라면, 다음에는 소용돌이에 대한 집착이 더 커져서 직접 다양한 소용돌이를 만들어 본다. 급기야 부인은 남편 몰래 잔뜩 싸인 소용돌이 물건들을 전부 치우자,

그는 자신이 스스로 눈을 돌려 소용돌이를 표현한다거나, 혀로 소용돌이를 표현하였으며, 결국에는 스스로 통속에 들어가 자신의 몸을 소용돌이로 만든 뒤온몸의 뼈가 으스러져 죽게 된다. 그의 시신은 화장했는데, 화장한 연기가 소용돌이로 올라 갔고<그림 25>, 그것은 이 마을의 불행을 예고하는 것이었다.

그림 25 ▶ 사이토 슈이치 아버지의 화장한 연기

이것이 소용돌이에 집착하였던 남자 주인공 사이토 슈이치의 아버지의삶이었다. 그는 소용돌이를 사랑하다가 결국 스스로 소용돌이를 만들고 죽어 갔다.

문제는 다음서부터 생겼다. 사이토슈이치의 어머니는 소용돌이 문양에 대한 공포를 갖고 있다. 그러나 주위가 전부 소용돌이 문양임을 알게 된다. 간호사 뒷머리가 소용돌이로 보이고<그림 26>, 귓속의 달팽이관도 소용돌이이며

그림 26 ▶ 간호사 뒷머리의 소용돌이 모양

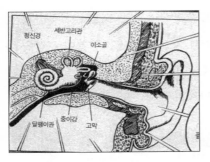

그림 27 ▶ 귓속의 달팽이관

그림 28 ▶ 손의 지문

<그림 27>, 손의 지문<그림 28> 도 소용돌이 문양이다. 그녀는 소용돌이를 피하고 심지어 없애 보려고 하다가, 결국 소용돌이 공 포로 죽게 된다. 그리고 그녀 역 시 화장했는데, 그 화장한 연기가 마을의 하늘을 다시 검은 소용돌 이로 뒤덮었다<그림 29>.

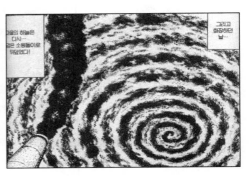

그림 29 ▶ 슈이치의 어머니의 화장한 연기

　여기까지가 실제 소용돌이 문양에 대한 집착과 공포를 다룬 것이라면, 다음부터는 본격적인 허구로 돌입하여 전개된다. 즉 소 용돌이의 오염이라는 허구장치로 공포만화 를 전개시키고 있다.

　먼저 소용돌이는 도형상 사물을 끌어당 기는 모습이며, 결국 소용돌이에 오염되면 사람의 이목을 끌며 또한 이목을 끌고 싶다

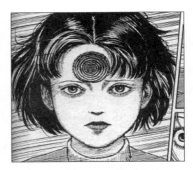

그림 30 ▶ 이마에 소용돌이 상처를 가진 아자미

는 욕망이 생긴다고 가정한다. 그리고 이 가정 하에서 스토리가 전개된다. 이러한 과정은 가운데로 집중되는 소용돌이 모양 자체에서 충분히 상상할 수 있는 것이다. 슈이치와 같은 반의 소녀인 아자미는 이마에 소용돌이 상처를 가졌다 <그림 30>. 소용돌이에 오염된 것이다.

아자미의 소용돌이 상처는 점점 커지며<그림 31>, 급기야 모든 것을 소용돌이 속으로 흡수시키며, 결국 자신도 소용돌이 속으로 흡수되어 소멸되어 버린다<그림 32>.

그림 31 ▶ 점점 커지는 아자미의 소용돌이 상처

그림 32 ▶ 결국 자신도 소용돌이 속으로 흡수되어 소멸됨

다음 이야기는 도자기 접시가 요변(窯變 : 도자기를 구울 때, 불길의 성질이나 유약에 함유된 물질 등의 관계로 유약이 예기치 않은 색깔이나 무늬로 변하는 것)현상을 일으켜 소용돌이 문양이 되는 것에서 가져왔으며, 그 다음은 소용돌이에 오염되어 몸을 소용돌이처럼 꼬아서 뒤틀린 사람들을 다루고 있다<그림 33>. 이러한 가정은 전부 소용돌이의 모습에서 유추하여 공포적인 소재로 만든 것이다.

다음으로는 소용돌이 모양의 머리카락을 다루고 있다. 점점 소용돌이 모

그림 33 ▶ 소용돌이에 오염되어 몸을 소용
돌이처럼 꼬아서 하나가 되는
모습

그림 34 ▶ 소용돌이 모양으로 변하는 머리카락

양으로 변하는 머리카락<그림 34>
과, 그것을 자르려 하면 머리카락이
목을 조르고, 그대로 두면 자랑스럽게
소용돌이 모양을 취했다. 그러다가 결
국 소용돌이 머리가 몸속의 정기를 빨
아들여 결국 죽음에 이르게 한다<그
림 35>는 내용이다.

2권과 3권은 필자가 보기에 1권보
다 조금 긴장이 떨어진다고 생각한다.
그것은 역시 똑같은 소용돌이 현상에

그림 35 ▶ 소용돌이 머리로 인해 죽음에 이름

주목하여 보다 엽기적으로 구성하려고 했기 때문으로 보인다.

먼저 2권에서 <깜짝상자>에서는 자동차에 치일 때 소용돌이 모양의 서스

펜션 스프링이 몸속으로 들어가 시체가 튕겨 오른다는<그림 36> 허구를 도입하여 전개한다.

다음 <달팽이 인간>에서는 몸에 난 소용돌이 문양과 점점 부풀어 오르는 소용돌이 문양, 그리고 그것이 점차 달팽이 모양으로 변하여<그림 37> 결국 달팽이 인간으로 된다<그림 38>. 그 달팽이 인간을 괴롭히던 친구도 달팽이 인간이 되어 서로 교미(달팽이는 암수 구별이 없는 생물임)하며, 달팽이 인간이 교미해서 낳은 알과 그 달팽

그림 36 ▶ **시체가 스프링에 들어가 튕겨오름**

이 알을 무자비하게 깨부순 선생이 다시 달팽이 인간이 된다는 설정으로 끌고 간다.

다음 이야기 <검은 등대>에서는 등대가 나선형의 빛을 내고 있다. 여기서

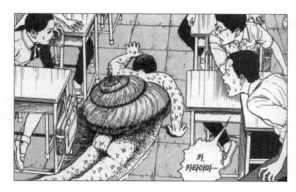

그림 37 ▶ **소용돌이 문양이 달팽이 모양으로 변한 모습**

그림 38 ▶ **달팽이 인간으로 변한 모습**

소용돌이라는 표현 대신에 나선형이라는 표현이 처음 나온다. 그 등대는 계속 나선형 빛을 내고, 그 등대 나선형 불빛 영향으로 사람들이 돌기 시작한다. 배도 나선으로 빙글빙글 돌다가 좌초한다. 등대 안으로 들어가 보니, 등대 안 렌즈는 원래 동심원상의 모양이었는데, 열 때문에 뒤틀려 마치 소용돌이 모양처럼 되어 있었다. 밤이 되어 등대가 빛을 발하면 강렬한 소용돌이 광선으로 몸이 타버리게 된다는 무서운 설정으로 공포를 이어가고 있다.

다음 <모기떼>에서는 모기들이 떼를 지어 날아다녀 만드는 모기기둥이 나선형 모양이라는 데에 착안하였다. 그 나선형(소용돌이) 모기에 오염되어, 모기처럼 생피를 빨아먹는 임신부들과 그들을 물리치는 것은 모기처럼 살충제를 뿌리는 것이라는 엽기적인 전개를 하고 있다.

다음 <탯줄>에서는 앞의 이야기의 연장선상에서, 새로 태어난 아이들은 앞의 모기떼에서 모기에 오염된 임신부들이 사람의 피를 영양분으로 공급받아 태어난 아이들인데, 그 아이들은 다시 자신의 고향인 자궁으로 돌아가고, 그 결과 산모는 더욱 태내의 아기를 위해 피를 얻고자 하여 의사를 공격한다는 내용으로 되어 있다.

마지막에 <태풍 제1호>에서는 소용돌이 모양의 태풍과 그 태풍의 눈에 빨려 들어가는 현상을 다루고 있다.

3권 역시 2권과 비슷한 모티브를 구성하고 있다. <귀신의 집>에서는 수재민이 되어 폐가로 이주한 집에서 발에 소용돌이 모양의 티눈이 생기고, 그 티눈이 온몸으로 점점 퍼지게 되며, 결국 티눈이 온몸으로 자라 괴물처럼 된다는 설정이다.

다음 <나비>에서는 소년들이 입으로 나선형 태풍바람을 만들고, 그 소용돌이 만드는 기술을 가지고 나비처럼 날아간다는 설정이다. 다음 <혼돈, 속 혼돈>에서는 나비족 인간으로 오염된 마을과 달팽이 인간으로 오염된 마을을 다루고

그림 39 ▶ 톰보연못 밑에서는 광채가 나고 있다.

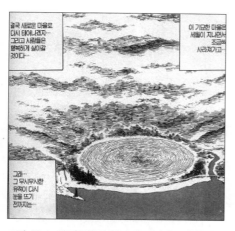

그림 40 ▶ 주인공들이 하나가 되면서 소용돌이의
저주가 풀리는 것으로 끝을 맺고 있다.

있으며, <탈출>에서는 나비족과 달팽이 인간으로 오염된 마을에서 탈출을 시도하는데, 그 마을은 소용돌이 마을이어서 나무도 나선형으로 변해가며, 마을 역시 나선형으로 되어 있어서 탈출이 안된다는 설정을 하고 있다. 다음 <미로>에서는 다시 마을로 왔으나 예전 마을이 모두 나선형으로 변해 있었고, 마을 사람들은 소용돌이가 되어 죽어갔으며, 이 마을은 몇 백 년을 주기로 소용돌이의 저주가 내려지고 그때마다 사람들은 소용돌이 마을을 만들고 죽어간다는 설정이다. 이에 소용돌이 저주의 원인을 찾고자 톰보연못으로 들어가고 있다. 다음 <유적>에서는 그 톰보연못 밑에서 광채가 나고<그림 39>, 그곳에는 유적이 있었다. 이 유적은 본능적으로 지상사람들을 끌어 당기며, 그것이 바로 일종의 소용돌이의 저주가 된다는 것이다. 드디어 주인공들이 하나가 되면서, 소용돌이의 저주는 풀렸다<그림 40>는 것으로 끝을 맺고 있다.

III. 이토준지 작가 후기와 나선이론

작가 이토준지는 각 권 끝에 있는 <후기>에서 다음과 같이 말하고 있다. 1권의 후기가 가장 내용이 길다.

- 소용돌이는 정말 미스터리한 모양임. 나 이토준지는 이 미스터리를 풀기 위해 부단한 노력을 함.
- 소용돌이의 의미를 알려면 먼저 소용돌이를 관찰해야 한다. 처음에 나는 소용돌이 모양을 뚫어져라 쳐다봤다. 그러자 눈이 핑핑 돌기만 했다. 다음에 나는 소용돌이에 관한 문헌을 독파했다. 그러나 언제나 도중에 잠이 들었다.
- 역시 실제로 소용돌이를 만들어 보는 것이 좋겠다고 보았다. 욕조의 물은 '쿠르르'하는 소리와 함께 소용돌이를 그리며 빠져나갈 뿐이었다. 열받아서 이번에는 닥치는대로 먹었다. 나루토마키, 전복, 소라 등등. 소용돌이 아이스크림, 소용돌이 쿠키, 꿀파배기 등등. 그저 맛일을 뿐이었다. 달팽이를 길러도 봤다. 그러나 당근 색깔 똥을 쌀 뿐이었다.
- 이런 식으로 하나하나 풀어나가면 언제가는 비밀의 열쇠를 손에 넣을 수 있겠지.

여기에서 보듯이 1권에서는 아직 소용돌이의 의미를 풀지는 못했다. 다양한 소용돌이 현상을 발견하고 그것에 공포라는 허구를 만들어 이야기를 전개했을 뿐이다.

2권 후기에서도 역시 다음과 같이 의문을 제기하면서 소용돌이의 비밀을 알 수 있는 사람은 누구일까라고 고민하고 있다.

- 이토 만화 제작사를 소용돌이 연구소라고 표현함.

- 나조차 풀지 못했던 소용돌이의 비밀을 알고 있는 사람은 누구일까? 혹시 신선? 아니면 대학에서 쫓겨난 비련의 사이언티스트? 과연 소용돌이의 비밀이란?
- 그러나 마지막에 이러한 추측들은 전부 꿈이었다는 것으로 넘겨 버린다.

이러한 이토준지의 소용돌이의 비밀에 대한 의문은 3권 후기에서도 역시 해결되지 못하고 그저 마지막 의문으로 후기를 끝맺고 있을 뿐이다.

이토준지는 아주 정교한 시각으로 세상에 보이는 다양한 소용돌이 문양과 이미지를 찾아냈다. 그리고 그것으로 공포만화를 완성하였다. 그러나 스스로는 그 소용돌이 문양 및 이미지의 '현상' 속에 내재하는 비밀, 그것은 아마 진리의 발견과도 같을 것인 바, 그 비밀을 풀지 못하는 안타까움을 후기에 표출하고 있다.

이 점은 <소용돌이>를 분석한 사람들도 마찬가지이다. 예를 들어 대한민국 만화정보 포털을 지향하는 <만화규장각>(http://www.kcomics.net)에 실린 글을 인용해 보면 다음과 같다.

> 이토 준지는 일본의 공포만화계에서 최고 수준에 있다고 평가되는 작가이다. 일상에서 공포를 이끌어내는 솜씨가 탁월하며, 그의 공포만화세계에 빠져드는 독자들의 반응도 열광적이다. 1987년부터 작품활동을 시작하여 단편이나 단편 옴니버스 공포물을 그려왔다. 과작(寡作)인 편인데, 그의 작품 중 토미에와 소용돌이가 영화화되었다. (토미에는 두 번 영화화되었음)
> 그의 작품은 인간의 약한 본성을 끝까지 파고들어 꼼짝 못하게 만들어버린다. 인간의 추악한 면, 예를 들면 아무도 몰랐으면 싶은 나쁜 상상이나 신체의 일부에 대한 집착 같은 것을 극대화하는 것이다. 『소용돌이』 1권에 나오는 슈이치 아버지의 죽음 장면이나 단편 중 『조상님』 같은 것은 경악스러울 정도로 집요한 상상력을 보여준다. 인간의 몸에

대한 변형은 독자에게 직접 공포를 불어넣는다. 특히 여성의 몸에 대한 혐오와 변형은 끊임없이 반복된다. (작가 자신도 잘 알고 있듯이) 여성은 무한한 생산력과 성적 매력 때문에 위험한 존재로 묘사된다. 위험한 존재이기 때문에 여성의 육체는 학대된다. 게임 캐릭터처럼 끊임없이 다른 모습으로 재등장하는 『토미에』는 네크로필리아(시체애호)까지 나아간다.

이토 준지의 작품은 독특하게도 가장 공포스러운 시기에 끝맺음을 한다. 등장인물은 대체로 죽지도 않고 멀쩡한 정신으로 공포를 느껴야 한다. 간신히 치명적인 위기를 넘기지만 더 큰 위기가 닥쳐오는 것을 망연자실하게 바라보아야 한다. 왜 그런지에 대한 설명은 하지 않는다. 이상한 사건이 일어나기 시작하고 주인공은 쫓기다가 사건의 전말을 대강 알게 되지만 자포자기하고 극대화된 공포를 받아들이는 것이다. (연작일 경우, 시침 뚝 떼고 다른 장소에서 또 다른 사건이 일어나기 시작한다. 그 전 사건에 대한 설명은 이어지지 않는다.) 해피 엔딩은 당연히 매우 드물다.

인간 본성에 대한 믿음을 비웃는 듯한 이토 준지도 『소용돌이』에서는 장편을 이끌어가기 위해서 안정적인 인물과 차분한 감성이 필요하다고 여겼는지, 키리에와 슈이치의 성격을 누그러뜨린다. 키리에는 예쁘고 심성이 곱고 침착하며 슈이치와 이타적인 연인 관계이다. 슈이치는 좀 음침한 성격이지만 예리한 판단력으로 이 마을의 비극을 꿰뚫어보는 인물이다. 특히 키리에는 침착하다 못해 감정이 없는 것으로 느껴질 정도로 무덤덤하게 독자에게 사건을 전한다.

이토 준지의 그림체는 순정만화의 그림체 같은데, 가늘고 괴롭게 그어댄 듯한 선이 갸름한 얼굴과 어두운 표정과 어울린다. 그림 실력이 뛰어난 것은 아니지만, 다음 장을 넘겼을 때 무서운 장면이 달려드는 듯한 효과는 빼어나다. 신체의 변형 장면을 세밀하게 묘사하거나 어두침침한 분위기를 살리는 것은 갈수록 발전하고 있다.

공포가 대체로 개인적 애증관계, 가족관계 특히 남녀간의 연정과 집착에만 관련되어 있는 점이 이토 준지의 한계이다. 주로 단편을 그리기 때문인지 한 가지 관계에만 집중해서 공포의 원인을 제시한다. 하지만 실제 삶에서는 더 복잡한 관계들이 얽혀 있는 것이다.

나름대로 잘 분석하였으나, 예를 들자면 '인간의 몸에 대한 변형은 독자에게 직접 공포를 불어넣는다. 특히 여성의 몸에 대한 혐오와 변형은 끊임없이 반복된다. 여성은 무한한 생산력과 성적 매력 때문에 위험한 존재로 묘사된다. 위험한 존재이기 때문에 여성의 육체는 학대된다'고 하여, 글을 쓴 사람도 소용돌이의 비밀을 이해하지 못하기 때문에 역시 본질에서 벗어난 해석을 시도하고 있다고 생각한다.

이 <소용돌이>에 나오는 다양한 현상들을 이해하기 위해서는 나선(螺旋) 이론에 대한 검토가 필요하다.[45] 우리의 몸은 3차원 구조이다. 실제로 존재하는 구조들인 3차원 공간적 구조들은 0차원인 시간과 연계된 1차원 선들과 2차원 평면들의 조합이다.

이 3차원 공간의 존재를 삼원 법칙의 관점에서 설명한다면, 헤테로 특징을 가지고 있는 1차원 세계가 가장 먼저 직선의 형태로 나타날 것이다. 그런 다음 호모의 특징을 가지고 있는 평면의 2차원 세계가 나타날 것이다. 이러한 과정에서 0차원, 즉 시간도 또한 존재한다. 결과는 헤테로와 호모의 공간을 기본으로 하는 뉴트로의 특징을 가진 부피와 고체의 몸체의 3차원 세계의 창조이다. 이런 식으로 실제 존재하는 세계가 나타난다.

같은 삼원법칙에 바탕을 둔 3차원 움직임은 직선에서 움직이는 직선의 헤테로 움직임과 뉴트로 특징을 가지는 호모의 평면과 3차원 세계에서의 나선형 움직임을 포함한다. 그들 자신만의 삼원의 특징을 가지는 이러한 3차원 움직임들은 모든 실체에 삼원의 흐름을 가하고 실제 세상에서의 다양한 삼원 객체와 현상을 만든다.

직선의 1차원적인 운동과 원형의 2차원적인 운동이 합쳐지면 3차원적인 완

---

45) 여기에 대해서는 다음을 참조하였다. 박재우, 『틀기요법』, 오행출판사, 2006, 9-13쪽.

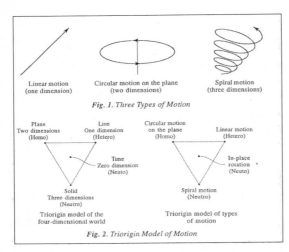

Fig. 1. Three Types of Motion

Fig. 2. Triorigin Model of Motion

그림 41 ▶ 처음 그림은 '세가지 종류의 동작분류', 두번째는 '동작의 삼원모델'[46]

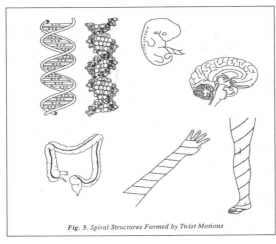

Fig. 3. Spiral Structures Formed by Twist Motions

그림 42 ▶ 나선구조의 사례들[47]

전한 나선형 운동이 만들어진다. 이상을 그림으로 표현하면 <그림 41>·<그림 42>와 같다.

우리의 몸은 나선형 모양을 유지하는 다양한 형태의 3차원 구조들을 포함하고 있다. 그림에서 제시하였듯이 DNA, 뇌의 나선형, 장의 회로와 형태, 혈관과 근육의 조직 등이 그러하다. 그리고 이토준지가 다양한 소재에서 소용돌이 문양을 찾아냈듯이, 세상이 나선형 구조와 문양으로 되어 있다. 그것은 나선형이 뉴트로이기 때문이며, 『도덕경』에서 '三生萬物'이라고 하였듯이[48] 모든 사물은 뉴트로적 속

---

46) Park, Jae Woo, Twist Therapy, Moscow Su Jok Academy, 2003, 8-9쪽.

47) 위와 같음.

48) 본 책의 30쪽 참조.

성을 갖기 때문이다. 이것이 이토준지가 알고자 했던 세상의 소용돌이 현상에 대한 비밀인 것이다.

IV. 인문적 개념체계의 중요성

인문학적 소재의 다양한 원천소스를 문화콘텐츠 분야에서는 강조한다. 그러나 인문적 개념체계 역시 중요한 원천소스가 됨을 기억해야 한다. 주지하듯이 음양론(陰陽論)이나 필자가 앞에서 설명한 삼원론(三元論)은 일종의 세상을 설명하는 매스터키라고 할 수 있다. 거기에서 파생되는 다양한 이론체계 역시 세상의 현상을 해석하는 중요한 열쇠인 것이다. 필자가 이토준지의 <소용돌이>를 보면서, 이것은 세상의 나선원리가 다양하게 표출된 현상을 발견하고 그것을 공포만화로 만들었다고 생각하였다. 그리고 작가가 <후기>에서 자신이 찾아낸 수많은 소용돌이 현상의 비밀을 알 수 없을까 고민하는 모습을 보면서, 본 글을 작성해야겠다고 생각하였다. 본 글에서 필자가 강조하고 싶은 것은 만약 어느 만화가에게 삼원론과 나선원리를 이해시켰다면, 그 만화가는 거꾸로 그 논리를 갖고 상상력을 동원하여 이토준지의 <소용돌이>와 같은 작품을 만들 수도 있었을 것이다. 그리고 그 내용 및 결말에 있어 사뭇 다른 이야기 전개도 가능할 수 있었을 것이다. 즉 일견 딱딱해 보이는 인문적 개념체계 역시 중요한 문화콘텐츠의 창의력의 원천이 된다는 점을 강조하고 싶다.

▌제4절 '원본사고(原本思考)' 이해와 삼원론*

I. 김태곤의 문제의식

原型, 文化原型이라는 표현은 문학, 심리학, 민속학 등에서 다양하게 사용되어 왔다. 최근에는 디지털기술과 전통문화의 결합을 중심으로 한국문화콘텐츠진흥원에서 시행한 '문화원형 디지털콘텐츠화사업'이라는 것이 5년 동안 지속됨으로써 다시금 원형에 대한 고찰을 요구하게 되었다.

지금까지 사용된 원형개념은 크게 보면, 융이나 엘리아데의 개념을 차용하여 나름대로 적용한 것과 또 하나의 흐름은 별다른 이론적 적용 없이 원초적 모습이라는 정도의 의미를 갖고 사용된 예로 대별할 수 있다. 필자가 생각하기에, 아마도 지금까지 한국문화를 원형과 관련하여 가장 치열하게 문제의식을 전개한 분은 김태곤 교수가 아닌가 한다. 그는 일찍이 원형개념에 천착하고 나름대로 새롭게 원본사고를 제안하였다. 1981년에 나온 『한국무속연구』에서49) 종합적인 개념을 제시했으니 46세 때였다.50) 이후 『한국민간신앙연구』51) 등에서, 그는 원본사고를 자신의 연구결과에 지속적으로 반영하였다. 1996년 그의 사후에는 후학들이 원본사고가 한국문화에 어떻게 작용하고 있는가를 분석하

---

* 본 글은 필자의 논문(김기덕, 「김태곤 '원본사고' 개념의 이해와 의의」, 『한국의 민속과 문화』 11, 경희대학교 민속학연구소, 2006)을 보완한 것이다. 그 글 중에서 삼원(三元)에 대한 기본적인 설명은 본 책에 수록하면서 많이 생략하였다.

49) 김태곤, 『한국무속연구』, 집문당, 1981.

50) 정확히는 1980년에 발표된 「한국무속의 원형연구」와 「한국무가의 원형」이라는 글이라고 할 수 있다. 이 점에 대해서는 다음을 참조. 이정재, 「김태곤 원본이론의 '존재' 문제 연구」, 『한국문화의 원본사고』, 민속원, 1997, 14-15쪽.

51) 김태곤, 『한국민간신앙연구』, 집문당, 1983.

였다.[52] 후학들은 이후에도 지속적으로 한국문화의 원본사고를 추적하였으나, 아쉽게도 현재 김태곤의 원본사고 개념이 한국문화 전공자들에게 폭넓게 공감되어 인용되지는 않고 있다.

필자는 모든 학문은 현상과 이론의 변증법이라고 본다. 이때 이론이란 더 상위의 개념으로 올라가면 결국 본질적 사고, 질서, 모델과 만나게 된다. 쉽게 표현하자면 그것을 原型이라고 할 수 있다. 이때 원형을 본래의 모습(原形, Originality)에 한정하여, 과연 어떻게 본래의 모습을 알 수 있으며 또 그것이 무슨 의미가 있는가라고 부정하면서, 흔히 원형을 운운하는 자체를 무의미하다고 지적하는 연구자들도 많다. 그러나 원형을 찾는 노력은 본래의 모습(Originality)에 한정하여 천착하는 것이 아니다. 그 보다는 본질적 사고, 질서, 모델을 찾고자 하는 것이며 그것이 바로 가장 고차원의 이론이 된다. 그리고 그것이 다양한 時空間의 현상들을 적확하게 설명할 수 있다면 대단히 유용한 것으로, 결코 현상에 매몰된 무수한 작은 논리에 비할 바가 아니다. 이러한 본질적 사고는 더 천착되면 자연히 인간을 넘어 자연관, 우주관과 만난다. 그런 점에서 모든 학문은 실용적인 도구학문을 제외한다면 본질적으로 存在論이라고 할 수 있다.

1960년 무속 현장조사에 발을 들여 놓은 이후 21년간의 구체적인 연구과정을 거친 뒤, 김태곤은 무속연구를 중심으로 본질적인 원형개념에 천착하고 자신만의 원본사고를 도출하였다. 필자는 무속연구를 하지 못했으며, 따라서 기본적으로 무속연구를 통해 도출된 김태곤의 원본사고를 이해함에 있어 일정한 한계가 있을 것이다. 그러나 김태곤 교수에 대한 경외심과 현상을 뛰어넘는 본질에 답해야 한다는 의무감, 그리고 삼원론과의 연관성을 언급할 필요가 있다는 판단에서 본 글을 작성하였음을 밝혀 둔다.

---

52) 김태곤외, 『한국문화의 원본사고』, 민속원, 1997.

II. 原本思考의 기본 개념

민속학자 김태곤은 한국학계에서 사용되고 있는 '원형' 개념이 어떤 개념을 전제로 사용되고 있는가 하는 점이 불분명하다는 점을 지적하였다. 그리고 그는 융이나 엘리아데의 개념에 맞추어 무속현상을 설명하지 않고, 무속현장에서 무속의 핵으로 있는 것은 존재 근원에 대한 原質思考, 즉 존재에 대한 原本思考라고 하면서 자신의 새로운 원본개념을 제시하였다.

융의 원형은 무의식의 구조라는 개념으로 사용되었고, 엘리아데의 원형은 모범적 모형이라는 측면에서 신의 행동 특히 신의 천지창조행위라는 개념으로 사용하였으나, 김태곤의 '원본'이라는 용어는 만물의 근원을 神으로 보게 된 그 사고근원을 더 분석해 들어가는 시각이라고 할 수 있다. 그래서 원본은 원형보다도 그 이전에 있었던 존재의 근원을 문제삼는 것이다. 원형이 아키타입 (Archetype)의 역어라고 할 때, 타입이라는 말은 '형'·'유형'으로 이것은 일정한 규격을 갖춘 형상이란 의미로 받아들여질 수 있고, 반면에 원본의 '본'은 '본(本 : pattern)·근본·근원'의 의미, 즉 일정한 규격을 갖춘 형상 이전에 그 형상의 바탕이 되는 근원이라는 의미가 된다. 따라서 원본은 'Archepattern'이라고 옮길 수 있다.

이러한 原本思考에서는 존재의 근원인 '카오스'의 영원으로부터 존재를 보는 사고가 존재근원에 대한 원질사고로 무속사고의 '원본'이 된다. 그래서 존재근원인 '카오스'에서 '코스모스'로 '코스모스'에서 다시 '카오스'로 환원되어, 존재가 카오스와 코스모스의 순환체계 위에서 영원히 존속된다고 본다. 즉 모든 존재는 카오스적인 未分性을 바탕으로 바뀌어 순환하면서 영구히 지속한다고 보는 사고가 민간의 원본사고인 것이다.[53]

---

53) 김태곤, 위의 책, 151-158쪽.

김태곤은 『한국무속연구』서문에서 찬연한 先學들의 업적을 이 책에 직접 도입할 수 없었던 것은 선학들의 연구 토대가 되는 자료와 그 자료를 보는 입장이 한국의 巫俗現實과는 너무나도 많은 차이가 있기 때문이며, 따라서 原型이나 創造, 再生 등의 용어까지도 사용할 수 없었다고 말한다. 그리고 연구의 과제를 무엇이 巫俗이고, 무속의 무엇이 韓國人의 가슴 속에 이토록 깊게 뿌리를 뻗어 내렸는가라는 질문으로부터 시작하였으며, 그 결론은 未分性의 原本思考이고, 巫俗은 原本思考의 기반 위에서 한국인의 생존방법이 되어 왔다는 사실이라는 점을 밝혔다.

그의 고뇌는 『한국무속연구』원고를 쓴 뒤, 3장, 6장, 9장의 원고를 새로 고쳐 쓰느라 일년이 지연되었고 더 고쳐쓰고 싶지만 더 이상 출판사에 지형을 허물자고 할 수 없어 그대로 책을 낸다고 하였는데, 문제의 장들은 전부 원본사고와 관련된 것이다.

그는 연구과제로 ① 무엇이 무속인가 ② 무속 속에서 찾아낼 수 있는 원형(arche-pattern)사고는 어떤 것이며, 무엇이 무속의 원형사고로 존재하는가, 그리고 이것은 무속의 降神, 祭儀, 神話(巫歌), 神觀, 宇宙觀, 靈魂觀에 걸쳐 어떻게 투영되어 求心을 이루는가 ③ 이와 같은 무속의 원형사고를 통해 관찰할 수 있는 民間人의 精神形像－民間像은 어떤 것인가라는 문제의식을 제기하고 있다. 그러한 주제들과 관련된 그의 중요한 지적들을 제시하여 보면 다음과 같다.

- 현대인의 논리적이고 합리적인 사고는 존재를 '코스모스'의 공간과 시간 안으로 한정시켜 보는 평면적 존재사고인데 비해 무속의 '원본' 사고는 그 존재의 근원인 '코스모스' 밖의 '카오스'로부터 보는 입체적 존재사고이다.
- 混沌의 '카오스'에서는 공간과 시간이 채 분화되기 이전의 미분된 동일 근원이 된다.

- 무속의 제의 굿은 특별한 禁忌, 무공간, 무시간의 카오스 시공간대를 갖는다.
- 祭儀가 원본을 기반으로 하면서 존재의 획득 지속을 기원하는 대상은 神이기 때문에 존재의 근원이 神과 原本 중 어느 쪽에 있는가가 밝혀져야 한다.
- 神과 原本은 다같이 카오스를 기반으로 하면서 神이 그 카오스의 구체성을 띤 擬人的 象徵化이기 때문에 원본의 기반 위에서 神이 존재의 근원으로 인식되어 신에게 존재의 획득을 기원하는 제의를 하는 것이라 생각된다.[54]

III. 한국문화에 적용된 원본사고

김태곤은 원본사고 개념을 민간신앙연구에도 적용하였다. 그는 민간신앙의 다양한 양상을 소개한 뒤 "빈곤과 풍요 등 현실의 질서가 시작된 그 근원 카오스 쪽에서 보면 하늘도 땅도 또 生도 死도 없는 미분화의 同一根源이어서, 이러한 분화질서는 현실 안의 문제일 뿐 카오스 쪽에서 보면 전연 同一根源이 된다. 그래서 질병을 건강으로, 빈곤을 풍요로 바꾸려는 민간신앙의 순환은 존재의 근원을 카오스에서 보는 원본사고의 미분성에 기반을 둔 동일근원 원리에 의한 것이라고 생각한다"고 하였다.[55]

이러한 김태곤의 원본사고는 주로 그의 제자들에 의해 다양한 측면에서 적용되었다. 그러나 본 글에서는 후학들에 의해 이루어진 원본사고의 확대적용을 상세히 검토하지는 못하였다. 본 글에서는 보다 원형적 탐구의 의미를 갖는다고 생각하는 한두 가지 점만을 지적하고자 한다. 숫자 3(삼)은 우실하의 연구에

---

54) 이상은 김태곤의 논지 중에서 필자가 중요하다고 생각하는 것들을 모아본 것이다.

55) 김태곤, 앞의 『한국민간신앙연구』, 328-331쪽.

서도 많이 등장하지만, 이보다 먼저 이상언이 잘 정리한 바 있다. 그리고 그 결론에서 숫자 3은 생명 탄생, 생명의 시작이라고 하고, 그것은 미분성과 순환성과 지속성을 내포하고 있는 카오스 세계가 존재근원의 원본이라 믿는 무속사고와 일치한다고 하였다.[56]

또한 유경환은 無極, 太極의 개념에 적용하여, "무극은 수로 0(zero), 空, 無의 상징이며, 역학에서 인류의 고향이요, 어머니요, 생명의 근원이요, 인간들이 가장 바라고 소망삼고 그리워하는 이상향이요 유토피아요, 영원영생의 세계요, 괴로움과 슬픔과 죽음이 없는 세계요, 조물주가 계시는 곳이요, 카오스의 세계를 상징한다. 그리하여 아무 것도 없는 텅빈 空은 우주의 본체요, 볼 수도 없고, 냄새도 없고, 맛도 없고, 소리도 없는 본체로 태극수가 탄생하기 이전을 0으로 보고, 양극과 음극으로 나누어지기 이전의 절대덕인 자리요, 미분화 상태의 자리를 상징한다"고 하였다.[57]

한편 이정재는 김태곤의 原本理論의 '존재' 문제를 좀더 궁구해 들어갔다. 즉 존재의 논리전개에 있어 시간과 공간의 상황의 불투명한 점을 지적하면서 무엇보다 '존재'의 정확한 이해를 구하고자 하였다. 이러한 고찰을 통하여 '존재'에 대한 김태곤의 논지를 보다 분명히 이해할 수 있게 해주었지만, 다음과 같은 기본 전제는 다소 김태곤의 논지를 잘못 해독한 것이 아닌가 한다. 즉 그것을 대비해 보면 다음과 같다.

- 〈김태곤〉 이와 같이 존재를 우주 밖의 '카오스' 쪽에서 보는 입체적 존재사고가 Arche-pattern으로 이것이 무속의 원형이다.
- 〈이정재〉 ① 존재는 우주 밖의 '카오스'(이는 존재 = Chaos, 우주 = Cosmos이다) ② 입체적 존재사고 = Arche-pattern = 무속원형

---

56) 이상언, 「숫자 3(삼)에 대한 관념」 앞의 『한국문화의 원본사고』, 468-469쪽.

57) 유경환, 「음양오행설에 나타난 순환체계」, 위의 책, 471-475쪽.

위와 같이 김태곤의 한 문장 서술을 이정재는 둘로 나누어 분석하였다. 즉 ①과 ②번은 김태곤의 논지에서는 한 문장이기 때문에 이를 따로 떼어서 둘로 분석하면 약간의 혼동이 야기되겠지만 '입체적 존재사고'를 꾸며주는 존재를 우주 밖의 카오스쪽에서 보는을 따로 떼어 보면 ①번의 분석이 가능해 진다고 하고, 여기서 '쪽에서 보는'의 부분은 관점의 의미를 담고 있다고 보여지는데, 이런 관점으로 이 문장을 다시 풀어쓰면 '존재를 우주 밖의 카오스라고 보는' 정도가 될 것이다라고 해석하였다.58)

그러나 '존재를 우주 밖의 카오스 쪽에서 보는'이라는 것을 '존재는 우주 밖의 카오스'라고 정리하는 것은 분명 잘못 독해한 것이라고 할 수 있다.

IV. 원본사고 개념의 확장

외람되지만 필자의 소견으로는 김태곤의 원본사고에서 가장 보완되어야 할 측면은 크게 두 가지로 보고 있다. 하나는 원본사고의 시공(時空)의 존재틀이 대단히 단순하다는 점이다. 다른 하나는 시공의 존재틀의 운행원리 또한 너무 단순하다는 점이다. 앞으로 후학들은 이 점을 발전시킬 필요가 있다고 생각한다.

1. 시공의 존재틀

최근 김창진은 김태곤의 시공의 존재틀을 세밀히 분류하여 나름의 논리를

---

58) 이정재, 「김태곤 원본이론의 '존재' 문제」, 위의 책, 27쪽.

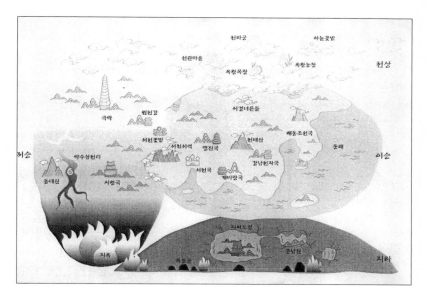

그림 43 ▶ 신동흔 제시 〈우리 신화 배경 지도〉

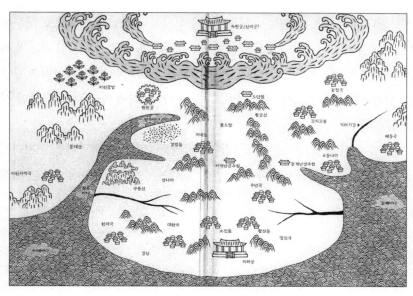

그림 44 ▶ 최원오 제시 〈우리 신화 지도〉

그림 45 ▶ 최원오 제시 〈우리 신화 지도〉

완성하였다.[59] 먼저 김창진은 시공을 지리적 시공과 관념적 시공으로 구분하였다. 지리적 시공이란 天上, 仙源, 西方淨土, 龍宮, 地下, 夢遊界처럼 지리적 위치가 구체적 명칭을 띠는 경우이다. 반면 관념적 시공이란 인간이 머릿속 관념으로 생각하는 시공으로서, 추상적이고 본질적인 성격에 따라 이름을 붙인 시공을 말한다.

지금까지 신화 및 구비문학, 현대문학을 전공하는 많은 연구자들이 지리적 시공에 대하여 논하였다.[60] 아울러 일부 연구자들은 한국 신화에 나오는 지리

---

59) 김창진, 「'관념적 시공의 존재틀'과 그 형성 배경」, 『한국의 민속과 문화』, 경희대학교 민속학연구소, 2006.

60) 김석하, 『한국문학의 낙원사상연구』, 일신사, 1973; 신현주, 「설화의 공간체계연구」, 인하대 대학원 석사논문, 1984; 김용범, 「조선조 소설의 서사공간 연구」, 『한국학논집』 5, 한양대 한국학연구소, 1984; 신덕룡, 「금오신화의 시간구조 연구」, 경희대 대학원 석사논문, 1981; 이계양, 「고려 속요에 나타난 시간현상 연구」, 조선대 대학원 박사논문, 1992; 조정

적 시공을 하나의 그림으로 제시하기도 하였다. 이중 신동흔[61], 최원오[62], 서정오[63]가 제시한 것이 <그림 43>·<그림 44>·<그림 45>와 같다.

그런데 신화의 시공틀은 지리적 시공과 관념적 시공을 일치시킬 필요가 있다. 김창진은 김태곤교수의 원본사고 논지를 발전시켜 관념적 시공틀을 세밀히 그려냈다.[64]

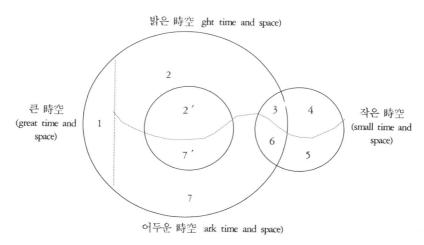

그림 46 ▶ 觀念的 時空의 存在틀(the existence structure of ideal time and space)

(기본 분류)　超現實界(chaos)=1+2+2'+7+7'+3+6.

現實界(cosmos)= 4+5+3+6.

混沌界(general chaos)=2+7.

희, 「고소설의 신성공간 연구」, 고려대 교육대학원 석사논문, 1994; 박현국, 『한국공간설화연구』, 국학자료원, 1995; 최진봉, 「창세신화의 공간연구」, 『숭실어문』 19, 숭실대 국문학과, 2003.

61) 신동흔, 『살아있는 우리신화』, 한겨레출판, 2004.

62) 최원오, 『이승과 저승을 잇는 다리 한국 신화』, 여름언덕, 2004.

63) 서정오, 『우리가 정말 알아야 할 우리 신화』, 현암사, 2003.

64) 김창진, 앞의 글 70쪽. 이 그림에 대한 자세한 설명은 생략한다.

根源界(Ur-chaos)=1.

他界(the other world)=2'+7'.

非日常界(chaomos)=3+6.

日常界(general cosmos)=4+5.

(세부 분류) 밝은 混沌界(light general chaos)=2.

밝은 他界(light the other world)=2'.

밝은 非日常界(light chaomos)=3.

밝은 日常界(light general cosmos)=4.

어두운 日常界(dark general cosmos)=5.

어두운 非日常界(dark chaomos)=6.

어두운 混沌界(dark general chaos)=7.

어두운 他界(dark the other world)=7'.

　　문제는 김창진의 관념적 시공틀과 여러 연구자들의 지리적 시공틀을 결합시키는 문제이다. 물론 연구자들은 나름대로 이러한 결합을 시도하고 있으나, 보다 정합성을 갖는 하나의 완성된 시공틀이 마련될 필요가 있을 것이다. 김창진의 논지가 중요한 것은 김태곤 교수의 카오스와 코스모스라는 기본틀을 발전시켜 정밀히 구성된 시공의 존재틀을 완성했다는 점이다.

　　필자가 항상 강조하는 것이지만 현상과 본질은 정합성을 갖고 동시에 추구되어야 한다. 김창진의 관념적 시공틀의 제시는 이러한 측면에 커다란 시사점을 줄 수 있다고 생각한다. 그리고 이러한 본질적 시공틀을 갖고 다양한 한국문화의 작품들에 등장하는 시공들을 분석할 수 있는 가능성을 보다 높여주었다고 할 수 있다. 이는 결국 김태곤의 원본사고를 한국문화에 구체적으로 적용하여 입증하여 볼 수 있는 근거가 확보된 것이기도 할 것이다.

2. 시공의 존재틀의 운행원리

김태곤의 원본사고에서 보완되어야 할 또 하나의 요소는 시공의 존재틀의 운행원리이다. 즉 모든 시공의 존재틀은 개념적인 구성요소가 완결되어야 할 뿐만 아니라, 그러한 구성요소들의 운행원리가 제시되어야 한다. 이 점에서 김태곤의 원본사고에서는 카오스에서 코스모스, 코스모스에서 카오스라는 단순 반복의 운행원리만이 제시되었을 뿐이다.

물론 김태곤이 지적한 '존재가 카오스와 코스모스의 순환체계 위에서 영원히 존속된다'는 논리가 틀린 것은 아니다. 정확한 표현이다. 그러나 시공의 존재틀도 '원형'이지만, 그 존재틀의 운행원리도 '원형'인 것이다. 결코 무질서하게 운행하지는 않는다. 그 운행원리를 찾아내어야 한다. 그리고 이 점은 실제 우리 신화에서 여러 시공틀을 운행하는 구체적인 현상에 대입하여, 다양한 이동행위가 갖는 의미를 추적하는 작업에도 유용하게 쓰일 수 있을 것이다.

이 자리에서 필자는 구체적인 운행원리를 제시하지는 못하였다. 그것은 우리 신화의 시공틀에 대한 이해가 많지 않기 때문이다. 다만 여기에서는 운행원리를 규명할 하나의 단서로서 삼원론의 운행원리를 설명하는 것으로 대신하고자 한다.

박재우의 삼원론에서 삼원의 발생순서는 [뉴트로 → 헤테로 → 호모]와 [뉴토 → 헤테로 → 호모 → 뉴트로]의 두 방식을 들 수 있다. 이 점에 대해서는 제1절의 글에서 제시한 바 있다. 그런데 이러한 발생순서와 함께, 삼원의 순환과 리듬이 있다. 즉 현실세계에서는 호모와 헤테로만의 존재세계가 허용되지 않고 현실 뉴트로의 참여로 비로소 현실적 존재세계가 전개된 만큼 호모와 헤테로 사이에는 항상 뉴트로가 개입되어 있다. 예를 들어 계절의 순환은 동지를 그 시작점으로 했을 경우 동지 → 춘분 →하지 → 추분, 즉 호모 → 뉴트로 → 헤테로

→ 뉴트로의 순서로 반복하게 된다. 이 경우 호모와 헤테로 사이에는 항상 뉴트로가 끼어 들어 있는 것을 알 수 있다.[65]

빛의 파동을 포함하여 모든 파동은 오름과 내림을 반복하며 삼원리듬의 곡선을 형성해 나가게 된다. 파동에서 오름선은 팽창하여 솟으므로 헤테로가 되고 내림선은 수축하여 가라 앉으므로 호모에 해당하며 가장 밑점과 가장 윗점은 오르내림이 없으므로 뉴트로에 각각 해당된다. 따라서 이 파동에서도 밑점을 그 시작기점으로 삼았을 경우 밑점 → 오름선 → 윗점 → 내림선, 즉 뉴트로 → 헤테로 → 뉴트로 → 호모의 순환리듬을 형성하며 반복작용을 일으키고 있는 것이다.

이 삼원순환과 리듬은 삼원발생 순위에 의한 삼원모델과 함께 서로 모순됨이 없이 모든 존재하는 현상과 사건현장에 적용되어 그들을 조화된 존재현상으로 이끌어가고 있다고 할 수 있다.

김태곤은 카오스에서 코스모스, 코스모스에서 카오스로의 순환을 얘기하고 있다. 여기서 카오스는 삼원으로 얘기하자면 뉴토와 뉴트로가 되고, 코스모스는 헤테로와 호모가 된다. 즉 김태곤의 원본사고에서 카오스는 시작 전의 혼돈이자 처음 시작의 계기인 '뉴토'적 요소와 완성된 '뉴트로'적 요소가 함께 설정될 수 있다. 현실세계인 코스모스는 호모와 헤테로가 된다.

이렇게 본다면 김태곤의 논리는 개념틀에서 단순할 뿐만 아니라, 그 운행원리의 측면에서도 좀더 세분될 필요가 있다고 할 수 있다. 이 점은 앞에서 예를 든 것처럼 시공의 다양한 존재틀에서 그대로 적용될 수 있다. 즉 우리 신화에 나타나는 다양한 시공의 이동경로를 이러한 삼원의 순환과 리듬으로 해석해 본다면, 왜 그러한 이동경로가 나타나게 되었는가를 보다 논리적으로 설명할 수 있을 것이다.

---

65) 박재우, 앞의 『삼원의 세계』, 91-96쪽.

본 글은 김태곤 교수의 원본사고를 이해하고 그 의의를 살펴보고자 한 글이다. 필자의 본래 의도는 김태곤 교수의 원본사고의 개념을 새로운 원형 개념, 특히 三元論과 비교하여 원본사고의 이해를 심화시켜 보고자 한 것이었다. 그러나 필자의 한계로 삼원론과의 심도있는 비교 분석은 이루어지지는 못하였다.

본 글을 맺으면서 다시 한번 현상을 넘어서는 이론, 기본질서, 원리, 원본의 중요성을 강조하고자 한다. 물론 이러한 원본적 사고는 구체적인 문화현상에 적용되어 다시 검증되어야 할 것이다. 무엇보다 카오스, 神과 만나는 측면이 많은 무속 및 민간신앙연구를 통하여 김태곤이 원본사고를 도출한 것은 우연이 아니다. 그러나 그러한 논리를 카오스와 직결되지 않는 것 같은 다양한 문화현상에도 적용되어야 한다. 그러기 위해서는 뉴트로와 같은 개념이 더 설정되었어야 하지 않았을까 한다.

흔히 고정된 원형에 집착하지 말고 변화된 문화현상을 보아야 한다고 말한다. 백번 지당한 말이다. 그러나 그 역도 성립한다는 것을 반드시 유념해야 한다고 본다. 변화된 모습에 매몰되어서는 진정한 의미부여와 핵심을 파악할 수 없다. 그것이 핵심코어에 해당하는 원형을 이해해야 하는 이유이다. 크게 보면 융이나 엘리아데, 김태곤, 그리고 三元論도 전부 유사할 수 있다.66) 현상을 넘어서는 본질을 이해하고자 함이다. 우리나라 인문학에 있어서 이러한 본질 추구의 선두에 김태곤이 있었다. 그것이 김태곤의 원본사고 제시의 커다란 의의이다. 이제 후학들이 그의 선구적 안목을 다양하게 발전, 적용시켜야 할 과제를 안게 되었다.

---

66) 이정재가 원본이론과 융의 원형이론이 유사하다고 한 것도 그런 맥락이 아닌가 한다(이정재, 앞의 글, 36쪽).

제2장
역사학과 문화콘텐츠

제1절 자료의 힘과 역사적 상상력
제2절 문학 · 영상작품에 그려진 궁예왕

　필자가 생각하기에 문화콘텐츠산업의 특징은 인문학자료들을 중심으로 한 지식정보화를 바탕으로 하고 있다는 점이라고 생각한다. 엄밀하게 얘기하자면 '사실'에 근거하지 않는 '상상력'은 없다. 상상력도 사실에서 발아한다. 그러므로 오늘날 문화콘텐츠산업에서 필수적인 상상력과 창의력의 원천은 인문학자료에 바탕을 둔 원천소재들이다. 즉 문화콘텐츠산업은 디지털기술을 활용하여 먼저 사실에 바탕을 둔 인문학적 원천소재들을 검색한 후, 거기에서 상상력의 씨앗을 가져온다. 본 장은 이러한 관점에서 인문학 중에서도 가장 자료에 충실한 역사학과 문화콘텐츠의 관계를 살펴본 글이다.

▌제1절 자료의 힘과 역사적 상상력

I. 역사학의 특성과 문화콘텐츠
— 역사학과 문화콘텐츠는 서로를 긴밀히 요청한다 —

1. 사료(史料)의 발굴과 정리

역사학은 원칙적으로 과거의 사실 및 기록들을 갖고 연구한다. 따라서 역사학이나 역사학자라고 하면 두꺼운 안경 너머로 먼지 덮힌 자료들을 뒤적이는 고답적인 모습을 연상할 수 있다. 그러므로 어쩌면 역사학은 디지털기술이나 문화콘텐츠와 직접적인 관련이 없거나 심지어 반대되는 것이라고 생각할 수도 있을 것이다.

한국의 역사학자들은 1년에 한 번 전체가 모여서 공동 주제를 놓고 토론한다. 이미 45년 동안 그러한 과정을 거쳤다. 2000년 5월 제43회 전국역사학대회의 공동주제는 '정보화시대의 역사학'이었다.[1] 신문지상에서는 과거 사실을 주된 연구대상으로 하는 역사학계가 지금 최첨단의 현실 문제를 공동주제로 삼았다고 크게 보도했지만, 사실상 '정보화'와 '역사학'은 본래부터 밀접한 관련이 있었다. 정보화사회는 비록 전자정보로 유통되는 오늘날의 사회현실을 일컫는 것이지만, '정보화'의 기본적인 어휘가 갖는 의미는 역사학의 기본 성격이라

---

* 본 글은 필자의 글(김기덕, 「전통역사학의 응용적 측면의 새로운 흐름과 과제-'인문정보학'·'영상역사학'·'문화콘텐츠' 관련 성과를 중심으로」,『역사와 현실』, 58, 2005; 「자료의 힘과 역사적 상상력-역사학과 문화콘텐츠」,『인문학과 문화콘텐츠』, 다미디어, 2006)을 보완한 것이다.

1) 역사학회편,『역사학과 지식정보사회』, 서울대출판부. 2001

고 할 수 있다. 역사학은 일찍부터 사료를 생산하였고, 그것을 모았으며, 다시 그것을 분류하고 평가했고, 종국에는 후대에 참고할 수 있도록 편찬하였다. 인류 역사상 가장 먼저 일종의 데이터베이스를 구현해왔던 것이 바로 역사학이었다. 우리나라가 자랑하는『조선왕조실록』을 생각해보자. 이 책이 완성되어 출판될 때까지의 과정은 그 시기 최대의 정보화작업이었던 것이다.[2]

이처럼 오늘날 문화콘텐츠의 기초작업이라고 할 수 있는 DB 구축은 본래 역사학이 늘상 해오던 것이다. 더욱이 예전의 기록들은 대부분 동양에서는 한자(漢字)로 되어 있으며, 서양의 경우에는 라틴어나 영어, 그리고 각기 자국의 언어로 되어 있다. 그리고 그러한 언어들도 현대의 언어들과는 많은 차이가 있는 고대 및 중세 언어인 경우가 많다. 따라서 사료를 발굴하여 모으고 그것을 해독하는 역사학의 능력은 '과거사실'을 이해하고자 할 때 반드시 요청되는 것이다.

흔히 문화콘텐츠라고 하면 과거의 사실 및 기록과는 관계없이, 자기 마음대로의 상상력이 극도로 발휘되는 분야라고 생각하기 쉽다. 그러나 유명한 킬러콘텐츠를 보면 그렇지 않다는 것을 알게 된다. 예를 들어 <반지의 제왕>은 상상력 이전에 켈트신화에 기반한 다양한 과거 기록 및 전승의 집대성 위에서 출현한 작품인 것이다. 눈을 돌려 생각하면 대부분의 킬러콘텐츠는 과거 사실에 대한 정확한 정리 위에서 상상력이 발휘되었다는 것을 확인할 수 있다. 따라서 과거 사실에 대한 사료를 모으고 정리하며 그것을 비교 검토하여 해석하는 역사학은 오늘날의 디지털기술 및 문화콘텐츠 분야와 밀접한 관련이 있다.

2. 주관과 객관

과거 사실에 대한 기록들이 항상 정확하거나 동일한 것은 아니다. 그러므로

---

2) 김기덕, 「정보화시대의 역사학: '영상역사학'을 제창한다」, 『역사교육』, 75. 2000.

사료에는 반드시 사료비판(史料批判)이라는 것이 있다. 이것은 유명한 고전(古典)의 경우에도 적용되어야 하며, 심지어 소설이나 시, 그리고 통계자료의 경우에도 사료비판이 가해져야 정확한 의미부여가 가능하다. 역사학은 항상 사료를 중시하나 동시에 그러한 사료를 서로 비판 검토한다.

사료비판과 관련되는 것이지만, 과거 사실에 대한 기록은 실제 과거에 일어난 사실 그대로가 아닐 수도 있다는 점을 염두에 두어야 한다. 즉 사료가 항상 객관적인 것은 아니며, 거기에는 기록자의 주관이 개입되는 것이다.

역사적 사실을 활용하는 문화콘텐츠 결과물에 있어 핵심적 화두는 역사적 사실과 역사적 상상력, 그리고 역사적 진실의 문제라고 할 수 있다. 역사학의 목표는 역사적 진실을 밝히는 것이다. 이 당연한 명제에 몇 가지 논쟁들이 항상 따라 다닌다.

첫째, 역사학은 자신의 목표인 역사적 진실을 밝히기 위해 일견 객관적이라고 할 수 있는 다양한 자료(문헌기록, 사진, 동영상, 그림, 비문 등)를 기본으로 이용한다. 그런데 분명한 자료라고 하더라도 사실상 항상 객관적인 것은 아니다. 예전에 있었던 무수한 사건 중 어떤 형태로든 후대에 기록된 것은 결국 선택된 것이기 때문이다. 따라서 기록자의 주관적 판단이 개입된 것이다. 여기에 더해 기록자의 오류 및 왜곡의 요소도 존재한다. 그러므로 역사학에서는 사료비판을 중시한다. 그러나 사료비판을 한다고 하여 연구자들의 의견이 일치하는 것은 아니다. 여기에서 다양한 형태로 기록된 역사적 사실에 대한 이해에 있어, 역사적 진실을 밝히고자 하는 연구자들 간에 차이가 존재할 수 있다.

둘째, 역사가마다 자신이 판단하는 역사적 진실이 다를 수 있다. 즉 역사가가 주장하는 역사적 진실도 기본적으로는 그 역사가가 시도하는 하나의 해석으로서 주관적인 것이다. 하나의 주제를 두고 차별성있는 역사적 진실이 존재할 수 있다. 이 경우 보다 다수가 인정할수록 통설(通說)의 지위를 획득한다. 그러나 새로운 시각 혹은 시대의 변화에 따라 통설과 다른 역사적 해석이 제기될 수 있다.

역사를 활용하는 문화콘텐츠 작품도 기본적으로는 역사적 진실을 밝히고 그것을 주장하려고 하는 것이다. 이 경우 기존 역사가가 주장하는 역사적 진실과 다른 해석이 얼마든지 제기될 수 있다. 문화콘텐츠는 역사적 상상력을 많이 활용한다는 점에서 전통적인 역사학보다는 자유롭게 다양한 새로운 역사적 진실을 주장할 수 있는 장점이 있는 반면, 또다른 면에서는 시대정황을 무시한 지나친 주관이 개입된 역사 해석이라는 문제점을 노출할 수도 있다는 양면성이 존재한다. 특히 역사적 진실을 밝히기 위해 필요로 하는 자료들이 부족할수록 역사적 상상력을 둘러싼 위와 같은 논쟁은 심화될 수 있다.

3. 보편성과 특수성

한 국가, 민족에 소속된 구성원들이 존재하는 양상이나 변화해 온 과정을 다른 국가, 민족의 경우와 비교하여, 어떤 점이 같았고 또 어떤 점이 달랐는가를 생각해보는 것은 균형잡힌 역사관을 갖기 위하여 반드시 필요하다. 역사학 안에는 한국역사, 동양역사, 서양역사라는 분류가 있으며, 역사학은 제도 및 사건, 그리고 문화예술의 이해에 있어 항상 비교사적 관점에서 파악할 것을 원칙으로 한다. 왜냐하면 어떤 국가, 민족도 결국은 인류의 한 구성원이고, 따라서 거기에는 인류의 다른 구성원들과 공통점이 있는가 하면 또 차이점도 있는 것이기 때문이다. 그리고 이 공통점과 차이점을 인식하는 것이 한 국가, 민족의 역사를 정확하게 이해하는 첩경이다. 이러한 공통점과 차이점을 다른 말로 표현한다면 보편성과 특수성이라고 할 수 있다.

특히 오늘날 문화콘텐츠 분야는 어떤 분야보다도 국경이 없다. 글로벌시대의 구현인 것이다. 따라서 역사학을 활용하여 문화콘텐츠 작품을 만들고자 할 때, 보편성과 특수성의 문제를 깊이 고민해야 한다. 즉 정확한 문화트렌드의 분석, 문화콘텐츠 작품의 전개, 지향하는 목표 등을 설정할 때에 세계 각국의 역사와 문화를 고려한 비교사적 안목이 반드시 필요하다. 그러한 이해 속에서 '우리 것은 좋은 것이여', '가장 한국적인 것은 가장 세계적인 것이다'라는 설정도 가능할 것이다.

또 하나 반드시 강조할 것은 '보편성과 특수성'이라는 화두를 연결짓는 유용한 방식이 바로 문화콘텐츠 분야라는 점이다. 즉 21세기 문화콘텐츠 분야의 대두는 진정한 대중민주주의의 관철, 지역과 글로벌의 결합, 보편성과 특수성의 상생을 도모해주는 시대적 산물이라고 생각한다. 그러므로 역사학을 위시한 모든 학문은 결국 문화콘텐츠 분야까지 전부 학문영역을 확장할 필요가 있다.[3]

4. 역사학의 장점과 단점

앞에서 설명한 것처럼, 역사학의 기본 특성은 사료의 수집 및 정리, 사료비판을 통한 역사적 진실 추구, 보편성과 특수성에 입각한 인류의 풍요로운 자산의 발굴 제시 등을 들 수 있다. 역사학자나 역사학을 배우는 학도, 그리고 역사학을 활용하는 사람들은 알게 모르게 이러한 특성들을 체득하며 훈련한다.

필자가 아는 전문 영상다큐멘터리 제작회사 CEO가 있다. 필자는 영상 관련 문화콘텐츠의 현황을 파악하기 위하여 다큐멘터리 제작회사를 여럿 방문한 적이 있는데, 유독 그 회사는 눈에 띄는 특징이 있었다. 다큐멘터리를 만들기 위한 기본 자료들을 철저히 조사하고, 그와 관련된 자료 및 연구논문들을 잘 분류

---

[3] 그런 점에서 필자는 '문화콘텐츠학과', '문화콘텐츠전공'은 하나의 과도기적 현상이라고 생각한다. 즉 모든 학문 영역이 응용적 측면에서 '문화콘텐츠' 분야까지 확장된다면, 독립학과 혹은 독립전공으로서의 '문화콘텐츠'는 극히 일부분에서만 남게 될 것이다.

하여 제본해 놓고 있었다. 그리고 다큐멘터리 제작과정 전체를 잘 보관하여 책자를 만들어 놓았다. 하나의 작품이 나오게 된 과정과 회의 및 인터뷰 진행 등 전과정과 관련된 자료들이 잘 보관되어 있었던 것이다. 그 CEO는 역사학도 출신이었다. 그는 이렇게 말했다. "4년 동안 대학에서 역사학을 배운 것이 헛것은 아닌 것 같아요. 체질처럼 자료를 찾고 다양한 자료들을 비교 검토하여 비판하고, 항상 세계적 보편성의 관점에서 우리의 특수성까지도 감안하여 의미부여하게 됩니다. 그리고 기획, 제작 과정과 관련된 전체 자료들을 항상 모아 보관해야 마음이 놓입니다."

그는 현재 짧은 시기에 커다란 회사를 일구어 놓았으며 주목받는 영상전문 업체 CEO로 성장했다. 역사학의 특성을 잘 체득한다는 것은 문화콘텐츠에 대단히 유용한 일임에 틀림없다. 사실상 모든 학문은 역사로 귀결된다. 어느 분야든 항상 '역사적 맥락'이 마지막으로 정리되어야 하는 것이다. 문화콘텐츠 결과물의 경우에도 원칙적으로 시대의 배경 및 인과관계 구성에 있어 역사적 지식 및 안목이 요청된다.

역사란 추상적인 것이 아니라 사실은 대단히 구체적인 것이다. 그러므로 과거에 있었던 사실들을 눈앞에서 보는 것처럼 실감나게 제시해주어야 하며, 문화콘텐츠 분야에서는 그것을 갖고 또다른 상상력을 가미하여 작품을 창출한다. 구체적으로 역사학에서 제시할 수 있는 과거 우리 삶의 흔적들을 나열해보면, 농업, 수공업, 상업, 교통, 통신, 과학기술, 신분제도, 정치제도, 농촌, 도시, 성곽과 무기, 대외항쟁, 국토, 가옥, 무덤, 의복, 명절, 사원, 학교, 책(문자, 인쇄), 문학, 음악, 무용, 연극, 미술 등의 분야를 들 수 있다.4) 이러한 부분들에 있어 역사학의 특성과 장점을 잘 살린다면 자연스럽게 문화콘텐츠 분야와 결합되어 새로운 응용적 활용으로 이어질 수 있다.

---

4) 이기백, 『우리 역사의 여러 모습』, 일조각, 1996.

그러나 이러한 역사학의 장점은 자칫 제대로 추구되지 못했을 경우, 문화콘텐츠의 상상력을 제한하는 단점으로 작용할 수도 있다는 점을 항상 기억해야 한다. 즉 자료의 무덤 속에 빠져 실증의 그물망 속으로 도피한 뒤, 역사적 근거만을 고집할 수 있다. 역사기록이 항상 객관적인 것이 아님에도 불구하고 다양한 상상력을 잘못된 것이라고 비판할 수도 있다. 항상 우리 것은 좋은 것이며 유일한 것이라는 특수성의 함정에도 얼마든지 빠질 수 있는 것이다.

분명 문화콘텐츠의 창출물은 역사적 지식과 안목을 필요로 한다. 그것은 퀄리티가 높은 문화콘텐츠 작품일수록 더욱 그러하다. 오늘의 문화콘텐츠 분야는 역사학의 도움을 요청하고 있는 것이다. 역사학도 새로운 활용까지 넓힘으로써 자신의 파이를 키울 필요가 있다. 이제 절을 달리하여 역사학과 문화콘텐츠와의 관계 및 다양한 결합 양상을 관련 연구논문의 성과들을 중심으로 살펴보고자 한다.

II. 역사정보화와 문화콘텐츠
- 자료 해독과 자료 정리 -

1. 문화산업과 문화콘텐츠산업

문화콘텐츠와 역사정보화가 얼마나 밀접한 관련이 있는가를 알기 위하여 문화산업과 문화콘텐츠산업에 대해서 먼저 생각해보자. 문화산업이란 '문화상품의 생산, 유통, 소비와 관련된 산업'을 말하며, 문화상품이란 '문화적 요소가 체화되어 경제적 부가가치를 창출하는 유무형의 재화와 서비스 및 이들의 복합체'를 말하는 것이다. 유네스코에서는 문화산업을 '형체가 없고 문화적인 콘텐츠를 창조, 생산, 상업화하는 산업'이라고 정의하고 있다. 유네스코의 문화산업 정의는 문화산업에서 콘텐츠가 차지하는 비중을 잘 설명해주고 있다. 문화산업 에서 중요한 것은 문화적 '내용'인 것이다. 이러한 문화적 내용은 인류의 역사, 문학, 예술 등의 원천으로부터 확보되는 것이며, 그러한 원천은 인류의 창조적 작업의 산물이다. 영국과 캐나다의 문화산업 정의는 이러한 맥락을 보다 잘 반 영하고 있다. 영국에서는 개인의 창의성을 바탕으로 이루어 진다는 점을 강조 하면서 문화산업을 창조산업(creative industry)으로 정의하고 있으며, 캐나다 에서는 문화산업을 예술산업(art industry)으로 정의하고 있다.

현재 문화산업과 문화콘텐츠산업은 별다른 구분없이 혼용하여 사용되고 있 다. 처음에는 기존 오프라인 중심의 문화산업과 구분하여 문화콘텐츠산업이라 고 표현하기도 하였으나, 현재는 문화콘텐츠산업을 포함하여 보다 광의의 의미 로 문화산업이 사용되고 있다. 현 상황에서 둘을 구분하는 것은 어렵고 무의미 한 일이기도 하겠지만, 무엇보다 문화콘텐츠산업이 일반적인 문화산업과 다른 점 한 가지를 기억할 필요가 있을 것이다. 그것은 현재의 문화콘텐츠산업은 기 본적으로 디지털기술로 구현되는 지식정보화를 직·간접적인 밑바탕으로 하고 있다는 점이다.[5]

2. 역사정보화 관련 연구

역사학 자료들을 디지털라이징하는 역사정보화작업을 포함하여 인문학자 료를 지식정보화하는 것과 관련되는 분야를 '인문정보학'이라고 명명할 수 있 다.[6] 인문정보학에 대해서는 본 책에 김현 교수의 글이 따로 있으므로 자세한

---

5) 김기덕 · 신광철, 「문화, 콘텐츠, 인문학」, 『문화콘텐츠입문』, 북코리아, 2006.
6) 김현, 「인문콘텐츠를 위한 정보학 연구 추진방향」, 『인문콘텐츠』, 창간호, 2003.

설명은 생략한다. 여기에서는 역사학과 직·간접적으로 관련되는 역사정보화 관련 연구성과를 제시하면서 주요사항들을 검토해보고자 한다.

① 각종 역사자료의 CD-ROM 및 연구성과물 DVD

『삼국사기』, 『삼국유사』, 『고려사』, 『조선왕조실록』 등

② 정보화시대 역사학의 문제

김기덕, 「정보화시대의 역사학:'영상역사학'을 제창한다」, 『역사교육』 75, 2000.

이태진, 「정보화시대의 한국역사학」, 『역사학과 지식정보사회』, 서울대출판부, 2001.

김유철, 「동아시아 지식정보의 전통과 '정보화시대'의 역사학」, 『역사학과 지식정보사회』, 서울대출판부, 2001.

이영석, 「디지털시대의 역사학, 긴장과 적응의 이중주」, 『역사학과 지식정보사회』, 서울대출판부, 2001.

권학수, 「정보화시대의 고고학: 현황과 과제」, 『역사학과 지식정보사회』, 서울대출판부, 2001.

김기협, 「기술조건 변화 앞의 역사와 역사업」, 『역사학과 지식정보사회』, 서울대출판부, 2001.

허수열, 「지식정보화시대의 경제사」, 『역사학과 지식정보사회』, 서울대출판부, 2001.

③ 역사정보화 관련 연구

이남희, 「전산화를 통해서 본 조선왕조실록 : 서지학적 측면을 중심으로」, 『서지학연구』 13, 1997.

이남희, 「조선시대 자료의 전산화 : 데이터베이스 구축의 현단계와 과제」, 『조선시대사학보』 12, 2000.

김 현, 「인문정보학에 관한 구상」, 『민족문화연구』 35, 2001.

한상구, 「한국역사 정보화의 방향과 과제」, 『역사학과 지식정보사회』, 서울대
　　　출판부, 2001.

김 현, 「디지털정보시대의 인문학」, 『오늘의 동양사상』 7, 2002.

이남희, 「조선왕조실록 디지털화 과정과 방향」, 『청계사학』 16 · 17합집,
　　　2002.

이남희, 「『고려사』디지털화의 방향과 과제」, 『청계사학』 18, 2003.

이남희, 「디지털시대의 고문서정리 표준화」, 『고문서연구』 22, 2003.

김 현, 「인문콘텐츠를 위한 정보학 연구 추진방향」, 『인문콘텐츠』 창간호,
　　　2003.

김 현, 「전자문화지도 개발을 위한 정보편찬기술」, 『인문콘텐츠』 4, 2004.

김 현, 「한국학과 정보기술의 학제적 교육 프로그램 개발에 관한 연구」, 『민족
　　　문화연구』 43, 2005.

김 현, 「한국 고전적 전산화의 발전 방향」, 『민족문화』 28, 2005.

④ 지식정보화사업 관련 연구

이남희, 「인문학과 지식정보화 : ‘지식정보화관리법’과 ‘한국역사정보통합시스
　　　템’을 중심으로」, 『인문콘텐츠』 창간호, 2002.

이건식, 「디지털지식정보 자원의 부가가치 창출 방안-역사분야 정보를 중심으
　　　로」, 『인문콘텐츠』 3, 2004.

한문희, 「국가문화유산 종합시스템 구축사업-문화유산 콘텐츠 ‘축적’과 ‘활용’
　　　의 전략적 코어에 대한 인식」, 『인문콘텐츠』 3, 2004.

⑤ 아시아문화유산의 디지털화 관련 연구

김현 외, 「아시아문화유산의 디지털화 프로그램 및 협력 방안」, 『인문콘텐츠』
　　　5, 2005.

이남희, 「동남아시아 ‘세계문화유산’ 디지털화의 현황과 전망」, 『인문콘텐츠』
　　　5, 2005.

김헌선, 「아시아무형문화재의 현황과 디지털화의 방향」, 『인문콘텐츠』 5, 2005.

오항령, 「ASEAN+3 기록유산의 디지털화 현황과 전망」, 『인문콘텐츠』 5, 2005.

장노현, 「문화유산 디지털화의 새로운 방향 모색」, 『인문콘텐츠』 5, 2005.

이남희, 「동북아문화공동체의 정체성과 그 구축 방안 : 문화유산의 활용과 가치 공유를 중심으로」, 『동양사회사상』 11, 2005.

먼저 ①의 CD-ROM 및 DVD는 비록 연구논문은 아니나 역사정보화와 관련하여 반드시 언급될 필요가 있을 것이다. 역사정보화는 역사자료의 CD-ROM 작업에서 먼저 시작하였으며,[7] 이후 역사정보화의 방법과 방향성을 추구하는 논문들이 발표되었다. ②는 서기 2000년 새로운 밀레니움의 시작과 함께, 역사학에서도 디지털기술과 그에 따른 정보화시대의 도래가 역사학에 어떠한 과제를 가져올 것인가 하는 점들을 살펴본 글들이다. ③은 역사정보화 관련 연구로, 여기에서 제시한 글들은 역사자료의 전산화 및 정보화 방법론과 관련된 것으로 한정하였다. 잡과방목이나 호적, 족보 등 원자료를 전산화하여 도출된 구체적인 역사 연구 성과들은 제시하지 않았다. ④는 정부의 '지식정보자원관리법'에 입각하여 시행되고 있는 지식정보화사업과 관련된 연구이다. 디지털시대의 전개와 발맞추어 한국은 1999년부터 이른바 '국가지식정보화사업'이라고 총칭할 수 있는 다양한 학술적 DB 구축사업을 시작하였다. 그리고 2000년에는 '지식정보자원관리법'을 제정하였다. 문화, 역사, 교육학술, 과학기술, 산업경제 등 국가 및 공공 기관이 보유한 지식정보 자원을 DB화하기 위

---

7) 國譯 朝鮮王朝實錄 CD-ROM(1995)을 위시하여 각종 역사자료의 CD-ROM 개발 현황에 대해서는 이남희 교수의 글을 참조할 수 있다(이남희, 「인문학과 지식정보화 : '지식정보화관리법'과 '한국역사정보통합시스템'을 중심으로」, 『인문콘텐츠』, 창간호, 2002).

한 사업은 그 의미가 대단히 큰 것으로, 현재 공공기관 보유 지식정보 자원을 대상으로 약 2억건 이상의 데이터베이스를 구축하여 온라인으로 서비스하고 있다. ⑤는 아시아 국가의 구성원들이 각국의 고유한 문화자원을 디지털 환경을 통해 공유할 수 있게 함으로써 각국의 문화적 독창성과 우수성에 대한 상호 이해를 증진시키고 사회·경제적 협력 기반을 강화하는 데 기여하고자 수행된 연구이다. 참고로 미국, 유럽, 일본 등 이른바 선진국에서는 이미 1990년대 초반부터 국가 차원에서 지식정보 DB를 구축, 확장하고 이를 연계하는 프로젝트를 추진해오고 있다. 가장 대표적인 것은 유럽이다. 유럽 각국은 1995년 말 'INFO2000'이라는 정보화사회 추진 전략프로젝트를 시행하였고, 'INFO2000'에 이은 유럽연합EU의 정보화 지원정책은 'eEurope'이다. 그것은 크게 (1) 온라인 공공서비스 현대화 (2) 전자정부e-government (3) 전자학습 서비스e-learning services (4) 전자건강 서비스e-health services (5) 역동적인 e-비즈니스 환경을 목표로 하였다.[8]

현재의 정보화사회에서도 역사정보화가 가장 중심이 된다. 문제는 역사학을 포함하여 인문학의 자료들이 지식의 전자적 상호 운영성을 확보하기 위해서는 인문지식의 내용과 특성에 따라 적용될 기술을 변경하고 발전시키는 노력이 수반되어야 한다. 그를 위해 정보화에 관심있는 역사학자와 정보전문가가 학제간 연구를 수행해야 할 것이다. 역사정보화를 위시하여 인문학 자료의 올바른 정보화와 그것의 활용은 연구 생산성을 향상시키고 문화상품적 콘텐츠의 개발까지도 촉진시키는 기초 인프라인 것이다.[9]

아울러 이러한 역사정보화는 다양한 생활사, 인물사, 사회사의 내용을 풍요

---

8) 이상훈, 『디지털기술과 문화콘텐츠산업』, 진한도서, 2003.

9) 김현, 「인문콘텐츠를 위한 정보학 연구 추진방향」, 『인문콘텐츠』, 창간호, 2003; 김기덕, 「문화원형 디지털콘텐츠화사업의 사회적 효용」, 『인문콘텐츠』, 5, 2005.

롭게 구성할 수 있는 조건을 마련해 준다는 점에서, 경건하고 엄숙해서 다가가기 싫었던 이념에 예속된 역사학이 아니라 친근하고 편안하면서도 재미있기도 한 역사학의 가능성을 열어줄 수 있을 것이다.10) 다시 강조하거니와, 역사를 위시한 다양한 인문학적 정보들은 인문학 연구를 위해서만이 아니라 타 학문 분야에서 인문학 정보를 활용한다면 그만큼 쿼리티가 높아진다는 점에서 이러한 인문정보의 구축과 활용은 반드시 필요하다고 할 수 있다.

3. 정보화 관련 교육과정의 필요성

앞에서 강조한 것과 같이 역사정보화를 위시한 지식정보화사업은 문화콘텐츠산업의 기초인프라에 해당한다. 따라서 역사정보화와 관련된 기본 지식과 역사정보화 성과물을 활용하는 수업들이 대학 현장에서 반영되어야 한다. 필자가 조사한 바로는 목포대(역사자료의 정보화), 숙명여대(한국역사와 전산자료), 한국외대(한국사와 전산영상자료) 등에서 개설되고 있었다.11) 그후 고려대, 건국대, 상명대 등에서도 개설된 것을 확인하였다.

역사학도 정보화 구축의 기본구조에 대한 기술적 이해가 필요하다. 아울러 무엇보다 광범위하게 구축되어 있는 역사정보화를 위시한 다양한 국가정보시스템의 자료들을 다양하게 문화콘텐츠 결과물로 활용하는 수업들이 활발하게 이루어질 필요가 있다. 그리고 이와 관련된 역사정보화 수업개발론도 제시되어야 한다. 역사정보화는 문화콘텐츠 분야에 있어 기초인프라에 해당하는 것이지

---

10) 김유철, 「동아시아 지식정보의 전통과 '정보화시대'의 역사학」, 『역사학과 지식정보사회』, 서울대출판부, 2001.

11) 김기덕, 「전통적인 인문학 관련 학과에 있어서 '콘텐츠 교과목'의 보완-역사학 관련학과의 사례를 중심으로」, 『인문콘텐츠』, 2, 2003.

만, 여기에서 습득한 지식들은 연결되어 문화콘텐츠 분야에 직접적으로 활용될
수 있다는 점에서 역사정보화 관련 교육의 중요성이 있는 것이다.

III. 영상역사물로 구현되는 문화콘텐츠
- 역사적 사실과 역사적 상상력 -

1. 영상시대의 도래

오늘날 디지털기술을 통한 실제 구현에 있어서나 다양한 콘텐츠의 형태에
있어서나 가장 핵심적 구성물은 영상의 형태를 띤다. 이처럼 사방에 만개된 영
상물과 관련하여 역사학도 영상과 역사의 만남을 적극적으로 시도할 필요가 있
다. 이러한 시대의 변화와 관련하여 필자는 2000년에 영상역사학을 주창한 바
있다.

전통적인 역사학이 문자기록에 근거하고 문자로 구현되는 역사물을 주된
창출 및 활용 대상으로 했다면, 영상역사학은 새롭게 '영상기록'과 '영상으로
구현되는 영상역사물'의 창출 및 활용을 탐구하는 역사학이라고 정의할 수 있
다.12) 최근 팩트fact(사실)와 픽션fiction(허구)의 결합을 의미하는 팩션이라
는 용어도 자주 쓰이고 있는데, 영상역사학의 내용적 측면을 규정한 좋은 용어
라고 생각한다.13)

---

12) 김기덕, 「역사가와 다큐멘터리-<역사스페셜>의 사례를 중심으로」, 『사학연구』, 65, 2002.

13) 김기봉, 『팩션시대, 영화와 역사를 중매하다』, 프로네시스, 2006.

2. 영상역사물 관련 연구

먼저 영상역사물 관련 연구를 제시해보면 다음과 같다.

① 영상기록 관련 연구

박경하, 「향토사와 영상매체 활용방안」, 『21세기 정보화시대와 향토사연구』
(제13회 한국향토사연구 전국학술대회), 1999.

김기덕, 「영상역사기록의 사회적 의미」, 『역사민속학』, 14, 2002.

박성미, 「영상기록보존소로서의 영상실록 아카이브」, 『역사민속학』 14, 2002.

박경하, 「영상기록현황과 역사민속학에서의 활용」, 『역사민속학』 14, 2002.

이경민, 「사진 아카이브의 현황과 필요성」, 『역사민속학』 14, 2002.

김기덕·이상훈, 「'인문학 영상아카이브센터'의 필요성과 설립 방안」, 『역사민
속학』 17, 2003.

조관연, 「영상물을 통한 문화원형 기록과 복원에 대한 시론적 접근」, 『인문콘텐
츠』 창간호, 2003.

임영상·방일권, 「고려인 연구와 영상물, 영상아카이브」, 『인문콘텐츠』 4,
2004.[14)

② 영상역사물 관련 연구

이기동, 「역사소설, 사극의 공과 과」, 『한국사시민강좌』 20, 1997.

박광용, 「TV사극에 문제있다-한중록을 중심으로」, 『역사비평』 6, 1989.

박광용, 「사극 <왕도>에서 왜곡된 홍국영의 참모습」, 『역사비평』 13, 1991.

박광용, 「드라마 속의 역사」, 『외대』 36, 1995.

남성우, 「역사의 대중화와 TV역사다큐 프로그램」, 『EBS포커스』 1998.

이종수, 「텔레비전 역사다큐멘터리의 목소리: KBS 건국 50주년 특별기획 다
큐멘터리 <대한민국> 분석을 중심으로」, 『방송연구』 48, 1999.

---

14) 영화필름과 관련된 영상기록 관련 논문이 몇 편 있으나 여기에서는 생략한다.

이종수, 「영상 다큐멘터리 역사재현의 현실성과 표현성」, 『한국언론학보』, 44-3, 2000.

송호정, 「KBS 방영 <비밀의 왕국, 고조선>을 비판한다」, 『역사비평』 53, 2000.

김훈순, 「영상매체의 역사쓰기: KBS의 <역사스페셜>」, 『프로그램/텍스트』 3, 2000.

윤태진, 「텔레비전이 바라보는 한국의 현대사: 시사다큐멘터리의 프로그램 '광주 민중항쟁' 재구성」, 『프로그램/텍스트』 3, 2000.

이도경, 「디지털미디어의 리얼리티에 관한 연구-TV다큐멘터리 <역사스페셜>의 가상재현을 중심으로」, 홍익대 예술학과 석사학위논문, 2000.

홍성연, 「영상역사 서술의 특성과 교육적 활용-TV다큐멘터리 <역사스페셜>을 중심으로」, 서울대석사학위논문, 2000.

이성무, 「궁중사극 이대로 좋은가」, 『한국역사의 이해(3)-대중화시대의 한국역사』, 집문당, 2001.

이덕일, 「차라리 공상드라마라고 하라」, 『월간 말』 통권 186호, 2001.

주명철, 「사극에서 무엇을 읽을 것인가」, 『신동아』 7월호, 2001.

서재석, 「디지털시대의 역사읽기, TV의 역사대중화」, 『역사비평』 57, 2001.

김사승, 「영국 채널 'Time Team', 교양과 재미-고고학에 대한 불간섭주의」, 『프로그램/텍스트』 5, 2001.

공임순, 「역사 드라마의 멜로드라마적 구도와 민족주의의 이율배반성」, 『방송문화연구』 13, 2001.

공임순, 「TV사극 <명성황후>에 나타난 죽음의 미학화와 대중정치의 반동성」, 『역사학보』 145, 2002.

공임순, 「이미지, 역사 그리고 가족 로맨스」, 『문학과 경계』 4, 2002.

공임순, 『식민지의 적자들』 푸른역사, 2005.

김기덕, 「역사가와 다큐멘터리-<역사스페셜>의 사례를 중심으로」, 『사학연구』 65, 2002.

김기덕, 「TV사극의 열풍과 사회적 영향」, 『역사와 문화』 5, 2002.

김기덕 외, 『우리 인문학과 영상』, 푸른역사, 2002.15)

김기봉, 「포스트모더니즘과 메타역사-후삼국의 역사를 중심으로」, 『한국사학사학보』 4, 2001.

김기봉, 「포스트모던시대의 역사로서 사극」, 『역사와 문화』 5, 2002.

한국언론정보학회, 『역사의 복원과 방송의 역할-MBC 다큐멘터리 <이제는 말할 수 있다>를 중심으로』(한국언론정보학회 학술세미나 자료집), 2002.

정두희 외, 『장희빈, 사극의 배반』, 소나무, 2004.

홍영의, 「고려시대 관련 역사소설의 대중성과 향후 전망」, 『인문콘텐츠』 3, 2004.

최민성, 「역사콘텐츠의 영상포지셔닝」, 『문화콘텐츠학의 탄생』, 다할미디어, 2005.

김기봉, 『팩션시대, 영화와 역사를 중매하다』, 프로네시스, 2006.

권덕영, 「역사와 역사소설, 그리고 사극-장보고와 '해신'을 중심으로-」, 『역사와현실』 60, 2006.

영상역사물 관련 첫번째 범주는 영상기록의 측면이다. 기록관리학이나 구술사 연구도 영상기록과 직결되는 연구라고 할 수 있다. 앞으로 이러한 분야도 영상과 밀접히 관련되면서, 그 중요성이 크게 증대될 것이다. 그러나 본 글에서는 기록관리학과 구술사 연구에 대한 소개는 생략하였다.

이제 역사학에 있어 문헌사료만이 아니라 과거와 현재의 무수한 '영상사초映像史草'를 수집하고 보관, 활용하는 것은 디지털시대 역사학자에게 주어진 새로운 사명이라고 할 수 있다. 따라서 이 점은 영상사초들을 모아두고 그것을 잘 활용할 수 있는 '영상아카이브'의 구축으로 발전되어야 한다. 영상아카이브란 일종의 '영상규장각', '영상장서각'이라고 할 수 있으며, 이러한 영상아카이

---

15) 여기에서는 영상역사학(김기덕), 영상민속학(김덕묵), 영상사회학(김현숙), 영상인류학(이문웅), 영상고고학(임세권)이 소개되고 있다.

브는 기초 인프라 차원에서 100년, 500년을 바라보고 구축해야 한다.[16)

두번째 범주는 역사 관련 영화·애니메이션·방송역사물이라고 할 수 있다.[17)
그리고 더 나아간다면 CD, DVD, 모바일 형태의 역사 관련물, 문자와 사진, 그
리고 동영상과 소리가 한데 어우러진 백과사전, 박물관의 진열 및 전시기법에
있어 디지털방식을 활용한 디지털박물관의 사례, 다양한 지역축제나 이벤트사
업에 있어 역사물의 활용, 각종 기념관의 역사홍보물, 웹web으로 구현되는 역
사 관련 사이트, 역사교육 관련 멀티미디어 교육물까지도 확대된다.

3. 영상역사물 관련 교육과정의 필요성

앞으로 영상은 보다 다양하게 모든 요소와 결합될 것이다. 따라서 역사와
결합된 모든 요소의 영상이 영상역사학의 범주가 될 수 있을 것이다. 특히 역사
학의 소재들은 영상과 결합되기 쉬운 여러 요소들을 내포하고 있기 때문에, 영
상역사학의 범주는 보다 다양하게 확대될 것으로 생각한다. 영상역사학은 교육
적 활용과 관련하여 특히 주목될 필요가 있다. 이미 '역사교사모임'에서는 이러
한 시도를 일찍부터 추구해왔으나, 대학교 교육 차원에서도 교수법 및 교수도
구, 영상교육론 등이 개발되어 보다 적절한 활용이 이루어질 필요가 있다.

2003년에 필자가 조사한 바에 의하면, 상명대(영상한국사)와 한국외대(영
상역사학입문)에서 설강되어 있었다. 그후 건국대, 경기대 등에서도 강좌가 설
강되었다. 영상역사물 관련 교육에 있어 핵심은 역사적 사실과 상상력의 문제

---

16) 김기덕·이상훈, 「'인문학 영상아카이브센터'의 필요성과 설립 방안」, 『역사민속학』, 17,
2003.

17) 필자가 제시한 연구성과에서는 영화와 애니메이션은 빠져 있다. 그것은 연구성과가 많을 뿐
만 아니라 필자의 논지가 영화영상보다 방송영상에 초점을 두었기 때문이다.

이다. 앞에서 언급한 바 역사의 목표는 역사적 진실을 찾는 것인데, 역사적 사실을 기록한 자료가 부족하거나 혹은 역사적 사실이 기록자의 주관이 개재되어 옳지 않다고 보았을 때 역사적 상상력이 동원된다. 이 경우 항상 문제는 상상력의 허용이 어디까지 어떤 방식으로 허용되는가 하는 점이다. 예를 들어 가장 크게 대립되는 TV사극에 있어 '역사적 사실'과 '작가적 상상력'의 문제를 생각해보자. 흔히 작가나 제작자들은 '드라마는 드라마로 봐 달라'고 말한다. 그러나 역사가가 드라마의 문제점을 지적하는 것은 단지 없는 사실을 상상해서 꾸며낸다거나, 때로 연대기 순서를 일부 바꾸거나, 혹은 확실한 역사적 사건을 변형시킨다거나 하는 점 자체를 문제삼는 것이 아니다. 필자는 경우에 따라서는 그럴 수도 있다고 생각한다. 사극은 어떤 사건이나 인물의 묘사를 시대순으로 그려주어야 한다. 그러나 실제 기록된 사료는 숱하게 빈 공백으로 남아 있는 경우가 많다. 그럴 경우 사극에서는 부득이하게 일부 사실의 변형이 필요하고 종종 역사적 상상력이 동원되어야 한다. 그리고 때로는 없는 인물과 사건도 필요하면 만들어야 한다.

그러나 이 경우에 역사가가 중시하는 것은 그러한 제반 사항들이 당시 시대의 분위기와 조건, 그리고 시대정황에 맞아야 한다는 점이다. 역사가들이 지적하는 것은 바로 이 점이다. 그저 사극은 드라마이므로 시대정황과 분위기를 무시하고 얼마든지 상상해서 마음대로 만들 수 있다고 하면서 '드라마는 드라마로 봐달라'고 말하는 것은 잘못되었다는 것이다. 사극이라면 과거의 사실과 작가적 상상력 사이에 '역사적 진실'이라는 메시지가 있어야 한다.

결코 역사가가 '역사적 사실'을 무기로 작가나 제작자의 '역사적 상상력'을 제약하고자 하는 것이 아니다. 역사적 사실과 시대정황에 맞는 역사적 상상력을 결합시킴으로써 사극이 말하고자 하는 그 시대의 역사적 진실을 제대로 획득할 것을 요구하는 것이다. 물론 여기에서 역사가가 생각하는 역사적 사실과 시대정황이 때로는 뒤바뀌거나 수정될 수 있다. 이 또한 역사가들도 인정해야 한다. 이 점에 대해서는 과거에 대한 서술이라는 것이 실은 현재의 관점에 의해 선택된 집합적 상상과 표상의 조직망, 이른바 담론의 구성물에 불과하다는 신역사주의와 포스트모던 역사가들의 주장이 참고될 수 있다. 그러나 그렇다고 앞에서 언급한 역사적 사실과 시대적 정황에 부합되는 역사적 상상력의 결합이라는 사극의 지향점이 무시될 수 있는 것은 아니다.[18]

그런 점에서 역사와 허구는 다르지 않다는 점을 극대화하여 사실이냐 그렇지 않느냐를 따지는 것은 무의미하다는 견해나,[19] 사실과 허구, 실재와 가상의 구분이 모호해진 지 이미 오래된 상황에서 오히려 중요한 것은 미디어 메카니즘의 분석이지 역사드라마에 고증의 충실성과 역사의 진실성을 요구하는 것은 시대착오적이라는 주장은[20] 필자의 시각과는 다소 차이가 있다고 할 수 있다. 다시 강조하거니와 역사적 사실이 때로는 얼마든지 뒤바뀔 수 있고, 기록으로 남아 있는 역사적 사실이라는 것도 기본적으로 주관적 산물임을 인정할 수 있다. 그리고 역사적 진실 또한 당연히 하나가 아니라 사람에 따라 달리 추구될 수 있다. 그러나 결국 역사소설이나 영상역사물의 목표는 폭넓게 공감되고 올바른 메시지를 전달하는 '역사적 진실'을 제시하는 것이며, 그것이 가능하려면 최소한 '역사적 사실'과 시대정황에 맞는 '역사적 상상력'의 올바른 결합을 통해 획득될 수 있을 것이다.[21]

---

18) 박광용, 「TV사극에 문제있다-한중록을 중심으로」, 『역사비평』, 6, 1989; 박광용, 「사극 <왕도>에서 왜곡된 홍국영의 참모습」, 『역사비평』, 13, 1991; 김기덕, 「TV사극의 열풍과 사회적 영향」, 『역사와 문화』, 5, 2002.

19) 공임순, 「역사 드라마의 멜로드라마적 구도와 민족주의의 이율배반성」, 『방송문화연구』, 13, 2001.

20) 공임순, 「이미지, 역사 그리고 가족 로맨스」, 『문학과 경계』, 4, 2002.

21) 최근 시대를 넘나들고 대사 및 사건 설정을 한 시대에 한정하지 않는 이른바 '퓨전사극'이 유

이상은 필자의 생각이거니와, 영상역사물을 통하여 역사적 사실과 상상력, 그리고 역사적 진실이라는 주제를 갖고 역사교육이 다양하게 이루어질 필요가 있다. 한편 "지적 요구와 상상력, 그리고 창조력을 키우는 것이 목적인 인문학의 경우, 오히려 영상을 보여주는 것은 상상력을 제한할 우려가 있다. 영상은 누구나 쉽게 주위에서 볼 수 있는데 그것을 수업시간에 다시 보여주는 것은 옳지 않다. 결국 영상에 너무 의존하는 것은 인문학의 경우에 위험하다"라는 비판도 염두에 둘 필요가 있다. 이는 너무 쉽게 영상에 의존하는 수업을 비판한 것으로, 역시 영상 활용 수업의 경우에도 올바른 수업방법론이 도출될 필요성이 있다는 것을 깊이 인식케 해준다.

외란된 견해이지만, 현재의 역사학은 영상과의 결합을 적극 모색할 필요가 있다는 점을 다시 한번 강조하고자 한다. 지금도 TV 역사극은 계속하여 각 TV 채널을 점령하고 있다. 대부분 높은 시청률에서 보여 주듯이, 많은 사람들은 역사를 소재로 한 역사극에 관심이 많다. 이 점은 영화에서도 시사하는 바가 많다. <태극기 휘날리며>, <실미도>, <동막골>, <왕의 남자>, <공동경비구역> 등 1000만을 돌파한 영화들이 대부분 역사 소재 영화라는 점에서, 영화에서도 역사는 활발히 살아 있다고 할 수 있다. 또한 역사소설도 마찬가지이다.『불멸의 이순신』,『칼의 노래』,『남한산성』은 베스트셀러에 이름을 올렸고, 덩달아 역사소설의 유행을 다시 가져왔다. 역사대중서도 마찬가지이다. 전문역사가와 대중서 작가들이 쏟아내는 역사소재 대중서들은 꾸준히 독자들의 관심을 받고 있다.

행하고 있다. 퓨전사극의 경우는 그 자체 시대정황을 무시하는 분야이므로, 역사적 사실의 부담에서 벗어나 보다 상상력의 허용이 용인될 수 있을 것이라고 생각된다. 그렇다면 '퓨전사극'의 경우에는 그 작품이 던져주는 메시지와 울림에 대한 평가에 따라 사료에 얽매이지 않고 보다 자유롭게 상상력에 대한 면죄부 여부가 판가름난다고 할 수 있을 것이다. 앞으로 사극을 정통사극과 퓨전사극으로 구분할 필요가 있다고 생각한다. 필자의 주장은 기본적으로 정통사극을 대상으로 한 것이다.

비록 역사학 자체는 침체했을지라도 이처럼 역사를 소재로 한 영화, TV 역사극, 역사소설, 역사대중서들은 인기를 누리고 있다. 그것은 대학 속의 역사학이 커리큘럼 및 교육방식, 역사학도들의 진출방향 등에 있어 일단의 변화를 가져와야 한다는 것을 말해주는 것이라고 생각한다. 그렇다고 그것이 역사 전문성의 폐기가 아니다. 필자가 누차 강조해 왔듯이 전문성 없는 대중화가 어떻게 가능하겠는가?[22] 문제는 전문성과 대중성이라는 두 마리 토끼를 어떻게 가져갈 것인가를 고민해야 한다는 점이다. 그것을 학교별, 혹은 연구자별로 역할 분담할 수도 있고, 아니면 능력이 허용되는 연구자는 두 가지 전부를 성취하도록 매진해야 한다. 그리고 이러한 양면성을 대학교 교육과정에도 반영해야 할 것이다.

IV. 역사 활용 다양한 문화콘텐츠
- 역사자료의 대중적 활용 -

1. 전문역사연구 ⇔ 대중역사서 ⇔ 문화콘텐츠

전통문화에 대한 연구가 문화콘텐츠로 발전되는 사례를 전통시대 상인연구로 예를 들어보자. 전통상인에 관한 연구는 다음과 같다.

> 윤병욱, 「이조상인제도연구」, 『경영논집』 10, 고려대학교, 1964.
> 강만길, 「조선후기 수공업자와 상인의 관계」, 『아세아연구』 9권 3호, 1966.
> 이용범, 「삼국사기에 보이는 이슬람상인의 무역품」, 『이홍직박사화갑논총』 1969.

---

22) 김기덕, 「한국사의 대중화 경향과 과제」, 『중앙사론』, 10,11합집, 1998; 김기덕, 『영상역사학』, 생각의나무, 2005 재수록.

이용범, 「처용설화의 일고찰-당대 이슬람상인과 신라」, 『진단학보』 32, 1969.
강만길, 「경강상인연구」, 『아세아연구』 14권 2호, 1971.
강만길, 「개성상인연구」, 『한국사연구』 8, 1971.23)

이러한 80여 편의 전문적 연구가 축적됨에 따라 이를 바탕으로 상인을 주제로 한 대중서 및 역사소설이 출현한다.

김대길, 『조선시대의 상인과 시장이야기-시장을 열지 못하게 하라』, 가람기획, 2000.
정승모, 『시장으로 보는 우리 문화이야기』, 웅진출판, 2000.
정승모, 『시장』, 이화여대출판부, 2006.
김주영, 『27인의 개성상인』, 산과들, 2001.
이창식, 『한국의 보부상』, 밀알, 2001.
최인호, 『상도』, 여백, 2000.

대중서 및 역사소설은 전문연구가 문화콘텐츠로 가공되는 데 있어 중간매체에 해당하는 것이지만, 대중에게 쉬운 언어로 의미부여가 잘된 대중서나 역사소설은 이미 그 자체가 문화콘텐츠의 영역에 속한다고도 할 수 있다. 위와 같은 대중서 및 역사소설에 창의력과 상상력이 결합하여 영화, 방송, 애니메이션, 캐릭터, 게임 등의 문화콘텐츠산업으로 연결된다. 그 대표적인 예로 소설 『상도』를 원본으로 하여 조선후기 거상 임상옥의 일대기를 극화함으로써, 오늘의 경제인들에게 바람직한 기업인상을 제시하고자 한 MBC의 50회 드라마 <상도>를 들 수 있다.

또한 한국문화콘텐츠진흥원에서는 전통적인 문화요소를 문화콘텐츠산업

---

23) 이하 생략, 논저검색을 해보면 80여 편이 있으나, 여기에서는 하나의 사례를 들고자 한 것이므로 먼저 발표된 연구 중 몇 편만 제시하였다.

의 다양한 창작소재로 활용하는 것을 돕기 위해 '우리 문화원형의 디지털콘텐츠화사업'을 시행해오고 있는데, 상인과 관련하여 '근대적 유통경제의 원형을 찾아서-조선후기(17C-19C) 상인과 그들의 상업활동을 통한 경영, 경제 시나리오 소재 DB개발'과 '조선후기 상인활동에 나타난 문화원형 요소의 시각콘텐츠 구현' 등의 성과물을 내놓은 바 있다. 이를 통해 조선후기 시장의 다양한 구성요소를 3D 디지털콘텐츠로 구현해 놓거나, 상인과 관련된 시나리오 소재를 제시함으로써, 영화, 방송, 게임, 애니메이션 등에서 전통상인과 관련된 소재를 다룰 경우에 적절하게 활용할 수 있도록 하고 있다.

2. 다양한 역사 활용 문화콘텐츠 연구

① 문화원형사업 관련 연구

황동열, 「문화원형의 디지털콘텐츠 개발모형에 관한 연구」, 『한국비블리아』 14-1, 2003.

유동환, 「고건축, 디지털세트로 거듭나다」, 『인문콘텐츠』 창간호, 2003.

박경하, 「한국의 문화원형콘텐츠 개발현황과 과제」, 『인문콘텐츠』 3, 2004.

최혜실, 「한국 문화산업 육성을 위한 이론적 토대로서의 문화콘텐츠」, 『인문콘텐츠』 3, 2004.

정석규, 「문화원형을 중심으로 한 문화콘텐츠 기술 개발에 관한 연구」, 『호남대학교 학술논문집』 25-2, 2004.

김기덕, 「문화원형 디지털콘텐츠화사업의 사회적 효용」, 『인문콘텐츠』 5, 2005.

유동환, 「문화콘텐츠닷컴 사이트 분석과 활성화방안 제안」, 『인문콘텐츠』 5, 2005.

이호홍, 「문화원형 디지털콘텐츠화사업에 있어서의 저작권 문제」, 『인문콘텐츠』 5, 2005.

심상민, 「문화원형 디지털콘텐츠화사업의 산업적 활용방안을 위한 기초연구」, 『인문콘텐츠』5, 2005.

한국문화콘텐츠진흥원, 『문화원형 창작소재 개발 중장기 로드맵 수립』, 2006.

② 역사 관련 다양한 문화콘텐츠 관련 연구

김기덕, 「콘텐츠의 개념과 인문콘텐츠」, 『인문콘텐츠』창간호, 2003.

김기덕, 「전통적인 인문학 관련 학과에 있어서 '콘텐츠 교과목'의 보완-역사학 관련학과의 사례를 중심으로」, 『인문콘텐츠』2, 2003.

김기덕 외, 『효문화와 콘텐츠』, 경기문화재단, 2004.

김영애, 「문화콘텐츠산업의 기획」, 『인문콘텐츠』창간호, 2003.

김 호, 「문화콘텐츠와 인문학」, 『인문콘텐츠』창간호, 2003.

강진갑, 「경기도 문화유산 가상현실체험 시스템 개발과 인문학자의 역할」, 『인문콘텐츠』창간호, 2003.

강진갑, 「문화콘텐츠 개발과 지역사 연구자의 역할」, 『향토사연구』15, 한국향토사연구전국협의회, 2003.

강진갑, 「문화콘텐츠 개발과 지역사 연구자의 역할」, 『향토사연구』15, 2003.

최혜실, 「문화산업과 인문학, 순수예술의 소통 방안을 위한 일고찰」, 『인문콘텐츠』, 창간호, 2003.

신광철, 「학부 수준에서의 문화콘텐츠학과 교과과정의 분석과 전망」, 『인문콘텐츠』2, 2003.

김교빈, 「콘텐츠 관련 고급인력 양성을 위한 대학원교육의 현황과 문제점」, 『인문콘텐츠』2, 2003.

이강현, 「캐릭터를 이용한 전통무예 디지털콘텐츠 개발 연구」, 『한국콘텐츠학회지』1-2, 2003.

임학순, 「문화콘텐츠 접근성, 그 의미와 정책과제」, 『예술경영연구』3, 2003.

박순준, 「역사과 멀티미디어 교수학습자료 개발」, 『인문콘텐츠』4, 2004.

이남희, 「문화콘텐츠화 현황과 과제: 한국문화 역사자료의 디지털화를 중심으로」, 『한국종교』18, 2004.

미디어문화교육연구회, 『문화콘텐츠학의 탄생』, 다할미디어, 2005.

태지호, 「문화콘텐츠학의 체계 정립을 위한 기반 구축에 대한 연구-분과학문으로서의 위상 정립을 중심으로」, 『인문콘텐츠』 5, 2005.

강진갑, 「수원지역 문화콘텐츠 제작현황과 활성화를 위한 제언」, 『수원학연구』 창간호, 수원학연구소, 2005.

임영상, 「인문학과 문화콘텐츠」, 『문화예술』 2006년 4월호, 2006.

먼저 문화원형 디지털콘텐츠화사업은 순수한 학술적 DB 구축과는 구별하여, 우리 문화원형의 디지털콘텐츠화를 통해 문화콘텐츠산업의 상상력과 창의력의 원천인 창작소재를 제공함으로써 문화콘텐츠산업의 경쟁력 향상을 도모하고자 시도되는 사업이다. 문화원형사업이 전부 역사학과 직접 관련되는 것은 아니지만, 크게 보면 전부가 역사학의 분류사가 된다고 할 수도 있다.

문화원형사업이 전개되면서 많은 인문학자들이 자문 및 평가 그리고 더 나아가 자료제공이나 원고집필의 형태로 참가하였다. '문화원형'이란 대부분이 인문학적 주제와 관련되기 때문에 자연히 이 사업이 진행되면서 직간접적으로 국문학, 역사학, 민속학, 미술사 계통의 연구자들이 대거 관여하게 되었다.

더욱이 문화콘텐츠라는 것은 융합을 기본으로 하고 있다. 문화원형사업도 인문학의 차원에서 독립적으로 종결되는 것이 아니라, 기술이나 디자인, 그리고 문화산업적 측면과 밀접히 관련된다. 따라서 자연히 이 사업과 관련된 인문학자는 기술과 디자인, 영상과 내러티브, 그리고 그것을 바탕으로 한 다양한 문화콘텐츠산업과 연결하여 고민할 수밖에 없다. 이는 진정한 의미에서 학제간 연구를 훈련받는 것이나 다름없으며, 이 점에서도 이 사업이 인문학에 준 긍정적 영향이 크다고 할 수 있을 것이다.[24]

---

24) 김기덕, 「문화원형 디지털콘텐츠화사업의 사회적 효용」, 『인문콘텐츠』, 5, 2005; 이남희, 「문화콘텐츠 인프라사업」, 『문화콘텐츠입문』, 북코리아, 2006.

다음으로 문화원형사업과 관련된 논문 이외에 일반적인 문화콘텐츠 관련 논문을 제시해보았다. 이와 관련된 논저들은 범위를 조금 넓히자면 짧은 기간 동안에 대단히 많이 축적되었다. 일단 여기에서는 역사학 관련 문화콘텐츠 논문, 그리고 그와 가깝다고 생각한 논문으로 한정하여 제시하였다.25) 현재 역사학 활용 문화콘텐츠 결과물을 보면 아직까지는 정부 지원사업으로 한정되어 있는 실정이다. 앞에서 언급한 한국문화콘텐츠진흥원의 '문화원형 디지털콘텐츠화사업'이 대표적이며, 전국 지자체에서 발주되는 사업들도 문화원형사업과 유사하다고 할 수 있다. 그러나 앞으로는 민간 산업주체들의 문화콘텐츠 창출에 있어서도 역사학의 활용이 이루어질 것으로 예상된다.

한편 디지털콘텐츠가 아니기 때문에 본 글에서 제시하지는 않았지만, 다양한 왕실의례 복원사업도 주목할 필요가 있다. 의례 복원사업의 경우, 그동안 <조선시대 궁성문 개폐 및 수문장 교대의식의 재현>, <조선 세종조 궁중조회, 상참 재현>, <조선 숙종, 인현왕후 가례의식 재현>, <조선시대 과거제도 재현> 등 다양한 궁중의례를 전문가의 자문을 거쳐 계속 복원해내고 있다.26) 궁중의례는 정확한 자료에 바탕을 두고 올바른 복원이 이루어진다면, 실제 그곳에 살던 사람은 없고 건물만이 남아 있는 궁궐에 다양한 삶의 모습과 이야기를 불어 넣어주는 훌륭한 궁궐문화콘텐츠라고 할 수 있다. 특히 궁궐은 왕이 살았던 공간으로 콘텐츠의 보고라고 할 수 있다. 따라서 앞으로 축적된 역사지식과 관련하여 다양한 궁궐콘텐츠가 개발될 수 있다. 그리고 이러한 궁궐 사례처럼 다양한 역사소재들이 정확한 고증을 통해 훌륭한 콘텐츠의 소재로 활용될 수

---

25) 본 글은 연구사 형태로 정리되어 있다. 따라서 이러한 연구논문 제시 외에 실제 역사학이 문화콘텐츠와 어떤 형태로 접목되고 있는가 하는 점들을 분석하는 작업도 시급하다고 할 수 있다. 이러한 측면은 본 글에서는 별로 다루어지지 않았다. 이 점에 대한 검토는 별고를 통해 시도하고자 한다.

26) 특히 한국체육대학 심승구교수가 이 방면에 있어 많은 결과물을 내고 있다.

있을 것이다.

또한 문화재의 활용에도 역사학은 관심을 기울일 필요가 있다. 보존의 원칙을 훼손하지 않으면서 문화재의 주제를 잘 살린 주제공원(Thema Park)도 확산될 것이다. 이 경우 내용과 유물·유적의 성격을 담보해줄 수 있는 역사학의 참여가 절대적으로 요청된다고 할 수 있다. 현재는 자문과 참여가 자연스럽게 결합되고 있지 않지만, 이러한 분야도 역사콘텐츠의 주요 범주임에는 틀림없는 것이다.27)

3. 역사문화콘텐츠 관련 교육과정의 필요성

다른 경우와 마찬가지로 역시 역사를 활용한 문화콘텐츠 관련 교육과정 및 수업론이 개발될 필요가 있다. 필자가 2003년에 조사한 바에 의하면 중앙대(역사자료와 인문콘텐츠)에서만 설강되어 있었다. 그러나 그후 상명대, 한국외대, 건국대, 인하대 등 많은 대학에서 문화원형을 위시하여 역사학을 활용한 문화콘텐츠 관련 강좌가 개설되었다.

앞에서 여러 번 강조하였듯이 역사학과 문화콘텐츠는 서로를 요청하고 있다. 역사자료는 문화콘텐츠의 기초 인프라가 된다. 역사학을 활용하여 다양한 매체에 적용되는 문화콘텐츠 결과물을 산출하는 작업은 역사학의 파이를 키우는 동시에, 퀄리티가 높은 문화콘텐츠의 창출에도 도움이 된다. 역사학은 미디어 플랫폼에 대한 이해를 키우고, 이 바탕 위에서 역사학이 활용되는 사례들을 교육함으로써 다양한 형태의 역사학 활용 문화콘텐츠가 창출되고, 아울러 문화콘텐츠산업에 필요한 인재양성에도 일조할 수 있어야 할 것이다.

---

27) 이러한 활용 측면에 대해서는 본 책의 제3장을 참고할 수 있다.

V. 역사의 교훈과 문화콘텐츠
- 문화콘텐츠 철학과 오픈 마인드 -

1. 문화콘텐츠 철학

필자는 최근 유행하는 '문화콘텐츠'라는 표현 대신 '인문콘텐츠'라는 표현을 제시한 바 있다. 흔히 문화콘텐츠라고 하면 엔터테인먼트적 요소만을 강조하고 있다. 그러나 문화콘텐츠에는 교양적 요소와 교육적 측면도 포함되며, 더 나아가 기초인프라로서 수많은 인문학자료들의 DB 구축 결과물도 당연히 포함되는 것이다. 그리고 이러한 범주적 측면만이 아니라 모든 문화콘텐츠 창출의 기본 원천은 인문학적 사고와 축적물인 것이다. 또한 모든 문화콘텐츠 결과물들은 결국 인류의 공동선(共同善), 인간화·인간해방을 지향해야 한다. 그러한 점을 명확히 하고자 필자는 '인문콘텐츠'라는 표현을 사용하였다. 그렇다고 문화콘텐츠라는 말을 인문콘텐츠로 대치해야 한다고 주장하는 것이 아니라, 문화콘텐츠의 바탕과 본질은 인문적 정신과 축적물이라는 것을 명확히 하고자 명명된 용어인 것이다.[28] 결국 인문콘텐츠란 철학이 있는 문화콘텐츠를 강조한 표현이라고 할 수 있다.

역사학의 목적은 궁극적으로 한 시대를 사는 당대인들에게 역사적 교훈을 주고자 하는 것이다. 이러한 역사의 교훈은 문화콘텐츠 분야에서도 관철될 수 있으며, 반드시 관철되어야 한다. 물론 그 방식에 있어 계몽적 방식이나 거대담론 혹은 전통적인 논리적 인과관계만을 고집할 필요는 없다. 문화콘텐츠 창출 방식과 매커니즘에 충실하되, 메시지와 지향하는 목표가 담겨 있어야 한다. 그런 점에서 철학이 있는 문화콘텐츠를 추구할 때 역사학과 문화콘텐츠는 올바르

---

28) 김기덕, 「콘텐츠의 개념과 인문콘텐츠」, 『인문콘텐츠』, 창간호, 2003.

게 서로 상생할 수 있으며, 그 때문에 지금 이 순간에도 서로를 긴밀히 요청하고 있는 것이다.

2. 학제간 오픈마인드

항상 새로운 시도에는 시행착오가 있는 법이다. 문화콘텐츠 분야도 역사학을 위시한 기존의 인문학과 잘 결합되어 진행된 것만은 아니다. 이 때문에 문화콘텐츠 분야에서 절실히 요청되는 인문학 전문가의 참여가 대단히 미흡하여, 실제 올바로 된 성과물이 축적된 것은 아니다. 그런 점에서 필자는 현단계 가장 필요한 덕목은 '오픈 마인드'라고 생각한다. 디지털기술은 태생이 융합(컨버전스)을 주특기로 하고 있다. 디지털기술과 역사학이 결합된 다양한 문화콘텐츠 분야는 기본적으로 인문학전문가, 기술전문가, 문화예술전문가, 경영마케팅전문가와 학제간 연구를 필요로 한다. 그런 점에서 비록 현재는 초창기의 왜곡 현상으로 인하여 불합리한 부분이 많다고 하더라도, 타분야와 소통할 수 있는 오픈 마인드가 무엇보다 필요하다. 그렇지 않다면 변화의 본질을 읽지 못하고 시대의 흐름에 낙오할 것이다.

이제 인문학도 산학협동을 필요로 한다. 인문학도 학·연·산·관(學研産官)의 결합에 주목해야 하는 것이다. 그러한 결합에서 드러나는 초창기 부정적인 현상에 매몰되어 전통적인 인문학의 그물망 속으로 도피할 것이 아니라, 적극적으로 전문성과 대중성의 올바른 결합을 제시하고 오픈 마인드를 갖고 타학문과의 소통을 끊임없이 시도해야 한다. 그것이 인류사의 전개에 있어 제3의 혁명의 시대라고도 하는 21세기 지식인의 고달프면서도 보람찬 소임일 것이다.

문화콘텐츠의 밑바탕에는 역사자료, 역사의식이 깔려 있다. 그만큼 새로운 문화콘텐츠 분야는 전통역사학의 도움을 필요로 한다. '콘텐츠'라는 용어도 한국적 용어이며, '문화콘텐츠'라는 것도 한국적 용어이다. 문화기술을 뜻하는 'CT(Culture Technology)'라는 것도 한국적 용어이다. 인문정보학, 영상역사학, 인문콘텐츠라는 용어도 전부 한국에서 출현한 용어이다. 그러므로 기존의 전통적인 역사학과 새로운 응용적 측면이 올바로 상생하는 방안이 마련된다면, 그것은 전세계 인문학의 새로운 대안 제시도 될 수 있을 것이다.

▌제2절 문학·영상작품에 그려진 궁예왕*

I. 머리말

본 글은 문학작품과 영상작품에서 궁예왕과 궁예왕이 세운 태봉국이 어떻게 형상화되고 있는가 하는 점을 분석한 글이다. 그런데 문학작품이나 영상작품에서 궁예왕과 태봉국을 독자적인 주제로 설정한 것은 그리 많지 않다. 따라서 본 주제의 분석에 있어 몇 가지 한계를 미리 언급하고자 한다.

첫째, 궁예왕은 흔히 고려태조 왕건을 서술하는 과정에서 언급되는 경우가 많다. 그러므로 주제를 고려태조 왕건으로 설정한 경우도 포함하여 분석하였다.

둘째, 본래 주어진 제목은 '궁예왕과 태봉국'이지만 그 둘을 구별하여 서술할만한 변별성이나 혹은 독자적으로 태봉을 분석할만한 소재들이 많지 않다. 태봉은 궁예왕이 세웠고, 궁예왕의 몰락과 함께 없어진 국가이다. 본격적인 학문연구라면 궁예왕과 관련되면서도 독자적인 태봉관련 연구소재가 있을 수 있겠지만, 대중적인 문학작품이나 영상작품에서는 태봉관련 사항들은 전부 궁예왕의 일화에 종속된다. 따라서 본 글에서는 궁예왕을 서술하는 과정에서 필요한 경우에 한하여, 태봉국은 부분적으로 언급할 수밖에 없을 것이다.

셋째, 본 글의 분석대상은 문학작품과 영상작품 두 분야를 설정하고 있다. 이 중 문학작품에 대해서는 다음 장에서 소개할 것이지만, 유인순교수가 꼼꼼하게 분석한 기존연구가 있다. 따라서 본 글에서 문학작품 분석은 기존 연구를 참고하면서 필자의 논지를 덧붙이는 것으로 하였다. 그리고 영상작품의 경우에

---

* 본 글은 한림대학교에서 주최한 학술회의에서 발표한 글(김기덕, 「문학·영상작품에 그려진 궁예왕과 태봉국」, 『태봉국 역사문화유적 학술회의 논문집』, 2006)을 보완한 것이다.

는 궁예왕을 중심으로 다룬 것은 다큐멘터리 한 편이 있을 뿐이다. 그 외에 영화 한 편과 TV 대하사극 하나가 있으나 모두 태조 왕건을 중심으로 하고 있다. 따라서 영상작품의 분석의 경우 영상작품의 일반론을 원용하여 서술한 측면이 많다는 점을 밝혀 두고자 한다.

끝으로 본 제목에 있어서나 본문 서술에 있어 원칙적으로 '궁예'가 아니라 '궁예왕'이라고 표현하였다. 흔히 '왕건'이라고 하지만, 이는 '고려태조 왕건' 처럼 앞에 '고려태조'가 붙고 있다. 궁예의 경우도 '태봉국왕 궁예'라고 해야 온 당할 것이다. 따라서 태봉국왕을 붙이지 않고 사용하는 경우, '궁예왕'이라고 표현하였다. 이러한 점은 '후백제왕 견훤'에도 그대로 적용되어 '견훤' 보다는 '견훤왕'이라는 표현이 보다 온당하지 않을까 한다. 물론 왕이 된 이후와 되기 이전의 표현이 구분되어야 할 것이나, 본 글에서는 특별한 경우를 제외하고는 궁예왕, 견훤왕으로 통일하였다.29)

II. 문학작품에 그려진 궁예왕

먼저 궁예왕과 태봉을 소재로 한 역사소설을 제시하면 다음을 들 수 있다. 머리말에서 언급한 것처럼 고려태조 왕건을 주제로 하면서 궁예왕을 서술한 경 우도 포함하였다.30)

---

29) 3장에서 살펴볼 TV 대하사극 <태조 왕건>에서는 황제, 황후라는 표현을 썼다. 사실 고려국 가가 실제로는 황제국체제였음을 처음으로 밝힌 것은 필자였다(김기덕, 「황제국체제를 지향 한 고려국가」, 『고려시대 사람들은 어떻게 살았을까 2』, 청년사, 1997; 김기덕, 「고려의 제왕 제와 황제국체제」, 『국사관논총』 78, 1997). 고려 이전 궁예왕도 물론 황제라고 칭하지 못할 이유가 없다. 아마 실제로도 황제를 칭했을 것이다. 연호의 사용이 그 가능성을 말해준다. 그러나 본 글에서는 일단 '궁예왕'이라고 표현하였다.

30) 본 목록의 작성은 원칙적으로 책으로 발간된 연대순을 기준으로 하였다. 목록의 작성에 있어

① 신채호,『一目大王의 鐵椎』, 1916년 추정; 김병민편,『신채호 문학유고선집』,
   연변대 출판사, 1994

② 이광수,『麻衣太子』, 1926.5-27.1 『동아일보』연재;『이광수전집』2, 우신사,
   1979

③ 김동인,『甄萱』, 1940;『김동인전집』1, 홍자출판사, 1979

④ 박종화,『三國風流』, 삼성출판사, 1970

⑤ 박용구,『滿月臺』, 정음사, 1974

⑥ 박연희,『王建(민족문학대계 7)』, 동화출판공사, 1979

⑦ 박목월,『高麗太祖 王建(민족문학대계 12)』, 동화출판공사, 1979

⑧ 유현종,『松嶽山』, 1979『국제신문』연재; 삼중당, 1982

⑨ 유현종,『궁예』, 도서출판 社思硏, 1986

⑩ 박연희,『王建』, 제삼기획, 1990

⑪ 김성한,『소설 고려태조 왕건』, 포도원, 1992; 행림출판, 1999

⑫ 최범서,『고려태조 왕건』, 동방미디어, 1999

⑬ 박영규,『후삼국기』, 들녘, 1999

⑭ 신봉승,『왕건』, 해냄, 1999

⑮ 강병석,『궁예』, 태동출판사, 2000

⑯ 이환경,『태조 왕건』, 밀알, 2000

⑰ 사마준,『태조 왕건』, 청솔, 2001

⑱ 강기연,『태조 왕건』, 대원씨아이, 2002

⑲ 박영규,『책략』, 이가서, 2005

위의 역사소설 중 중요한 10권을 중심으로 유인순은 역사소설에 나타난 궁

_____

다음의 글에서 제시된 것을 참고하였음을 밝혀 둔다.
유인순, 「궁예왕 전설과 역사소설」, 『강원문화연구』21, 강원대학교 강원문화연구소, 2002
홍영의, 「고려시대 관련 역사소설의 대중성과 향후 전망」, 『인문콘텐츠』3, 인문콘텐츠학회,
2004

예왕의 서술을 분석한 바 있다. 유인순은 1.궁예왕의 부모, 2.궁예왕 출생의 신이(神異), 3.궁예왕의 이름과 그 명명의 의미, 4.아기 궁예왕에 대한 가해자, 5. 궁예왕의 양육자 및 스승, 6.궁예왕과 여성들, 7.궁예왕의 비극 또는 광기의 원인, 8.궁예왕의 탈출 그리고 사망, 9.궁예왕 사후의 이적(異蹟)으로 분류한 뒤, 각각의 소설들 속에서 그러한 사항들이 어떻게 그려지고 있는가 하는 점들을 분석하였다.

위와 같은 분석을 거쳐 유인순은 다음과 같은 몇 가지 점을 지적하였다. 첫째, 대부분의 작품이 『삼국사기』소재 문헌전설이 변주곡 형식으로 삭제, 생략 또는 확대의 형식을 거치고 있었다. 다만 신채호의 『一目大王의 鐵椎』는 『환단고기』의 기록이 전폭적으로 사용되고 오히려 『삼국사기』의 기록은 부분적으로 삽입되어 있었다. 둘째, 모든 소설에서 궁예왕과 관련된 구비전설을 접목하여 서술하고 있다. 그런데 그 삽입정도에서 작가별로 차이가 많았다. 셋째, 소설이 비록 허구의 산물이라고 하지만 뚜렷한 사건과 인물들의 경우 사실에 근거하여 전개될 필요가 있다. 그러나 많은 경우 뚜렷한 역사적 사실을 왜곡하는 경우가 있었는데, 이는 역사소설의 문제점이라고 할 수 있다. 넷째, 기본적으로 역사소설은 새로운 역사해석을 목표로 하거나 또는 지난 날의 파란만장한 역사를 재현시키려는 의도로 창작된다고 보고, 여러 소설 가운데 그런대로 새로운 해석을 시도하였다고 판단한 신채호의 『一目大王의 鐵椎』, 김성한의 『왕건』, 강병석의 『궁예』, 박영규의 『후삼국기』의 해석을 부분적으로 소개하고 있다.[31]

기본적으로 유인순이 제기한 논지에 동의하면서 필자의 견해를 덧붙이고자 한다. 첫째 궁예왕에 대한 가장 기본적인 사료인 『삼국사기』기록의 인용문제이다. 주지하듯이 『삼국사기』는 승자의 기록이라는 점에서 사료비판이 요구된다. 그러나 필자가 생각하기에 『삼국사기』에 대한 사료비판이 요구된다는 점

---

31) 유인순, 앞의 글 94-112쪽. 이상은 유인순의 전체 논지를 필자가 재정리하여 제시해 본 것이다.

과『삼국사기』소재 문헌전설의 기록을 인용한다는 점은 별개의 측면이라고 생각한다.

즉『삼국사기』에 나오는 궁예왕에 대한 서술이 원칙적으로 여러 사실 가운데 궁예왕의 부정적 측면을 드러내는 것들을 중심으로 기록하였던 것이지, 기본적으로 없던 사실을 날조하여 궁예왕에 대한 일화를 기록한 것은 아니라는 점이다. 즉 가장 포악한 모습으로 그려지고 있는 기록은 '궁예의 무도함에 아내 강씨가 이를 간하니 아내를 불륜으로 몰아 불에 달군 철퇴로 음부를 찔러 죽이고 그 소생 아이마저 죽인 뒤 의심이 많아져서 무고한 인명을 많이 죽였다'는 부분일 것인데, 이 기록도 실제 사실이었을 것이다.

문제는 과연 궁예왕의 그러한 행동이 어떠한 배경에서 나왔는가 하는 점이나, 혹은 그러한 행동이 광기(狂氣)만이 아니라 충분한 이유가 있을 수도 있다는 점을 보여주는 사료는 삭제하고, 『삼국사기』에서는 오로지 궁예왕 개인의 광기의 발로로 사료를 서술하였다는 점이다. 따라서 역사소설에서 궁예왕을 재해석하거나 혹은 다른 일면을 제시한다고 하더라도, 원칙적으로『삼국사기』에 제시된 기록들을 포함하여 서술할 필요가 있다. 결코 궁예왕에 대한 부정적인 사료라고 하여 생략해서는 안되는 것이다. 가장 극단적인 사례로 강병석의『궁예』에서는 궁예왕의 광기는 전혀 그려지지 않고 있다. 아마도 작가는 궁예왕을 광기의 왕이 아닌 비극의 왕으로 그리고자 했으며, 『삼국사기』의 기록을 불신하였을 것이다. 그러나 이는 설득력을 갖지 못한다. 궁예왕에 대한 재해석에 있어서도 결코『삼국사기』에 그려진 궁예왕의 광기를 생략해서는 안된다. 그것도 역사적 사실일 것이기 때문이다. 오히려 궁예왕과 관련된 역사소설이 대중들에게 설득력을 갖고 성공하려면, 궁예왕과 관련된 광기에 대한 서술을 당연히 묘사하되 그러한 행동을 통하여 비록 궁예왕의 한계일 망정 궁예왕을 재평가할 수 있어야 할 것이다.

둘째는 구비전설의 사용 여부이다. 유인순은 궁예왕에 대한 역사소설 외에도 구비전설을 많이 채록하여 분석하였다.[32] 구비전설이 전부 역사적 사실을 그대로 반영하는 것은 아니다. 또한 구비전설에 담긴 시대적 선후(先後) 문제나 역사적 의미를 추출하는 작업도 쉬운 것은 아니다. 그러나 궁예왕에 대한 기록이 절대적으로 부족한 상황에서 구비전설은 유용한 또 하나의 사료가 된다. 특히 인물에 대한 평가에 있어 구비전설은 결정적 실마리를 제공한다.

궁예왕에 대한 구비전설을 추적하고 분석한 유인순은 결론에서 다음과 같이 말한다. "역사적 기록물과 달리 전설 속에서 궁예왕은 백성을 사랑하고 백성으로부터 사랑받은 왕이었다. 철원의 풍천원 시절 백성에게 공포의 대상이었던 엄격한 왕은 보개산성으로, 명성산성으로, 운악산성으로, 평강 지역으로 이동하면서 백성의 마음을 헤아리는 왕이 된다. 그럼에도 불구하고 궁예왕은 왕건군에 의해 평강에서 패퇴당한다. 이 과정에는 역사에 기록되지 않은 궁예왕과 왕건 사이에 모종의 묵인 내지 협약, 불가피성이 있었을 것으로 보인다. 역사의 기록은 과연 믿을 만한 것인가. 궁예왕에 관해서만은 감히 그렇지 않다고 말할 수 있다"[33]

궁예왕에 대한 역사적 재구성과 평가를 어떻게 내릴 것인가에 따라, 궁예왕 관련 구비전설을 실제 작품에 이용하는데 있어 많은 편차가 있을 수 있다. 그러나 현재까지 채록된 구비전설에서 궁예왕에 대한 기억이 역사적 기록물과 차이가 많이 있다면, 궁예왕을 소재로 한 역사소설은 구비전설을 보다 적극적으로 원용하여 해석할 필요가 있을 것이다. 즉 역사적 기록물과 구비전설의 상이한 측면을 합일적으로 해석할 수 있는 작가의 눈이 가장 요청된다고 할 수 있겠다.

셋째, 궁예왕 관련 역사소설에서 뚜렷한 역사적 사실을 왜곡하는 경우의 문

---

32) 유인순, 「전설에 나타난 궁예왕」, 『태봉국 역사문화유적 학술회의 논문집』, 2006
33) 앞의 글, 126쪽.

제점이다. 그런데 이 점은 역사소설 전체에 해당하는 중요한 사항이라고 할 수 있으며, 더 나아가 역사관련 영상물에 있어서도 논쟁점이 될 수 있는 사항이다. 물론 뚜렷한 역사적 사실이라고 해도 사실상 어디까지를 그렇게 보아야 할 것 인가 하는 점은 결코 쉽지 않다. 예를 들어 최근 장보고 관련 역사소설과 사극을 분석한 권덕영은 에드워드 카(Edward H. Carr)가 『역사란 무엇인가』에서 '사 실'을 세 가지로 구분한 논리를 원용하여 이 문제를 구체적으로 제기하였다. 에 드워드 카에 의하면 '사실'은 ① 과거에 일어났던 사실 그 자체를 말하는 '과거 의 사실(fact of the past)' ② 사료에 기록되어 있는 '과거에 대한 사실(fact about the past)' ③ 역사가가 역사를 서술함으로써 성립하는 '역사적 사실 (historical fact)'의 세 가지가 있다. 권덕영은 장보고에 대한 ②의 사료에서 분 명히 ①에 해당한다고 믿을 수 있는 8가지 사실들을 추출하였다. 그리고 그것 을 바탕으로 전개된 역사가들의 연구를 통해 다양한 ①의 사실들이 창출된 사 례들을 제시하였다.34)

권덕영이 강조하려고 했던 것은 역사소설이라고 하더라도 최소한 ②에 바 탕을 두고 역사가들에 의해 추출되고 공인된 ①의 사실은 왜곡하지 않아야 한 다는 점이라고 생각한다. 이 점은 유인순도 강조하였다. 이광수의 『마의태자』 에서 송악의 상인 왕륭을 금성태수로서 서라벌 대궐 안을 드나들게 한 것, 유현 종의 『궁예』에서 치악산 석남사로 궁예왕을 찾아온 왕건의 나이가 40대로 되 어 있는 점 등을 제시하며, 비록 역사소설이라도 어느 정도 사실적 근거에 바탕 을 두고 전개되어야 한다는 점을 지적하였다.35)

앞에서도 언급하였지만, 이 점은 역사를 소재로 하는 영상물에서도 계속 논 란이 되는 사항이다. 한 편의 역사소설이 완성되려면 혹은 많은 분량의 대하사

---

34) 권덕영, 「역사와 역사소설 그리고 사극」, 『역사와현실』 60, 2006, 151-154쪽.

35) 유인순, 앞의 글, 109-110쪽.

극이 시대순으로 진행되려면 많은 부분에서 검증되지 않은 이야기들을 창출할 수밖에 없을 것이다. 이 때 역사가들이 역사왜곡이라고 비판하는 경우는 다음과 같은 경우이다. 첫째는 위에서 언급한 것처럼 ②사료에 기록되어 있는 '과거에 대한 사실'에서 유추하여 만들어낸 새로운 이야기들이 지금까지 역사학자들의 연구에 의해 통설적으로 ① '과거에 일어났던 사실'로 인정되는 것과 다르게 서술하는 경우이다. 둘째는 ②에서 기록되지 않은 사항들을 상상력을 동원하여 그려내되, ③역사가가 그려낸 사실들과 현격히 다른 경우이다. 흔히 이상의 두 가지 측면에서 역사가들은 작가들에게 역사적 왜곡이라고 비판한다. 물론 작가들은 역사적 상상력, 문학적 상상력, 드라마적 상상력이라고 변호한다.

필자를 포함하여 대부분의 역사가들은 문학적 상상력, 드라마적 상상력을 인정하고 있다. 다만 역사소설은 그 시대의 가치관과 행동양식 그리고 시대 분위기를 사실적으로 그려내야만 문학적 진실을 창조해 낼 수 있다는 점,36) 작가적 상상력도 당시 시대의 분위기와 조건 그리고 시대정황에 맞아야 작품의 메시지가 올바로 살아날 수 있다는 점,37) 사극은 허구적 상상력이 얼마든지 허용되지만 주인공이 살던 시대에 대한 통찰력의 기초 위에서만 그 허구성이 역사적 진실성을 획득할 수 있다는 점을38) 공통적으로 지적하는 것이다.

역사소설에 대하여 검토할 마지막 네 번째 사항은 과연 궁예왕 관련 소설들이 새로운 역사해석을 시도하였으며, 그것이 대중들이 공감하는 역사적 상상력, 문학적 상상력을 성취했는가 하는 점이다. 그러나 우리들에게 '궁예왕'하면

---

36) 「역사소설 무엇이 문제인가-황진이 관련 소설을 중심으로」, 『역사와 문화』 6, 문화사학회, 2003.

37) 김기덕, 「TV 사극의 열풍과 사회적 영향」, 『역사와 문화』5; 김기덕, 『영상역사학』, 생각의 나무, 2005 재수록.

38) 정두희, 「사극이 펼치는 역사는 과연 역사인가」, 『장희빈, 사극의 배반』, 소나무

떠오르는 역사소설이 없다는 점에서 이미 드러나는 것이지만, 사실상 궁예왕 관련 역사소설에서 문학적 상상력이 잘 가미되어 창출된 새로운 역사 해석은 거의 없다고 보아도 좋을 것이다. 이 점은 앞에서 언급한 바, 현재까지 채록된 전설, 민담의 활용이 미흡하다거나, 반대로 시대정황에 대한 통찰력이 부족한 상태에서 쉽게 문학적 상상력을 동원한 결과로 독자들에게 궁예왕에 대한 새로운 역사적 진실을 창출하는 데에 실패했기 때문으로 생각한다. 더 나아가 궁예왕 관련 소설들은 역사학자들이 보기에 적극적으로 문제를 삼을만한 문학적 상상력조차도 제대로 발휘하지 못했다는 점에서 대단히 아쉽다고 할 수 있다. 이러한 궁예왕 관련 역사소설의 문제점은 그대로 영상작품으로 연결된다. 뛰어난 영상작품에는 훌륭한 역사소설이 있어야 한다면,39) 궁예왕을 중심으로 하는 영상작품이 거의 없는 것은 궁예왕을 소재로한 역사소설에 책임이 있다고도 할 수 있을 것이다.

III. 영상작품에 그려진 궁예왕과 태봉

궁예왕 및 태봉국과 관련된 영상작품으로 필자가 조사한 바로는 다음의 것이 있다.

① 〈역사영화〉〈태조 왕건〉(부제: 후삼국 난세천하), 세기상사, 최인현감독, 1970
② 〈다큐멘터리〉 KBS 역사스페셜 〈궁예〉(PD 이연식), 2000. 10. 28⁴⁰⁾

---

39) 공임순,『우리 역사소설은 이론과 논쟁이 필요하다』, 책세상, 2000
40) 궁예와 비교할 수 있는 것으로 다음을 들 수 있다.
    KBS 역사스페셜, <후백제 견훤 왜 몰락했는가>, 2001. 6. 16
    KBS 역사스페셜, <역사버라이어티, 왕건 코리아>, 2000. 3. 25

③ 〈TV 사극〉 KBS 대하사극(200회) 〈태조 왕건〉, 2001. 4

제목에서 드러나는 것이지만 직접적으로 궁예를 주제로 다룬 영상물은 다큐멘터리 <역사스페셜 궁예>가 유일하다고 할 수 있다. 본 글에서는 <역사스페셜 궁예>를 중심으로 분석하면서 견훤왕 및 태조 왕건을 주제로 한 영상물을 비교하여 언급하고자 한다.41) <역사스페셜 궁예>는 먼저 폭군으로 기록된 역사기록과는 차이가 있는 민담, 전설 등을 소개한다. 아울러 당시의 유물들을 이러한 민담, 전설과 관련시켜 적극 해석한다. 예를 들어 궁예왕은 철원평야 주변에 엄청나게 큰 석성들을 많이 쌓았는데 유독 철원평야의 도성만은 토성(土城)으로 한 이유에 대하여, 석성(石城)을 쌓을 능력이 없어서가 아니라 궁예왕이 갖고 있는 미륵신앙과 관련시켜 볼 때, 그는 늘 평민들과 하나가 되기를 원했기 때문이라고 해석한다. 즉 평민과 왕궁 사이에 높은 석벽을 쌓길 원하지 않고 토축(土築)을 해서 국민과 일체가 되려는 의지가 담겨 있다고 볼 수 있다는 것이다.42)

다음으로 궁예왕이 세달사라는 절로 출가하고 이후 불교 계율에 충실한 일반 승려와는 달리 현실정치에 관심을 갖게 되고, 그 결과 세달사를 떠나 원주를 거점으로 활동하던 양길 휘하로 들어가 반란군에 가담하고, 차차 독자적인 세력으로 성장하는 과정을 보여주고 있다. 물론 이 과정에서 세달사의 위치를 영월지역으로 보고 옛 세달사터를 찾아내는 새로운 과정이 있기는 하지만, 대체

---

41) 영화 <태조 왕건>은 현재 필름과 녹음대본이 한국영상자료원에 남아 있는 것으로 조사되었으나 필자가 보지 못하였다. 아마도 부제 및 본제목이 암시하듯이 후삼국 난세천하에서 궁예왕과 견훤왕이 등장했으나 비합리적 국가운영으로 몰락하고 결국 태조 왕건이 후삼국을 통일한다는 일반적인 해석을 따르지 않았을까 생각한다. 즉 태조 왕건이라는 영웅적 인물상을 부각시키고자 했다고 생각한다.

42) 이 해석은 물론 이재교수의 인터뷰로 처리되고 있으나, 결국 역사스페셜 『궁예』 제작진의 시각이기도 하다. 이 점은 다른 인터뷰의 경우에도 마찬가지라고 할 수 있다.

로 기존 연구성과를 재구성한 것이다. 다만 기존의 연구성과를 재구성하였다고 하더라도 하나, 하나의 서술에 담긴 뉴앙스는 새로운 해석이 담겨 있다. 궁예왕의 초기 군대는 일종의 농민군 성격의 부대라는 점, 당시 전쟁터에서 궁예왕이 병사들과 동고동락하는 인물로서 사사로운 감정을 앞세우지 않고 공정했었다는 『삼국사기』기록을 덧붙여 당시 혼란했던 정세 속에서 사회모순을 시정하고자 백성과 함께한 궁예상을 제시하고 있다. 이러한 궁예왕의 통솔력 뒤에는 현실 사회를 개혁하려는 미륵신앙이 자리잡고 있었다. 그리고 궁예왕이 철원을 택한 이유를 이러한 미륵신앙과 관련시키고, 아울러 신라의 변방이라는 점, 물산이 풍부하다는 점을 결합시켜, 철원은 새로운 세상을 꿈꾸는 궁예왕의 이상향이었다고 주장하고 있다.

궁예왕에 대하여 부정적인 서술을 한 『삼국사기』에서도 궁예왕에 대한 초기 기록은 상당히 긍정적이었다. 따라서 앞에서 설명한 <역사스페셜>의 궁예왕 초기부분에 대해서는 궁예왕을 현실사회 개혁론자로 의미매김한다고 하더라도 큰 저항은 없을 것이다. 그리고 이 점은 기존의 연구에서도 제기되었던 것이다.[43]

문제는 궁예왕의 후기 모습에 대한 해석이 될 것이다. <역사스페셜>에서는 궁예왕이 901년 왕위에 오른 뒤 918년 멸망할 때까지 18년이라는 짧은 기간 동안에 시도된 잦은 국호 및 수도, 그리고 연호의 변경을 왕권강화와 관련하여 분석하였고, 결국 왕권을 강화하려고 하는 궁예왕의 노력에도 불구하고 정권 자체의 불안정성을 말해주는 것이라고 해석하였다.

---

43) 전문연구와 역사소설을 매개하는 연결고리에 역사대중서가 있다. 전문가가 쓴 궁예 관련 역사대중서로는 다음의 것을 들 수 있다.
　　이재범, 『슬픈 궁예』, 푸른역사, 2000
　　이도학, 『궁예 진훤 왕건과 열정의 시대』, 김영사, 2000
　　김갑동, 『태조 왕건』, 푸른역사, 2000

이러한 왕권강화는 자연히 추진과정에서 호족들의 강한 반발에 부딪치게 되었고, 아울러 국호 및 도읍의 변경에 따른 민심수습을 위해 궁예왕은 미륵신앙을 통치수단으로 활용하였다. 전근대시기 신앙을 통치수단으로 활용하는 것은 일반적인 현상이다. 그런데 궁예왕은 집권 후반기가 되면서 본인 스스로 살아있는 미륵이라고 자칭하고 두 아들도 청광보살, 신광보살이라고 하면서 신격화하였다. 이때부터 전개되는 궁예왕의 행동이 가장 의문스러운 것이다. <역사스페셜>에서는 아지태사건과 그 해결과정에서 대두된 왕건추종세력에 대해 정치적 헤게모니에 위기를 느낀 궁예왕이 정치적 위기상황을 미륵신앙으로 극복하고자 한 것으로 해석하고 있다. 그 과정에서 궁예왕의 가장 포악한 행동으로 치부되는 부인 강씨와 두 아들을 잔인하게 죽인 사건도 있었다. <역사스페셜>에서는 그 사건에 대하여 먼저 부인 강씨의 간쟁은 강씨 독단이 아니라 가깝게는 신천강씨 더 나아가서는 신천강씨와 연결되어 있는 패서호족과 연관이 되어 있다고 보았다. 더욱이 부인만이 아니라 사랑하는 두 아들마저 죽인 것은 아마도 국가전복이라든가 대역모라든가 하는 것이 시도되었고, 그로 인해 궁예왕 자신이 역모에 의해 쫓겨날 지도 모른다는 위협에서 그러한 특단의 조치를 취했던 것으로 해석하였다.

　<역사스페셜 궁예>에서는 많은 인터뷰가 나온다. 다른 다큐멘터리에 비교하여 대단히 많으며, 이는 <역사스페셜>의 다른 작품과 비교해도 인터뷰 횟수가 많다. 아마도 궁예왕 관련 자료도 적고 특히 영상자료화할 수 있는 것들이 많지 않기 때문일 것이다. 앞에서 언급했듯이 전문가의 인터뷰라고 하더라도 이는 실상 <역사스페셜 궁예>의 시각이라고 이해해도 될 것이다.

　<역사스페셜 궁예>가 밝히고 있는 궁예왕의 시대적 역할과 한계를 정리하면 다음과 같다. 궁예왕은 경주 중심의 천년 동안 내려온 진골 중심의 세상을 부수는데 기여했다. 궁예왕의 인생경로는 하층민 생활이었기 때문에 자신과 같은

사람들을 신라라는 질곡에서 해방시켜주고 그들과 함께 공존해보고자 했던 이상을 가진 사람으로, 고대 신분한계를 벗어나 새시대에 대한 이상을 제공했던 인물이다. 그러나 그는 왕권강화를 위해 중앙집권국가를 꾀해 가면서 호족들을 하나의 일사불란한 관료체계로 흡수하려 했고, 선종이라고 하는 지방에 뿌리를 내린 사상체계를 탄압하였다. 그 결과 궁예왕은 호족들과 대립하게 되었고 그러한 정치적 위기상황을 미륵신앙으로 돌파하고자 하였으나, 도리어 그것은 궁예왕의 인간적인 한계까지 철저하게 드러내는 결과가 되어 쿠데타에 의해 패망하게 되었던 것이다.

이상 <역사스페셜 궁예>의 논지는 기존의 역사학자들의 견해를 잘 정리하면서 나름대로 궁예왕의 광기를 피해가지 않으면서 해석해 보고자 노력하였다는 점에서 긍정적으로 평가된다. 그러나 <역사스페셜>은 역사책이 아니다. 그러므로 위의 주장을 표현하는 주된 방식은 영상자료와 영상이미지를 활용해야 한다. <역사스페셜 궁예>는 지금까지 축적된 새로운 연구성과와 함께 자신만의 독특한 해석을 가미하여 궁예왕에 대한 『삼국사기』 서술을 넘어서는 긍정적인 궁예상을 상당부분 보여주었다. 그러나 주된 진행을 인터뷰를 통한 전문가들의 발언으로 끌고 갔다는 점은 영상자료로 활용할 수 있는 자료가 부족하다는 점을 감안한다고 하더라도 대단히 아쉬운 부분이라고 할 수 있다.

<역사스페셜 궁예>가 다큐멘터리라는 점에서 부족한 영상자료의 한계를 극복하기 어려웠다면, 같은 시기 방영되었던 KBS 대하사극 <태조 왕건>은 드라마라는 점에서 자료의 한계를 뛰어넘을 수도 있었다고 생각한다. 그러나 다큐멘터리가 아닌 드라마로서의 <태조 왕건>은 오히려 드라마이기 때문에 시도할 수 있는 장점들을 놓친 측면이 많다. 즉 이 시기 궁예왕과 관련된 새로운 해석의 핵심은 지도층의 백성의식과 관련된 것이라고 할 수 있지 않을까 한다. 그것은 후삼국이라는 혼돈의 세계 속에서 진정으로 백성을 위하는 영웅의 출현일

것이다. 당시 후삼국의 시대는 궁예·견훤·왕건이라는 세 명의 영웅군(英雄群) 외에도 각지의 호족군(豪族群), 그리고 유민화된 백성군(百姓群)의 세 그룹의 상호작용으로 형성된 시기이다. <태조 왕건>은 아쉽게도 이 중 백성군에 대해서는 거의 조명하지 못했다. 이 점은 주명철이 적절히 지적한 바 있다. 그는 "현대물에서는 가난한 집에 옹기종기 모여사는 사람들이 모두 이름을 가지고 우리에게 다가서지만, 사극에서는 어찌하여 민초는 그림자처럼 나타나고 왕이나 고을수령이 걱정하는 말 속에서만 존재하는가"라고 하면서, "삼국의 접경에 사는 민초의 관점에서 지배자가 바뀌는 과정이 그들에게 어떤 의미가 있는지 짚어줘야 했다"고 말한다.44)

물론 당시의 피지배층을 영상으로 설명하기는 쉽지 않을 것이다. 그러나 다큐멘터리가 아니고 드라마이므로 오히려 이것을 처리하기는 어렵지 않음에도 불구하고, 화면에서 백성들의 모습은 너무 등장하지 않았다. 실제 작가와 프로듀서들은 역사적 상상력을 강조하고 있는데, 오히려 이러한 백성층의 움직임에 대해서는 역사적 상상력을 거의 동원하지 않았다. 정작 역사적 상상력을 꼭 구사해야 할 곳에서는 거꾸로 침묵하고 있는 것이다.45) 그나마 궁예왕의 초기 모습을 그릴 때에는 백성군을 고려하는 모습이 일정부분 반영되기도 하였는데, 아마도 드라마시청률에서 궁예왕이 등장한 시기에서 시청자 호응이 높았던 것은 그런 점도 작용했을 것이다.

필자가 생각하기에 궁예왕은 뜻이 컸고 친화력과 통솔력도 갖추어서 혼란한 시대에 민심을 얻어 국가까지 창업한 한 시대의 영웅이었다. 그러나 영웅이 항상 마지막 승자가 되는 것은 아니다. 영웅이 마지막 승자가 되지 못하는 여러 가지 이유가 있다. 분명한 것은 여러 결점으로 인해 마지막 승자가 되지 못했다

---

44) 주명철, 「사극에서 무엇을 읽을 것인가」, 『신동아』, 2001년 7월호, 576쪽.

45) 김기덕, 「TV사극의 열풍과 사회적 영향」, 『역사와 문화』, 푸른역사, 2002.

고 하더라도 궁예왕만큼 부정적 이미지로 각인된 사례는 많지 않다는 점이다.

역사의 패자로 남은 궁예왕의 패인은 무엇이었을까? 많은 연구자나 <역사스페셜>에서 지적하고 있듯이, 호족과 대립했던 궁예왕의 왕권강화정책이었다. 그리고 왕권강화를 위한 정치력의 한계를 미륵신앙으로 극복하고자 하였다. 태조 왕건은 호족들과 혼인정책을 폈으며 그 결과 태조의 부인이 29명이라는 데에서 단적으로 알 수 있듯이, 태조 왕건은 왕권강화보다는 호족과의 연합을 중시하였다. 태조가 각지의 호족의 딸들과 정략적으로 혼인정책을 펼쳐 부인이 29명이나 된다는 사실은, 태조 왕건의 스타일이 얼마나 궁예왕과 다른지를 단적으로 말해 준다.

태조 왕건은 '창업(創業)'의 군주이다. 창업과 수성(守成)의 논리는 다르다. 창업과정에서는 다양한 인재들을 필요로 한다. 저 유명한『삼국지』에 등장하는 인물들을 보라. 요즘 표현으로 저마다 주특기가 있고 개인기가 넘친다. 분열된 시대를 통일하고자 하는 창업군주는 때로는 건방지기까지한 여러 개성적인 인물들을 다 포용할 수밖에 없다. 그러한 포용력의 크기가 창업군주에게 요구되는 최대의 미덕이다. 궁예왕과 견훤왕을 제친 태조 왕건의 승리는 그 점을 정확히 파악한 덕(德)과 포용력의 결과였다. 대하사극 <태조 왕건>이 창업의 과정이라면, 후속 드라마로 방영되었던 <제국의 아침>은 수성의 과정을 그렸다. 수성의 과정에서 요구되는 신하상은 기본적으로 예스맨(Yes Man)이다. 그 상징적인 조치가 왕권강화를 이룩한 4대 광종때의 공복(公服) 제정이다. 그것은 흡사 다음과 같은 선포와 같다. "나(광종)의 정책(왕권강화)에 따르는 자는 등급에 맞추어 공복을 입고 나에게 조아려라. 만약 그렇지 않은 자는 숙청당하리라"[46]

정치적 동조세력이 부족한 상태에서 궁예왕은 수성과정에서 취했어야 할

---

46) 김기덕,『영상역사학』, 생각의나무, 2005, 141-142쪽.

왕건강화를 무리하게 시도하였다. 그리고 그 한계를 미륵신앙으로 극복하고자 했고, 더 나아가 자기 자신이 미륵불로서 사람들의 마음을 꿰뚫어 볼 수 있는 신비한 힘을 가졌다는 단계로까지 나아갔다. 필연적인 패망의 길로 접어든 것이다. 비록 궁예왕이 합리적 정치운영으로 국정을 운영하지 못하고 독심술(讀心術) 단계까지 간 것은 문제이지만, 그렇게까지 하면서 성취하고자 한 목표가 백성들에게는 어떻게 비추어졌을까 하는 점은 다를 수도 있을 것이다. 놀랍게도 궁예왕과 관련된 민담과 전설, 그리고 궁예왕이 신봉했던 미륵신앙은 상상 이상으로 넓게 퍼져 있다. 그 이야기들 속에서 궁예왕은 긍정적인 모습으로 나타난다. 전통적 역사학과는 달리 문학과 영상에서는 이러한 괴리를 문학적 상상력, 역사적 상상력을 동원하여 재조명할 수 있을 것이다.

항상 역사를 주제로 한 문학 및 영상작품에서 키워드는 '역사적 사실', '문학적 상상력', '역사적 진실'의 문제가 된다. 최근 팩트(역사적 사실)와 픽션(상상력)의 결합이란 의미로 '팩션'이라는 말을 즐겨 사용하는 김기봉은 이 문제에 대해 다음과 같이 정리하였다. "문제는 사극이 어디까지 역사적 사실에 해석을 덧붙여서 '팩션'을 구성할 수 있는가이다. 사실과 해석을 버무려서 '팩션'으로서 사극을 구성하는 고유한 문법이 있다. 예를 들어 이야기 대상이 되는 사건의 시작과 결말을 숫자 1과 2 사이로 설정한다면, 역사가는 1이라는 사실로 시작해서 2라는 사실로 결말에 이르는 이야기를 그 사이 실제 일어났던 다른 사건들을 근거로 해서만 구성한다. 이에 반해 사극 제작자는 1과 2 사이에는 1.111에서 1.999까지 무수한 숫자가 존재할 수 있다는 가능성에 주목하여 해석의 여지를 무한히 확대해서 이야기를 꾸며 낸다. 이처럼 사실과 해석 가운데 무엇에 더 중점을 두고 이야기를 구성하느냐에 따라 역사인가 사극인가가 결정된다".47)

---

47) 김기봉, 『팩션시대, 영화와 역사를 중매하다』, 프로네시스, 2006, 10-17쪽.

'사실과 해석', 혹은 '사실·상상력·진실'에 대한 관계에 대해서는 앞장에서 소개한 바와 같이 필자를 포함하여 박광용, 정두희, 권덕영 등 많은 연구자들이 비슷한 담론을 낸 바 있는데, 편의상 김기봉의 논지를 제시하여 보았다. 냉정히 판단하자면 지금까지 나온 궁예왕에 대한 문학 및 영상작품에서는 역사적 기록, 사실의 수준을 넘어서는 해석의 역사, 사라진 역사, 상상력으로 재구성된 역사상은 제대로 나오지 않았다. 앞으로 새로운 궁예상이 다양하게 출현하기를 기대하며, 필자가 정리해 본 '사실·상상력·진실'에 대한 내용을 역사대중서, 역사소설 및 TV 사극, 역사영화로 나누어 <표 1>로 제시해 둔다.

IV. 맺음말

지금까지 문학작품 및 영상작품에 나타난 궁예왕과 태봉국의 모습을 살펴보았다. 사실상 궁예를 전일하게 다룬 주목할만한 작품들이 많지 않아 다양한 분석은 시도되지 못하였다. 문학작품의 경우 작품수는 어느 정도 되었으나 문학적 상상력이 제대로 발휘된 것을 찾기는 쉽지 않았다. 본글에서는 궁예왕에 대한 대표적인 역사기록인 『삼국사기』의 활용문제, 다양한 구비전설의 활용문제, 역사소설의 명확한 사실 왜곡의 문제, 새로운 역사해석의 문제 등을 갖고 기존 궁예왕 관련 역사소설을 분석하였다.

다음으로 궁예왕을 다룬 영상작품의 경우 영화 한 편, 다큐멘터리 한 편, 대하사극 한 편을 들 수 있을 정도로 적은 편이었다. 이는 궁예왕 관련 역사소설이 영향을 주지 못했기 때문이다. 본 글에서는 이중 궁예왕을 주제로 한 <역사스페셜>을 주로 분석하였고, 아울러 동시기에 방영된 대하사극 <태조 왕건>에 나타난 궁예상을 비교하여 검토하였다.

표 1. 영상역사 관련 제분야의 비교

분야	역사대중서 역사다큐멘터리	역사소설 TV사극(정통, 퓨전)	역사소재 영화
역사적 사실	▫ 가장 정밀하게 조사, 근거 제시 ▫ 전문가와의 결합 필수 ▫ 상상력 및 진실의 추구에 따라 사실의 문제 재규정	▫ TV사극의 원본은 좋은 역사소설이 되어야 바람직함. 원칙적으로 역사소설과 TV 사극은 유사함 ▫ 정통사극은 상상력보다 사실 비중, 퓨전사극은 사실보다 상상력 비중이 더 크다고 비교할 수 있음	▫ TV사극보다 역사적 사실에서 보다 더 자유로움(TV와 영화의 매체적 차이, 일회성과 반복성 차이)
상상력	▫ 사실의 한계에서 벗어나기 위한 최소한의 시도 ▫ 사실과 사실의 연결 및 공백 해결 위해 필요	▫ 원칙적으로 다큐멘터리와 비교하여 상상력 자유롭게 허용됨 ▫ 그러나 원칙적으로 시대 분위기와 정황 반영되어야 함(논쟁 가능성)	▫ 역사적 상상력의 극대화 ▫ 그러나 역사적 상상력의 저변에 역사적 사실의 측면이 깔려 있음(자연히 시대 분위기 반영 측면)
역사적 진실	▫ 영상으로 역사읽기라는 차이만 있지 기본적으로 대중역사서와 다큐멘터리는 유사(예: <역사스페셜>) ▫ 다큐멘터리는 기본적으로 '주장'하는 것임. 그러나 교훈적 역사를 강조할 경우 종종 사실보다 상상력의 경향이 강하고 역사적 진실을 단순히 단정하고자 함(예: 민족주의적)	▫ 울림, 이데올로기(역사적 해석, 역사적 진실)로 역사적 상상력 부분에 대한 합리화 여부 판가름 ▫ 사극의 경우 두 측면이 조화롭게 있어야 함, 현재는 지나친 퓨전사극 일변도의 문제가 발생	▫ 울림의 측면이 무엇보다 중요함(역사적 상상력에 대한 결정적 합리화 요소)

　　역사를 주제로 한 문학작품이나 영상작품의 경우, 가장 핵심적인 문제는 '역사적 사실', '상상력', '진실'의 문제가 될 것이다. 냉정히 판단하자면 지금까지 나온 궁예왕에 대한 문학 및 영상작품에서는 역사적 기록, 사실의 수준을 넘어서는 해석의 역사, 사라진 역사, 상상력으로 재구성된 역사상은 제대로 나오지 않았다.

정치적 동조세력이 부족한 상태에서 궁예왕은 수성과정에서 취했어야 할 왕건강화를 무리하게 시도하였고, 그 한계를 미륵신앙으로 극복하고자 했다. 더 나아가 자기 자신이 미륵불로서 사람들의 마음을 꿰뚫어 볼 수 있는 신비한 힘을 가졌다는 단계로까지 나아갔다. 이처럼 궁예왕이 합리적 정치운영으로 국정을 운영하지 못하고 독심술 단계까지 간 것은 문제이지만, 그렇게까지 하면서 성취하고자 한 목표가 백성들에게는 어떻게 비추어졌을까 하는 점은 다를 수도 있을 것이다. 놀랍게도 궁예왕과 관련된 민담과 전설, 그리고 궁예왕이 신봉했던 미륵신앙은 상상 이상으로 넓게 퍼져 있다. 그 이야기들 속에서 궁예왕은 긍정적인 모습으로 나타난다. 따라서 전통적 역사학과는 달리 문학과 영상에서는 이러한 괴리를 문학적 상상력, 역사적 상상력을 동원하여 적극적으로 재조명해 볼 수 있을 것이며, 그것은 역사학과 역사교육을 보다 풍요롭게 해 줄 것이다.

제3장
한국전통문화의 활용방안 모색

본 장은 한국전통문화의 활용방안을 모색해 본 것이다. 한국문화재보호재단에서 발간하는 『월간 문화재』에 2006년 5월호부터 10월호까지 연재했던 글이다. 오늘날 '콘텐츠'의 정의는 기본적으로 다양한 디지털매체에 적용되는 '디지털내용물'이 된다. 그러나 현실은 디지털세상만은 아니다. 디지털과 비(非)디지털, 온라인과 오프라인이 공존하는 경우도 많다. 따라서 기존의 아나로그 차원에도 그대로 '콘텐츠'라는 말을 적용하여 쓰고 있다. 이것은 용어의 잘못 적용이 아니라 세상사가 혼합하여 존재하듯, 당연한 것으로 받아들이는 것이 온당할 것이다. 본 장에서 제시한 활용방안의 경우에도 온라인과 오프라인의 차원이 같이 들어 있다. 기본적으로 본 장의 글은 대중을 상대로 쓴 소프트한 글임을 감안해 주었으면 한다. 앞으로 이러한 전통문화의 활용방안의 모색은 좀더 적극적으로 추구되어야 할 것이다.

■ 제1절 전문연구 ⇔ 대중화 ⇔ 문화콘텐츠

I. 전통문화콘텐츠 : 대중화코드

콘텐츠라는 말이 유행하고 있다. 본래 '내용물'을 뜻하는 단순한 이 말이 조금 낯설었던 것은 그것이 디지털기술과 접목된 내용물이었기 때문이다. 그러나 디지털기술의 생활화가 진전되면서 이제 콘텐츠라는 말은 자연스러워졌다. 콘텐츠라는 낱말 앞에는 과학콘텐츠, 예술콘텐츠, 문학콘텐츠 등 어떤 것이 올 수도 있다. 그중 가장 많이 쓰이고 있는 말은 단연 '문화콘텐츠'이다.

왜 문화콘텐츠인가? 그것은 지금의 시대코드가 '대중화'임을 단적으로 말해준다. 조금 시야를 넓혀 보면 지금의 새로운 시대적 변화의 핵심에 '대중'이 있다. 즉 이 시대는 대중민주주의의 본격적인 관철과정인 것이다. 학술적 연구를 바탕으로 한 다양한 대중서적의 출현은 이제 시대적 대세가 되었다. 또한 도올 김용옥으로 대표되듯이, 가장 심오한 철학분야마저도 가장 대중적 매체인 TV에서 자연스럽게 방송되고 있으며, 과학 분야에서도 이미 과학대중화가 화두가 되었다.

이러한 시대적 요구에 의해 출현한 것이 디지털기술이라고 보아야 한다. 디지털기술이라야 '열림·공유·다수·쌍방향·대중화'의 화두를 구현할 수 있기 때문이다. 그것은 무엇보다 인터넷이 증명하고 있다. 서로 주고받는 관계망이라는 이름을 가진 인터넷은 대중민주주의를 가능하게 하는 좋은 도구이자 대표적 표상이다.

지금은 본격적인 대중문화의 시대이다. 지금까지 문화란 기본적으로 소수 엘리트의 전유물이었다. 그러나 이제 본격적인 대중화시대가 전개되면서, 문화는 전체의 관심사가 되었다. 다수, 대중화를 구현하기 위해 출현한 새로운 디지털기술이 가장 먼저 그리고 활발히 적용되는 분야 역시 문화 부문인 것이다. 그러므로 콘텐츠하면 문화콘텐츠로 대표되는 것은 우연이 아니다. 모든 것이 '문화'로 집중되는 것은 바야흐로 '대중화코드'의 시대적 반영인 것이다.

전통문화에 바탕을 둔 문화재 정책은 최근 들어 문화재의 보존뿐만 아니라 활용의 측면에도 무게중심을 두고 있다. 이러한 활용적 측면에 있어 디지털매체를 활용한 문화콘텐츠 분야에 주목할 필요가 있다. 그것이 시대적 흐름에 능동적으로 동참하는 길이다. 이와 같은 시각에서 앞으로 몇 회에 걸쳐 전통문화와 문화콘텐츠의 결합에 대하여 정리해 보고자 한다.

II. 전통 상인 전문연구와 전통 상인 주제 문화콘텐츠

전통문화에 대한 연구가 문화콘텐츠로 발전되는 사례를 전통시대 상인연구로 예를 들어보자. 전통상인에 관한 연구는 80여 편의 전문적 연구가 축적되어 있다. 이를 바탕으로 상인을 주제로 한 대중서 및 역사소설이 출현한다.

> 김대길(2000), 『조선시대의 상인과 시장이야기-시장을 열지 못하게 하라』
> 정승모(2000), 『시장으로 보는 우리 문화이야기』
> 김주영(2001), 『27인의 개성상인』
> 이창식(2001), 『한국의 보부상』
> 최인호(2000), 『상도』

대중서 및 역사소설은 전문연구가 문화콘텐츠로 가공되는 중간매체에 해당하는 것이지만, 대중에게 쉬운 언어로 의미부여가 잘된 대중서나 역사소설은 이미 그 자체가 문화콘텐츠의 영역에 속한다고도 할 수 있다. 위와 같은 대중서 및 역사소설에 창의력과 상상력이 결합하여 영화, 방송, 애니메이션, 캐릭터, 게임 등의 문화콘텐츠산업으로 연결된다. 그 대표적인 예로 소설『상도』를 원본으로 하여 조선후기 거상 임상옥의 일대기를 극화함으로써, 오늘의 경제인들에게 바람직한 기업인상을 제시하고자 한 MBC의 50회 드라마 <상도>를 들 수 있다.

또한 한국문화콘텐츠진흥원에서는 전통적인 문화요소를 문화콘텐츠산업의 다양한 창작소재로 활용하는 것을 돕기 위해 '우리 문화원형의 디지털콘텐츠화사업'을 시행해 오고 있는데, 상인과 관련하여 '근대적 유통·경제의 원형을 찾아서-조선후기(17C-19C) 상인과 그들의 상업 활동을 통한 경영, 경제 시나리오소재 DB개발'과 '조선후기 상인활동에 나타난 문화원형 요소의 시각콘텐츠 구현' 등의 성과물을 내놓은 바 있다. 이를 통해 조선후기 시장의 다양한 구성요소를 3D 디지털콘텐츠로 구현해 놓거나, 상인과 관련된 시나리오 소재를 제시함으로써, 영화·방송·게임·애니메이션 등에서 전통상인과 관련된 소재를 다룰 경우에 적절하게 활용할 수 있도록 하고 있다.

III. 전문성과 대중성의 결합

전문연구와 대중화 그리고 문화콘텐츠는 서로를 필요로 한다. 전문성 없는 대중화는 퀄리티가 없다. 전문연구의 핵심요소를 잘 풀어서 설명한 대중서적이나 역사소설을 이 시대 대중들은 원하고 있다. 전문연구와 대중적 성과물을 바탕으로 한 문화콘텐츠산업은 부분적 소재나 아이템으로 혹은 이야기의 기본 틀이나 핵심 주제로 다양한 전통요소들을 활용할 수 있다.

따라서 전문연구, 대중적 성과물, 문화콘텐츠의 결과물은 결코 제로섬(zero-sum) 관계가 아니라 서로 시너지효과를 발휘하는 유기적인 관계다. 전문연구를 통해서는 현대적 재해석이 가능한 수준으로 전통 요소에 정확한 의미부여를 해 주어야 한다. 대중서 및 역사소설의 영역에서는 폭넓은 전문연구의 이해바탕 위에서 대중적 글쓰기가 시도되어야 한다는 것이 전제다. 문화콘텐츠는 전문연구 및 대중적 성과물의 바탕위에서 상상력과 창의력, 그리고 디지털 기술의 도움을 통해 재창출되어야 한다. 현재 각 분야에서 이러한 역할 수행이 원활한 상황은 아니다.

기술에는 비약이 있을지라도 거기에 담기는 콘텐츠에는 비약이 없다. 진정한 퀄리티가 보장되는 킬러콘텐츠가 탄생되기 위해서는 전문성과 대중성이 서로 결합하여야 한다. 문화콘텐츠산업은 인문학, 디자인, 미술, 기술, 경영학 등 다양한 분야의 학제 간 융합, 그리고 전문성과 대중성의 결합을 통해 완성된다. 이 점에서 이 시대 전통문화연구자나 문화콘텐츠 종사자 모두에게 절실히 요구되는 덕목은 현재의 부분적인 불합리함을 넘어서서 미래의 방향성을 내다볼 수 있는 '오픈마인드'라고 할 수 있다.

그림 1 ▶ 왼쪽부터 〈소설 상도〉, 〈TV사극 상도〉, 〈상인소재 3D 콘텐츠 일례〉

▌제2절 콘텐츠의 보고(寶庫) `궁궐콘텐츠`

I. 문화이해의 필수코스 궁궐

중국의 왠만한 문화관광지에 가보면 언제부터인가 한국인이 가장 많다. 정말이지 이렇게도 우리가 관광을 많이 다니는가 어리둥절하다. 그 넓다는 자금성에서도 항상 한국인은 넘친다. 언젠가 자금성에서 우리나라 시골에서 왔음직한 모습의 아주머니들을 바라보며, 저분들이 과연 경복궁이나 창덕궁에는 와보았을까 살짝 묻고 싶은 생각이 들었다.

앙코르와트에 가도 한국인들을 포함하여 전세계인들이 북적인다. 물론 앙코르와트는 워낙 스케일이 크고 디테일이 뛰어난 훌륭한 문화유산이지만, 전세계 누구에게나 그 나라의 궁궐과 왕릉은 가장 필수적인 문화답사코스가 된다.

베트남의 궁궐과 왕릉은 주로 중부에 남아 있다. 한국인들은 남부 호치민이나 북부 하노이와 함께 하롱베이를 거쳐 앙코르와트를 다녀오는 코스만 주로 몰려 다닌다. 그래서 중부 역사도시 후에에 남아 있는 봉건왕조의 궁궐과 왕릉에는 정말이지 한국인을 보기 어렵다. 반대로 전세계에서 온 여행매니아들이 배낭을 매고 폐허가 된 궁궐과 왕릉을 뒤지고 있다. 영어나 일어는 말할 것도 없고, 한 자리에서 독일어가이드를 하는 팀을 두 팀이나 보았으니 얼마나 전세계 각지에서 찾아오는지를 실감할 수 있다.

우리가 다른 나라를 여행할 때, 그 나라의 전통시대 궁궐을 찾아가는 것은 그야말로 0순위이다. 그것만으로도 궁궐이 문화이해의 필수코스요, 문화콘텐츠의 보고가 될 것이라는 점은 의심할 여지가 없다.

II. 궁궐연구 - 궁궐답사 - 궁궐콘텐츠의 현황

궁궐이란 왕이 살았던 곳이다. 왕이란 한 나라의 최고 통치자였다. 그러한 왕은 일 년에 몇 번 밖을 나가는 외에는 항상 궁궐 안에서 생활하였다. 그러므로 궁궐이란 왕의 일상생활은 물론 공식적인 활동까지도 이루어졌던 왕의 거처이자 최고 관청이었다. 궁궐에는 왕 이외에도 왕의 가족도 살았고 그들을 수발드는 궁녀, 노복도 살았으며, 관원과 군인, 외국 사신들도 드나들었다. 따라서 궁궐은 온갖 신분, 온갖 계층 사람들이 모여 움직이는 작은 도시였다고 할 수 있다.

궁궐답사에서는 왕이 살고 정치했던 최고의 건축물을 보아야 하고, 그 속에서 이루어졌던 다양한 사람들의 삶과 문화, 그리고 그들의 공간과 활동상 등을 읽어내야 한다. 생활사와 문화사가 강조되면서 전문 궁궐연구도 많이 축적되었으며, 그 결과 다음과 같이 궁궐관련 대중서가 많이 출현하였다(필자 가나다순 정리).

강경선, 『경복궁나들이』, 역사넷, 2000.

강주현, 『퍼즐 궁궐의 비밀을 찾아라』, 오성출판사, 1998.

김동현, 『서울의 궁궐건축』, 시공사, 2002.

대원사편, 『한국의 궁궐세트(전10권)』, 대원사, 2003.

박상진, 『궁궐의 우리 나무』, 눌와, 2001.

백성광, 『궁궐속 오렌지문화 한옥속 깡깡문화』, 해남, 2000.

송영진, 『쑹내관의 재미있는 궁궐기행』, 두리미디어, 2005.

신명호, 『궁(조선의 궁궐에서 일했던 사람들)』, 고래실, 2006.

신명호, 『궁궐의 꽃 궁녀』, 시공사, 2004.

신영훈, 『조선의 궁궐』, 조선일보사, 1998.

신응수, 『천년 궁궐을 짓는다』, 김영사, 2002.

안휘준, 『동궐도 읽기』, 한국문화재보호재단, 2005.

안휘준, 『옛 궁궐 그림』, 대원사, 1997.

우리누리, 『아름다운 궁궐이야기』, 랜덤하우스중앙, 2006.

윤　돌, 『마음으로 읽는 궁궐이야기』, 이비컴, 2004.

이강로, 『한국의 궁궐』, 대원사, 2003.

이광렬, 『재미있는 조선시대의 궁궐이야기』, 대일출판사, 2005.

이덕수, 『신궁궐기행』, 대원사, 2004.

이상해, 『궁궐 유교건축』, 솔, 2004.

이정균, 『한눈에 보는 한국의 궁궐』, 랜덤하우스중앙, 1998.

장영훈, 『궁궐을 제대로 보려면 왕이 되어라』, 담디, 2005.

한영우, 『창덕궁과 창경궁』, 열화당, 2003.

허　균, 『고궁산책』, 교보문고, 1997.

홍순민, 『우리 궁궐 이야기』, 청년사, 1999.

　제1절에서 언급했듯이, 전문연구가 바탕이 된 대중서의 축적이 있어야 문화콘텐츠로 활용될 수 있는데, 궁궐문화는 이러한 조건을 갖추었다고 할 수 있다. 여기에 최근 문화재청의 문화재정책이 보존의 측면만이 아니라 합리적인 활용을 강조하는 방향으로 나감으로써, 궁궐은 우리에게 더욱 가까이 다가왔다고 할 수 있다. 문화재청은 궁궐의 활용을 위한 세미나와 구체적인 연구보고서를 작성한 바 있다(고궁의 효율적인 관리운영과 활용방안, 2004). 최근 영화에서 <왕의 남자>가 성공하자 경복궁에서 영화내용과 관련하여 줄타기 시연을 한 것은 비록 이벤트성이 강하다고 하더라도, 이는 궁궐을 보다 국민과 가까이 있게 하려는 문화재청의 의지를 잘 보여준 것이라고 할 수 있다.

　이러한 문화재청의 적극적인 활용 노력은 궁궐과 관련된 교육프로그램 및 다양한 왕실의례 복원사업에서도 읽을 수 있다. 특히 의례 복원사업의 경우, 그동안 <조선시대 궁성문 개폐 및 수문장 교대의식의 재현>, <조선 세종조 궁중조회, 상참 재현>, <조선 숙종, 인현왕후 가례의식 재현>, <조선시대 과거제도 재현> 등 다양한 궁중의례를 심승구교수(한체대)를 중심으로 하는 전문가의 자문을 거쳐 계속 복원해 내고 있다. 궁중의례는 실제 그곳에 살던 사람은 없고 건물만이 남아 있는 궁궐에 다양한 삶의 모습과 이야기를 불어 넣어주는 훌륭한 궁궐문화콘텐츠라고 할 수 있다.

또한 현재 궁궐콘텐츠의 한 몫을 톡톡히 해내고 있는 것으로 다양한 형태의 '궁궐도우미'들의 활동을 들 수 있다. 궁궐의 경우 현재 관민(官民) 협조가 가장 잘 이루어지고 있는 곳이라고 할 수 있을 것이다.

III. 궁궐복원 및 디지털콘텐츠의 모색

현재의 궁궐콘텐츠에서 몇 가지 점들을 더 생각해 볼 수 있다. 먼저 오프라인 차원의 궁궐콘텐츠로는 기존에 활용해 온 교육 및 의례복원, 궁궐도우미 활용, 궁궐연계 이벤트 행사 등을 좀 더 적극적으로 추진해 볼 수 있을 것이다. 이에 더해 한 가지 덧붙일 것은 궁궐에 물이 제대로 흘러야 한다는 점이다. 필자는 항상 우리 문화에서 물을 너무 활용하지 못하는 점을 아쉽게 생각해 왔다. 청계천의 사례에서 보여주듯이, 그동안 우리는 물을 복개하여 도로로 활용하거나 아니면 물의 흐름을 함부로 하여 물이 마르거나 더럽혀짐으로써 오히려 더러운 물을 보지 않는 것이 더 낫다는 생각을 갖도록 만들었다.

궁궐도 예외가 아니다. 도대체 궁궐에 물이 없다. 산과 나무만 있는 궁궐은 너무 드라이하다. 물이 있어야 산과 나무도 제 가치를 인정받으며, 다리도 살아날 수 있다. 청계천 복원의 성공이 보여주듯이, 지금이라도 지혜와 노력을 모아 궁궐에 맑은 물이 흐르도록 해야 한다.

또 하나는 궁궐을 둘러싸고 건물의 신축 등 다양한 제한들이 가해지고 있지만, 지금의 현실은 궁궐 주변이 제대로 보호받고 있는 것은 아니다. 그것은 이미 현상황이 너무 훼손되어 있기 때문이다. 따라서 장기적으로 궁궐의 원상태를 복원하는 것이 사실상은 최대의 궁궐콘텐츠의 생산이라는 명제를 절대 잊어서는 안된다. 그리고 먼저 최소한 궁궐의 앞은 그곳이 궁궐임을 실감나도록 만들 필요가 있다.

온라인 차원의 궁궐콘텐츠도 앞으로 적극 모색할 필요가 있다. 조만간에 집 밖에서의 디지털콘텐츠는 편리한 모바일콘텐츠가 평정할 것으로 예상된다. 궁궐콘텐츠는 모바일콘텐츠와 궁합이 딱 맞는다. 궁궐은 단순한 감상만이 아니라, 여러 시설물과 그와 관련된 삶과 문화가 설명이 되어야 하는데 현재의 궁궐도우미로는 한계가 있다. 따라서 모바일을 활용하여 궁궐 전문가와 인기스타를 활용한 디지털 궁궐도우미를 활용할 필요가 있다. 이러한 궁궐관련 모바일콘텐츠는 개발과정에서 각종 문화콘텐츠산업과 연계될 수 있으며, 또한 주변 먹거리, 살거리, 볼거리와도 연계되어 경제적, 문화적 부가가치를 높일 수 있다. 더욱이 궁궐콘텐츠의 활용에 있어 공공성을 위주로 한다면 더욱 쉽게 개발되어 활용될 수 있다. 그리고 이것은 전 세계 궁궐콘텐츠로 수출되어 한국의 문화산업 발전에도 커다란 도움을 줄 수 있을 것이다.

그림 2 ▶ 궁중정재

그림 3 ▶ 종묘제례

▌제3절 역대 도읍지 문화콘텐츠 개발

우리에게 문화유적답사가 본격화된 것은 생활여건이 향상되면서 문화에 대한 시대적 요청이 커졌기 때문이지만, 아무래도 기폭제가 된 것은 유홍준 문화재청장의 『나의 문화유산답사기』의 역할이 컸다고 할 수 있다. 그 책이 다분히 문화재의 미술사적 측면이 많이 조명되었다면, 그 후에는 다양한 전문가들에 의해 각자의 전공에 따라 역사적 측면, 민속적 측면, 지리적 측면, 건축적 측면 등이 가미된 문화답사가 지속적으로 전개됨으로써, 이제 문화유적답사의 수준은 국민적 상식과 공감대를 획득했다고 할 수 있다.

그런데 필자는 초등학교부터 일반인에 이르기까지 다양한 연령층에서 전개되는 문화유적답사를 보면서, 그리고 현재 빠르게 확산되는 디지털기술과 그에 바탕을 둔 문화콘텐츠의 전개과정을 지켜보면서, 좀 더 체계적이고 디지털문화와도 결합된 새로운 문화유적 답사방식이 개발될 필요가 있다고 생각하였다. 본 글에서는 역대 도읍지 중심의 문화콘텐츠 개발 가능성을 생각해 보고자 한다.

I. 역대 도읍지 순차적으로 답사하기

문화유적답사를 진행하는 방식은 다양할 수 있다. 그 중 가장 일반적인 것은 지역과 문화권을 적절히 병행한 방식일 것이다. 이 방식과 유사한 측면도 많지만, 기본적으로 역대 도읍지를 중심으로 놓고 답사하는 방식을 생각해 보자. 먼저 우리나라 역대 도읍지를 시대순으로 제시해 보면 다음과 같다.

1. 고조선: 중국 동북지역, 평양지역

2. 고구려: 중국 동북지역, 평양지역

3. 백제: 하남위례성, 부여, 공주지역

4. 신라: 경주지역

5. 가야: 김해 및 주변지역

6. 발해: 중국 동북지역

7. 후삼국: 철원, 전주지역

8. 고려: 개성지역

9. 고려천도: 강화지역

10. 조선: 서울지역

11. 임시정부: 중국 상해, 중경지역

위의 분류는 좀더 세분될 수 있다. 예를 들어 가야도 여럿으로 나눌 수 있다. 三韓도 넣을 수 있을 것이다. 하남 위례성은 위치 비정으로 후보지가 여럿 나올 수 있다. 그러나 위와 같이 역대 도읍지로 분류해 본 것은, 무엇보다 도읍지 중심으로 답사 프로그램을 진행하는 것이 유효하기 때문이다.

일본에서는 유적지에 가면 유적지별로 <歷史街道>라는 도장이 있다. 우리의 경우 위의 도읍지 답사를 하나씩 밟아서 인증을 해 주는 것이다. 먼저 시대순으로 하되, 국내부터 한다. 그리고 그것을 마치면 국외까지 확대한다. 물론 국외는 중국과 북한의 문제가 있으므로 답사방안이 좀 더 연구되어야 할 것이다.

II. 역대 도읍지 중심 아카이브센터 구축

본 발상이 단순히 문화유적 답사방식을 도읍지 중심으로 하자는 것만은 아니다. 여기에는 도읍지 중심으로 종합 아카이브센터를 구축하여 온-오프라인을 병행한 문화유적 통합시스템을 운영한다는 구상이 담겨 있다.

도읍지 중심 아카이브센터는 일종의 사이버 문화유적센터이다. 예를 들어 서울에 위치할 조선아카이브센터는 조선시대 수도였던 서울을 중심으로 조선시대 역사와 문화를 유적과 유물 중심으로 총체적으로 소개하는 사이버 문화관이다. 전주에 위치할 후백제아카이브센터는 후백제의 수도였던 전주를 중심으로 역시 후백제의 역사와 문화를 총체적으로 소개하는 사이버 문화관이다.

아카이브센터는 국가적으로 전국의 박물관을 활용하여 구축할 수도 있으며, 아니면 원하는 곳은 지자체별로 산학협력을 통해 특정 학교 안에 부지를 확보하여 설립할 수도 있다. 구체적으로 진전되기 위해서는 여러 문제점들이 정리되어야 하겠지만 필자가 생각하는 몇 가지 기본원칙을 제시하면 다음과 같다.

첫째, 아카이브센터는 사이버상으로 구축하는 것이지만, 그것의 활용은 교육관, 사이버 자료관, 앞에서 언급한 도읍지 문화답사 경유지 등 오프라인상으로도 기능한다.

둘째, 아카이브센터는 기존 문화기관을 활용하여 구축할 수도 있으나 원칙적으로 다른 지역을 설정하여 따로 구축하는 방안이 유용할 수 있다. 이 경우 과거 도읍지의 중심지를 고려하되, 역시 현재에도 가장 중심지에 해당하는 위치를 선정하여 구축하는 것이 바람직할 것이다. 무엇보다 대중교통을 활용해서도 갈 수 있어야 하며, 뒤에 언급되겠지만 관광콘텐츠로 발전되기 위해서도 중심지가 적당하다. 아카이브센터가 커다란 공간을 필요로 하지 않는다는 점도 현재의 중심지에 구축할 수 있는 좋은 조건이 된다.

셋째, 아카이브센터의 구축은 기존 박물관이나 기념관 혹은 다양한 문화관과 충돌되지 않는다. 아카이브센터는 원칙적으로 사이버상으로 구축되는 것이며, 그 지역 혹은 그 문화권과 관련되는 모든 것을 문화웹지형도를 통해 연결시켜 줌으로써 오히려 시너지효과를 발생시킬 것이다.

넷째, 아카이브센터의 구축방식은 단계별로 생각할 수 있다. 처음에는 역대 도읍지별 홈페이지 수준이겠지만, 점차 관련되는 모든 유물, 유적 그리고 관련 문화콘텐츠 개발(원형문화콘텐츠개발, 축제콘텐츠 등)까지도 포괄하여 소개하는 사이버 종합문화센터로 구축할 수 있다.

III. 문화관광콘텐츠로의 발전

본 발상은 현재 다양하게 전개되는 문화유적답사를 간결하게 일차 정리해 준다는 점, 역시 현재 경쟁적으로 구축되고 있는 웹상의 문화유적유물 소개를 체계적으로 연결시켜 준다는 점, 또한 지자체별로 전개되는 문화축제, 이벤트를 묶어준다는 점, 더 나아가 문중, 민간에 의해 전개되는 다양한 문화행사를 모두 모아서 체계적으로 제시해 준다는 점에서 모두가 윈-윈할 수 있는 방안이 될 것으로 생각한다. 즉 온라인-오프라인을 통합하여 전국에서 구축되고 계속 시행되고 있는 모든 문화요소를 역대 도읍지 중심으로 체계적으로 분류하여 제시해 주는 것이다. 물론 도읍지별로 구축된 아카이브센터의 내용이 중복되는 것도 당연히 있을 것이다.

아카이브센터는 이처럼 통합적이면서도 역시 분산적인 다양한 문화를 포괄한다. 즉 아카이브센터를 통해 도읍지를 중심으로 한 일차적이며 통합적인 정보를 습득하되, 거기에 구축된 다양한 정보망을 통해 심화학습, 심화답사, 심화행사참여로 나아가는 것이다. 본 프로그램의 구상핵심은 여기에 있다. 외국인, 초등학생, 혹은 일반인이 우리 문화를 체계적으로 이해하고자 할 때, 가고 싶은 곳 혹은 인연이 되어 자유롭게 찾아가는 방식도 얼마든지 유용한 방식이지만,

이처럼 우리 문화 전체상에 대해 집중과 분산이 용이하게 그 총체상을 구축해 주고 그것을 먼저 역대 도읍지별로 밟아가게 한다면 상당히 유용할 것이다. 국가적 교육프로그램으로 활용할 수도 있을 것으로 생각한다.

물론 아카이브센터의 내용 열람은 반드시 그 곳에 가지 않아도 웹상으로 검색, 열람이 가능하다. 그러나 아카이브센터는 위에서 언급한 것처럼 오프라인상으로도 기능한다는 점에서 각 지역 명소로서 자리잡을 수 있을 것이다. 그리고 이러한 아카이브센터의 구축은 단순한 문화답사만이 아니라, 그 지역 문화축제 및 다양한 문화행사를 자세하면서도 신속히 체계적으로 알려준다는 점에서 각 지역 문화관광콘텐츠로 발전할 수 있을 것이다. 관심있는 분들이 좀더 아이디어를 보태어 정교하게 다듬어나갔으면 한다.

그림 4 ▶ **국립경주박물관과 지역축제(안동)**

아카이브센터는 관련 유적, 유물 중심의 문화재 설명 및 안내만이 아니라, 현재 진행되고 있는 관련 문화행사까지도 연결하여 소개함으로써, 문화관광콘텐츠 측면에서도 크게 기여할 수 있을 것이다.

▌제4절 전통문화콘텐츠 창출의 기초 인프라

I. 문화산업과 문화콘텐츠산업

문화산업이란 '문화상품의 생산, 유통, 소비와 관련된 산업'을 말하며, 문화상품이란 '문화적 요소가 체화되어 경제적 부가가치를 창출하는 유무형의 재화와 서비스 및 이들의 복합체'를 말한다. 유네스코에서는 문화산업을 '형체가 없고 문화적인 콘텐츠를 창조, 생산, 상업화하는 산업'이라고 정의하고 있다. 유네스코의 문화산업 정의는 문화산업에서 콘텐츠가 차지하는 비중을 잘 설명해 주고 있다. 문화산업에서 중요한 것은 문화적 '내용'인 것이다. 이러한 문화적 내용은 인류의 역사, 문학, 예술 등의 원천으로부터 확보되는 것이며, 그러한 원천은 인류의 창조적 작업의 산물이다. 영국과 캐나다의 문화산업 정의는 이러한 맥락을 보다 잘 반영하고 있다. 영국에서는 개인의 창의성을 바탕으로 이루어 진다는 점을 강조하면서 문화산업을 창조산업(creative industry)으로 정의하고 있으며, 캐나다에서는 문화산업을 예술산업(art industry)으로 정의하고 있다.

현재 문화산업과 문화콘텐츠산업은 별다른 구분없이 혼용하여 사용되고 있다. 처음에는 기존 오프라인 중심의 문화산업과 구분하여 문화콘텐츠산업이라고 표현하기도 하였으나, 현재는 문화콘텐츠산업을 포함하여 보다 광의의 의미로 문화산업이 사용되고 있다. 현 상황에서 둘을 구분하는 것은 어렵고 무의미한 일이기도 하겠지만, 무엇보다 문화콘텐츠산업이 일반적인 문화산업과 다른 점 한 가지를 기억할 필요가 있을 것이다. 그것은 현재의 문화콘텐츠산업은 기본적으로 디지털기술로 구현되는 지식정보화를 직, 간접적인 밑바탕으로 하고 있다는 점이다. 인문학자료의 올바른 정보화는 연구 생산성을 향상시키고 문화 상품적 콘텐츠의 개발까지도 촉진시키는 문화콘텐츠의 기초 인프라인 것이다.

II. 지식정보자원관리사업

디지털시대의 전개와 발맞추어 전세계 각국들은 경쟁적으로 자신들의 전통 자원들을 지식정보화하고 있다. 우리나라도 1999년부터 이른바 '국가지식정보화 사업'이라고 총칭할 수 있는 다양한 학술적 DB 구축사업을 시작하였다. 그리고 2000년에는 '지식정보자원관리법'을 제정하였다. 문화, 역사, 교육학술, 과학기술, 산업경제 등 국가 및 공공 기관이 보유한 지식정보 자원을 DB화하기 위한 사업은 그 의미가 대단히 큰 것으로, 현재 270여개 공공기관 보유 지식정보 자원을 대상으로 약 2억건 이상의 데이터베이스를 구축하여 국가지식 정보통합검색시스템인 '국가지식포털'(www.knowledge.go.kr)로 온라인 서비스하고 있다.

이중 가장 대표적인 것은 '한국역사정보통합시스템'(www.korean-history.or.kr)과 문화예술분야를 담당하는 '문화정보지식포털시스템'(www.culture.go.kr)이라고 할 수 있다. 여기에 담긴 자료는 우리의 상상을 초월한다. 그야말로 디지털시대이기 때문에 가능한 사업들이다. 그러나 실제 활용은 아직 기대에 미치지 못하고 있다. 이 점은 자료구축방식에도 문제가 있겠지만, 각급 학교 및 대학, 일반인, 산업체에 이르기까지 지식정보 온라인서비스를 활용한 새로운 교육방식과 수업론, 그리고 활용방안이 개발될 필요가 있다.

III. 한국향토문화전자대전 편찬사업

한국향토문화전자대전 편찬사업은 초대형 지역문화유산 콘텐츠 구축사업이라고 할 수 있다(www.grandculture.net). 이 사업은 조선시대 국가 주도하에 전개된 전국 규모의 향토문화 편찬사업에 비견될 수 있다. 비록 현재는 '디지털성남문화대전'과 '디지털청주문화대전'만이 완료되어 인터넷 서비스되고 있으나, 매년 많은 곳의 지역문화가 구축되고 있다. 이렇게 구축된 정보는 시,군별 시스템과 중앙시스템의 유기적이고 효율적인 연계를 통해서, 인터넷뿐 아니라 핸드폰, PDA 등 다양한 매체를 통한 서비스체계를 구축할 예정이라 한다. 지식정보 차원의 향토문화 아카이브가 구축되는 것이다.

IV. 문화원형 디지털콘텐츠화사업

문화원형 디지털콘텐츠화사업은 한국문화콘텐츠진흥원에서 2002년부터 추진해 오는 사업으로, 한국의 역사, 전통, 풍물, 생활, 예술 등 다양한 분야의 우리 문화원형을 디지털 콘텐츠화하여 문화콘텐츠산업에 필요한 창작소재를 제공하기 위한 것이다. 현재 그 결과물은 '문화콘텐츠닷컴'(www.culturecontent.com)으로 서비스되고 있다.

사실상 문화콘텐츠의 실질적인 경쟁력은 흥미롭고 창의적인 소재발굴에 달려 있다고 할 수 있다. 예로부터 이어져 온 문화전통은 그같은 창의력과 경쟁력의 보고이자 잠재적 자원이라고 할 수 있다. 문화원형 디지털콘텐츠화사업은 애니메이션, 만화, 캐릭터, 게임, 방송, 모바일 등 문화산업의 여러 분야에서 창작소재를 발굴해 내어 활용할 수 있게 해 주었다.

V. 자료의 공유와 에이전시 기능

물류(物流)를 원활하게 하는 철도망과 고속도로의 건설 없이 경제발전이 있을 수 없다. 디지털시대 문화콘텐츠의 발전에도 먼저 기초 인프라가 필요하다. 앞에서 든 사업들은 대표적인 기초 인프라 구축사업이라고 할 수 있다.

물론 많은 예산과 노력을 기울여 구축한 것에 비하면 아직 활용은 활발하지 않다. 일부에서는 저조한 활용을 근거로 이러한 사업들을 비판하기도 한다. 그러나 이는 인문자료의 성격을 너무 간과한 발상이다. 인문자료들은 아무리 디지털로 구축되었다고 하더라도, 바로 활용되기에는 어려운 시대적, 상징적, 종합적 정보가 들어 있다. 따라서 이 자료들이 문화콘텐츠 분야로 활용되기 위해서는 한번 더 가공될 필요가 있으며, 아울러 활용방안에 대한 연구도 또다시 구체적으로 제시되어야 한다. 그것이 인문자료의 특성인 것이다.

이와 관련하여 필자는 두 가지 점을 제시하고자 한다. 하나는 완전한 자료의 공유의 문제이다. 위의 사업들은 기본적으로 국가 및 공공기관, 지자체가 추진하는 것이다. 따라서 그것들의 활용에 있어 원칙적으로 구축된 자료를 자유롭게 활용할 수 있도록 해 주어야 한다. 물론 구축된 자료속에 담긴 개인의 저작권의 문제가 따로 논의되어야 하겠지만, 최소한 국가 및 지자체의 경우에는 구축된 자료들에 대한 소유권을 공유로 하는 원칙을 견지해야 한다. 그래야 활발한 활용과 재가공이 이루어져 진정 문화콘텐츠산업의 기초 인프라로 작용할 수 있다.

다음으로는 기구축된 자료들을 적절히 재가공하여 활용할 수 있도록 문화콘텐츠 에이전시 기능이 수반되어야 한다. 물론 이 경우에도 공공의 기능으로 작용해야 하며, 원칙적으로 문화콘텐츠산업의 기초 인프라사업이라는 명제 속에서 수행되어야 한다. 이처럼 기초 인프라에 해당하는 역할은 철저하게 공공의 목적으로 운영될 때에 퀄리티가 높은 문화콘텐츠 결과물이 창출될 수 있을 것이다. 그리고 장기적으로 본다면 이는 국가-공공기관-지자체-산업체 모두가

원-윈하는 방안이 될 것이라 생각한다.

그림 5 ▶ 국가지식포털 사이트

흔히 이 사이트를 대중들이 많이 이용하지 않고 있다고 비판한다. 그러나 필자가 생각하기에 인문학자료들은 모아 놓은 이 사이트는 전문가를 위한 것이다. 즉 목적성이 있어야 들어올 수 있는 사이트인 것이다. 이러한 사이트와는 별도로 대중적 활용을 강조하려면 다른 형태의 사이트를 구축해야 한다.

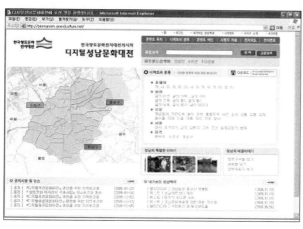

그림 6 ▶ 한국향토문화전자대전 구축사례

이 작업이 계획대로 진행된다면, 향토문화 연구기반의 확충 및 연구력 제고를 얻을 수 있으며, 문화기술과 정보기술 관련 산업의 발달을 촉진시킬 수 있을 것이다. 그리고 편찬이 완료된 이후에는, 교육 및 연구분야에서의 기초자료, 이를 통한 문화산업의 발달, 지역문화시설의 내실화를 위한 토대로 활용될 수 있을 것이다.

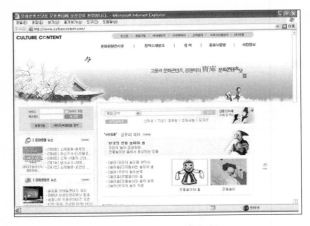

그림 7 ▶ **문화콘텐츠닷컴 사이트**

문화원형 디지털콘텐츠화사업은 2002년부터 2006년까지 5개년에 걸쳐 550억 원 이상의 예산을 투입하여 진행되고 있다. 이를 통해서, 우리 전통문화에 숨어 있는 이야기거리나 우리 고유의 색채, 우리 고유의 소리 등을 디지털화하여 문화콘텐츠산업의 기획, 시나리오, 디자인, 상품화의 단계에서 필요한 독창적인 창작 및 기획 소재가 제공될 수 있게 되었다.

▌제5절 문화재의 '보존'과 '활용'

I. 보존과 활용 사이

최근 문화재 활용이 종종 제기되고 있다. 이미 문화재청은 작년 8월 문화재 활용과를 신설하여 이 문제를 구체적으로 모색하고 있다. 본 호에서는 전통문화콘텐츠 창출과 밀접한 관련이 있는 문화재 활용의 방향에 대한 필자의 생각을 정리해 보고자 한다.

첫째, 흔히 보존과 활용이라고 대비하여 표현할 수 있지만, 사실상 보존도 활용의 한 측면이라는 보다 넓은 시각을 먼저 가질 필요가 있다. 문화재청의 기본 업무는 문화재를 잘 보존하는 것이다. 그 업무는 우선적이면서 당연히 문화재청 업무의 가장 중심에 서야 한다. 왜냐하면 책임있는 문화재 보존을 위주로 하는 정부 및 민간부서가 문화재청 이외에는 어디에도 없기 때문이다. 따라서 현재 방치되어 제대로 보존이 되고 있지 않은 문화재를 시급히 정비하여 제대로 보존시키는 작업이 가장 우선이 되어야 한다. 그리고 그러한 보존작업도 결국 활용의 범주에 들어간다. 활용이란 보존을 전제로, 즉 보존이 잘된 상태에서 이루어지는 것이기 때문이다. 잘 보존된 문화재는 이미 활용 차원까지 연결되어 있는 것이나 마찬가지라고 할 수 있을 것이다.

둘째, 문화재 보존도 크게 보아 문화재 활용측면인 것이지만, 역으로 문화재 활용도 역시 문화재 보존의 연장선성에 있는 것이다. 따라서 문화재 활용에 알레르기 반응을 일으키며 처음부터 문화재 보존이라도 제대로 하자는 소극적인 사고만을 고집할 필요는 없다고 생각한다. 문화재의 적절한 활용이란 결국 문화재 보존의 연장선상에 있는 것이다.

셋째, 문화재 활용이라는 문제는 참여정부의 성격, 문화재청장의 소신, 담당직원의 열정 등에서 제기된 문제차원이 아니라는 점이다. 문화재 활용에는 중요한 시대정신이 담겨있다. 지금의 시대는 대중의 시대, 시민 참여의 시대이다. 디지털기술과 인터넷도 다수를 구현하고자 출현한 시대적 도구이다. 따라서 문화재활용은 시민민주주의의 구현을 위한 시대정신의 요청이라는 점을 인식하여, 앞으로 문화재 활용에 대한 큰 그림을 그려나가야 할 것이다. 시대정신에 맞추어 개념을 정의하자면, 문화재의 활용이란 문화재에 이야기를 불어 넣어 문화재에 담긴 의미를 전세계인이 공유할 수 있는 풍요로운 문화로 만드는 것이라고 할 수 있다. 21세기가 문화의 시대라는 것도 시대의 흐름이요 요청이다. 따라서 21세기의 문화재는 문화로 활용되어야 한다. 문화재 활용에 있어 문화재 전문가의 적극적인 참여와 함께, 시대정신을 감안한 열린 의식이 필요하다고 생각한다.

II. 디지털 DB 구축과 포털 사이트 활용, 문화유산의 CT 활용

제4절에서 전통문화콘텐츠의 기초인프라로서 '지식정보자원관리사업과 국가지식포털 사이트', 그리고 지역문화를 콘텐츠화하는 '한국향토문화 전자대전사업'과 우리의 전통문화를 문화콘텐츠산업의 창작소재로 제공하는 '문화원형 디지털콘텐츠화사업'에 대하여 소개하였다. 크게 보아 위의 사업들에서 구축한 DB 자료들과 포털 사이트 운영은 기본적으로 전통문화의 활용 차원이된다. 즉 이러한 디지털 활용은 문화재에 물리적 가공을 가하지 않으면서도 얼마든지 활용의 차원으로 전개되는 것이다. 특히 문화재와 관련해서는 국가지식포털에 문화관광부가 주관하는 '국가문화유산 종합정보시스템'이 있다. 이러

한 DB 구축과 포털 사이트 운영도 문화재의 중요한 활용이라는 점을 인식하여, 그 활용성을 높이는 방안을 적극 모색할 필요가 있다.

IT 분야가 문화재에 접목된 CT(Culture Technology) 분야도 중요한 문화재 활용의 장이다. 문화재를 대하는 사람들이 오감을 이용하여 보다 생생하게 문화재를 감상하거나, 문화재에 담긴 디자인을 오늘날의 멋스런 문화상품으로 활용하는 다양한 CT 기술들이 개발되고 있다. 21세기 디지털시대를 살고 있는 우리들은 문화재를 모두가 공유하는 문화로 전환하기 위해, 현재 통용되는 편리하고도 유용한 디지털기술을 적극 이용해야 할 것이다.

III. 무형문화재의 활용

문화재는 대상에 따라 활용방법에 있어 차이가 있을 수 있다. 크게 보아 무형문화재와 유형문화재로 구분되어 활용을 생각해 볼 수 있을 것이다. 특히 무형문화재의 경우, 그것이 담고 있는 의미를 정확히 파악한 뒤 그것을 그대로 재현하는 학술적 고유 측면과 다시 오늘날의 입장에서 부분 변형하여 현재적 재해석을 가하여 지방 축제 및 새로운 문화창작물에 응용하는 문화적 활용 측면이 함께 추구될 수 있다. 특히 다양한 국가의례와 관련된 것은 학술적 측면과 활용적 측면을 동시에 충족시키는 좋은 소재이다. 이러한 국가의례의 복원 및 활용은 지속적으로 추구될 필요가 있다.

어떠한 경우이든 중요한 점은 문화재에 대한 인문학전문가의 참여가 필수적이라는 점이다. 그런 점에서 문화재 활용이란 기본적으로 인문학 영역이 되어야 한다. 다만 새로운 활용 측면은 여러 영역의 복합적 결합의 산물이므로, 항상 학제간 연구라는 점을 인식하고 그에 걸 맞는 오픈마인드가 모두에게 필수적으로 요청된다고 할 수 있다.

IV. 유형문화재의 활용

유형문화재 중 근대건축물은 다른 어떤 문화재보다 단순 보존 차원에서 더 나아가 적극 활용될 필요가 있다고 생각한다. 근대건축물 중에서 개인이 소유하고 있는 것은 기본적으로 어떤 형태로든 활용이 되고 있다. 그 점을 고려한다면, 현재 국가 소유로 되어 있으면서 굳게 열쇠가 잠겨 있는 근대건축물은 원칙적으로 전부 활용이 되어야 하며, 또한 활용이 된다고 하여 문제될 것도 없다. 근대건축물은 현대인들도 그리 어렵지 않게 그 역사를 기억하고 있는 것임으로 우리의 문화를 풍요롭게 하는 데에 있어 근대 건축물만한 것이 없을 것이다. 근대건축물에 대한 활용실태 조사를 근거로 그것들을 지금도 살아 숨쉬는 현대인의 문화적 공간으로 탈바꿈시켜야 할 것이다.

한편 전국에 산재한 국가사적들도 가능성이 있는 것을 먼저 선별하여 '문화유적 주제공원(테마파크)'으로 활용할 필요가 있다. 이 점에 대해서는 다음 절에서 구체적으로 제시해 보고자 한다.

V. '문화재보호재단'의 역할

문화재 활용과 관련하여 문화재청은 기본적으로 활용의 기준과 원칙, 장기적인 플랜, 지휘 감독 관리 등의 역할을 수행해야 하며, 구체적인 활용은 전문학자 및 위탁받은 자, 그리고 문화재 소재 해당 지자체가 수행하는 방식이 타당할 것이다. 물론 활용대상에 따라 차이는 있을 수 있다.

한편 문화재청 산하 문화재보호재단은 문화재활용에 있어 보다 적극적인 역할을 수행할 수 있을 것이다. 우리의 문화재를 보호, 보존하고 전통생활문화를 창조적으로 계발하여 이를 보급, 활용함으로써 우리의 민족문화를 널리 보전, 선양하기 위해 설립된 문화재보호재단은 특히 문화재 활용에 있어 앞에서 언급한 무형문화재 활용 및 전통의례 복원 등에 많은 역할을 하고 있다. 따라서 앞으로 문화재 활용에 대한 논의가 지속적으로 축적된다면, 다시 그것은 문화재보호재단을 통해 구현될 수 있어야 할 것이다.

그림 8 ▶ 천전리 암각화

문화재의 활용이란 문화재에 이야기를 불어 넣어 문화재에 담긴 의미를 전 세계인이 공유할 수 있는 풍요로운 문화로 만드는 것이다. 문화재 활용이란 해당 문화재에 대한 충실한 안내판 및 해설서의 제작수준에서부터 문화유적 산책로의 조성, 더 나아가 충실한 문화유적 테마파크까지 다양한 편차가 있을 수 있다.

그림 9 ▶ 안동 국제탈춤페스티벌

무형문화재를 소재로 전개되는 지역축제는 해당 전문가의 적극적인 참여와 정확한 고증 및 의미부여, 현재적 재해석이라는 치밀한 과정을 통해 전개할 때에, 축제의 정체성을 획득함으로써 지속적인 성공과 인류의 풍요로운 문화로 되살아 날 수 있다.

근대건축물은 현대까지 이어지는
역사의 생생한 이야기를 간직하고 있으
므로 우선적으로 활용되어야 할 대상이
라고 할 수 있다.

그림 10 ▶ 옛 서울역사

■ 제6절 전통문화 테마파크(주제공원)의 방향

I. 테마파크; 주제가 있는 유적공원

테마파크라고 하면 가장 대표적으로 디즈니랜드나 에버랜드를 생각하게 된다. 무엇보다 테마파크는 규모가 크고, 또한 건물 및 시설에 있어 과도한 인공의 가미, 그리고 엔터테인먼트 위주의 상업시설을 연상한다. 따라서 유적지에 테마파크라는 말은 어울리지 않아 보인다. 그러나 테마파크라는 말 그대로 규모가 작더라도, 혹은 전통을 대상으로 하는, 더 나아가 유적지를 대상으로 하는 것도 얼마든지 주제공원 즉 테마파크라고 할 수가 있다. 앞으로 테마파크에 대한 개념에 유적지를 대상으로 하는 주제공원도 포함되어야 하며, 이러한 유적지를 대상으로 하는 주제공원의 조성에 전문가들의 관심이 더 커져야 할 것으로 생각한다. 지자체는 유적지를 대상으로 자꾸 무엇인가를 꾸미고자 한다. 그것을 막기만 할 것이 아니라, 적절한 곳은 대안을 제시해 주는 것도 필요하다고 본다. 그런 시각에서 본 호에서는 명승이나 사적지를 대상으로 필요한 경우 주제가 있는 테마파크로 조성하는 방안에 대하여 얘기해 보고자 한다.

II. 중국 장군애(將軍崖)암각화와 관음(觀音)테마파크

얼마전 중국 산동반도 밑 연운항시(連云港市) 근처에 있는 장군애암각화를 보고 온 적이 있다. 장군애암각화는 중국에서 전국중점문물(全國重點文物)로 지정되어 있는 중요한 유적이다. 이 암각화는 주위를 전혀 개발하지 않았으며, 있는 그대로 감상할 수 있게 해 놓았다. 여기까지는 우리나라에 있는 암각화 현장과 다를 바가 없다. 오히려 다른 점이 있다면 관리인이 상주하고 있으면서 유적지 보호를 책임지고 있다는 점이다. 우리보다 오히려 낫다고 할 수 있다. 이 암각화와 이어지는 산이 유명한 공망산(孔望山)인데 전체가 거의 바위로 이루어진 명산이다. 공망산 바위들에는 예로부터 현재에 이르기까지 유교 관련 인물들의 다양한 마애조상(磨崖造像)이 조성되어 있다. 산전체를 둘러보았을 때 별다른 거부감은 없었다. 노약자 및 어린 학생들을 위해 정상까지 케이브카도 놓여 있었는데 웅장한 바위산에 오히려 어울린다고 생각했다. 다만 최근에 만든 거대한 인물 석상은 눈에 거슬렸으나 그런대로 넘어가 줄만 했다. 전체적으로 잘 만들어진 유적지 테마공원이라고 생각되었다.

공망산의 여러 군데 마애조상들이 예로부터 내려온 것이라면, 장군애암각화와 바로 이어지는 산길에는 현대에 조성된 석각예술원(石刻藝術園)이 있었다. 그것은 한마디로 관음신앙을 주제로 한 테마공원으로 조성되었는데, 자연과 조화되면서 불상 조성에 있어 깜찍한 인공미를 가미하였다. 즉 이 지역은 복숭아나무가 많고 자죽림사(紫竹林寺), 도화담(桃花潭), 도화녀(桃花女) 전설 등 불교와 관련된 지역인데, 그것을 살려 산 전체를 특히 관음불상으로 조성해 놓았다. 그러면서도 그 불상들이 하나같이 부담을 주지 않으면서도 자연과 일체화된 인공물로 조성되었다.

III. 영해 칠포리암각화 테마파크

우리는 현재 반구대암각화 주변 개발방안을 놓고 지자체와 학자들 그리고 시민단체가 크게 대립하고 있다. 지자체에서는 유적지를 알리고 더 나아가 관광개발화하기 위하여 항상 커다란 건축물을 조성하고자 하고, 자연과 어울리지 않은 인공물을 자꾸 세우고자 한다. 이러한 행위들은 보존을 위주로 하는 전문가 및 시민단체들의 입장과 자주 충돌된다. 문화재위원회에서는 항상 지자체들의 무모한 유적지 개발건에 대하여 제동을 걸기 바쁘다. 필자는 중국의 관음 테마공원을 보면서 우리의 실정이 오히려 부끄러웠다. 자연과 조화된 인공미를 적절히 주제에 맞게 조성했기 때문이다.

흔히 사람들은 반구대나 천전리암각화를 중시하지만, 필자는 영해의 칠포리암각화가 그에 못지 않게 중요하다고 믿고 있다. 칠포리암각화는 그야말로 추상, 상징으로 되어 있다. 사슴이나 물고기 등 구체적인 사물을 그린 것이 아니라 전적으로 암호와 같은 상징물만이 그려져 있는 칠포리암각화는 전세계적으로 유례가 없는 중요한 암각화이다. 그 도상이 과연 무엇인지 참으로 궁금하면서도 신기한 유물이다. 또한 칠포리암각화에는 바위에 여성성기가 적나라하게 수십개 조각되어 있는 여성성기암각화도 있다. 그야말로 다양한 연령층의 여성성기가 집중해서 그려져 있다.

그런데 현재 칠포리암각화는 거의 보호되지 못하고 그냥 방치되고 있다. 과연 칠포리암각화를 위에서 말한 관음 테마파크처럼 조성할 수는 없는 것일까? 지표조사 등 최소한의 필요한 조치를 거친 뒤 시급히 암각화가 있는 바위들을 동선으로 연결하는 주제공원을 만들 필요가 있다. 최소한의 인공만 가미하여 가꾼다면 훌륭한 유적지 테마파크가 된다. 제대로 보존도 못하면서 그렇다고 활용에 대한 문제의식도 크게 없으면서 그냥 저렇게 방치되어 있는 현실이 안타깝다.

IV. 명승 및 사적 안에는 아무 것도 없어야 하는가?

평소 필자가 칠포리암각화가 방치되어 훼손되고 있는 것을 아쉽게 생각하던 차에 중국에서 자연과 어울리면서도 최소한의 인공미를 가미한 유적지를 보고, 칠포리암각화도 산 전체를 주제가 있는 테마파크로 하면 어떨까 하여 의견을 제시해 보았다. 이러한 필자의 생각은 명승과 같은 자연문화유산의 경우에도 마찬가지로 적용할 수 있다. 항상 필자는 의문스러운 것이, 우리나라의 경우에는 명승 및 유적지에 가더라도 도대체 돈을 쓸 일이 없다는 것이다. 모든 것이 경제마인드로 갈 필요는 없다. 그러나 국내 및 해외 관광객이 우리나라의 명승지 및 유적지에 왔을 때, 돈을 쓰고 싶으면 돈을 쓰도록 해야 한다는 것이다.

그것은 단순히 경제논리만이 아니다. 자연 및 유적지 감상 차원에서도 필요하다면 적절한 곳에 쉬면서 안락하게 감상할 수 있는 인공물이 필요하다. 일본의 하꼬네에는 호수 주변에 많은 미술관이 있다. 필자는 성천(成川)미술관의 휴게실에서 자연풍광을 바라다보며 커피 한잔을 마신 기억을 잊을 수 없다. 자연을 거슬리지 않은 적절한 인공물이 명승 및 사적에도 필요하다. 심지어 기(氣)가 있다고 인정되는 장소에서는 잘 수도 있게 해야 한다. 그것은 경제적 측면만이 아니라 참다운 감상 측면에서도 요구되는 것이다.

물론 과연 시설물을 어떠한 수준에서, 어떠한 재질로, 어떻게 조성할 것인가 하는 점은 서로 논의 및 논쟁이 필요하다. 최소한 그러한 논쟁이 이제 표면화되어 얘기되어야 하는 것이 아닐까? 필자가 주장하는 바는 보존만이 아닌 활용을 위해, 명승과 유적지의 또다른 콘텐츠의 창출을 위해, 모든 구성원 즉 전문가와 업체, 국민(시민단체) 그리고 지자체와 정부기관이 머리를 모아야 한다는 것이다. 만약 가능한 것부터 시작하여 몇 개만 유적지 주제공원의 모범사례를 보여줄 수 있다면 문화재에 대한 구성원 모두의 수준을 높여주면서, 지자체들도

엉뚱한 발상으로 자연과 괴리되고 유적과 괴리되는 행위들을 하려고 하지 않을
것이다. 정말이지 필자는 유적지 주제공원에 있어 몇 개의 모범사례가 필요한
시점이라고 생각한다.

별다른 시설을 하지 않았고 단지 감상할 수
있는 동선을 유지시키기 위해 나무 계단만이 설
치되어 있다.

그림 11 ▶ 중국 장군애암각화 전경

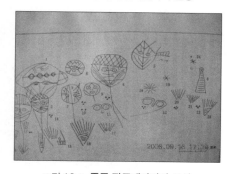

이 암각화에 대해서는 다음의 글에서 소개
한 바 있다(이형구, 「한반도 암각화와 중국 암각
화와의 비교」『한국의 암각화』, 한길사, 1996).

그림 12 ▶ 중국 장군애암각화 도상

산 전체에 불상조각들이 여기저기 많이 조
성되어 있는데 전혀 거부감 없이 자연과 괴리
되지 않게 조성되어 있었다.

그림 13 ▶ 관음 주제 테마공원에 조성되어 있는
        불상조각

그림 16 ▶ 영해 칠포리암각화

산 전체에 이러한 추상그림이 많이 그려져 있다. 칠포리암각화가 있는 산 전체를 최소한의 필요한 인공장치를 가미하면서 암각화 테마공원으로 조성할 수 있다.

그림 17 ▶ 영해 칠포리암각화 여성성기 문양

아무 표식도 없어서 사람들은 모르고 흔히 이 위를 밟고 있다. 바위 전체에 여성성기를 사실적으로 조각한 대단히 의미있는 암각화이다.

▌제7절 풍수로 왕릉읽기*

　우리는 조선시대 궁궐과 왕릉이라는 자랑스런 문화재를 갖고 있다. 비록 훼손이 많이 되었지만, 근대시기-일제시기-해방후 6.25를 거치면서도 이렇게나마 보존되었다는 것은 다행스런 일이다. 오히려 일제시기 궁궐의 훼손 못지 않게 가장 크게 상처를 입힌 것은, 바로 1960년대 이후 우리들 손에 의해서였다. 당시 정부는 재정이 열악하여 문화재 관련 땅을 팔아서 직원들 봉급을 주기도 했고, 군사정권의 실세들은 포상의 일환으로 문화재가 들어선 땅들을 임의로 처분했다. 예를 들어 가장 훼손이 심한 서삼릉은 능 주변이 온통 잘려나가서 지금 존재하는 능역은 오히려 사유지에 포위되어 조각난채 존재하고 있다.

　궁궐이 왕의 삶의 공간이라면 왕릉은 왕의 죽음의 공간이다. 궁궐과 왕릉의 입지는 전부 전통적인 풍수사상이 반영되었다. 따라서 궁궐과 왕릉을 제대로 감상하려면 풍수적 독해가 필요하다.

Ⅰ. 왕릉, 입자(粒子)가 아닌 전체로 이해하기

　왕릉은 여러 측면에서 문화적 감상이 가능하다. 조선시대 왕릉의 배치는 주변지형을 고려하여 한국의 전통적인 왕릉 배치형식과 공간의식에 따라 조영되었다. 그것은 크게 속세의 공간인 진입공간(재실, 연못, 화소, 금천교), 성(聖)과 속(俗)의 공간인 제향공간(홍살문, 정자각, 수복방, 수라방, 참도, 판위 등), 성의 공간인 능침공간(비각, 산신석, 예감, 소전대, 능침)으로 나눌 수 있다. 다른 방식으로 왕릉의 문화적 요소를 구분하면, 건물 등의 건축적 요소와 석물 등의

---

* 이 글은 문화재청『문화재사랑』2006년 7월호에 실었던 글이다.

미술적 요소, 왕릉에 있는 식물과 동물 등의 생태적 조경적 요소, 어가행렬과 제향 등의 의례적 요소, 봉분 및 주변 자연지형에 반영된 풍수적 요소 등을 들 수 있다.

어떠한 방식으로 구분하든지 왕릉은 총체적인 감상이 필요하다. 사실상 그동안 왕릉은 여러 제한들이 많아서 전체적인 감상이 어려웠다. 무엇보다 봉분을 중심으로 하는 능침공간은 출입이 제한되었다. 어떠한 문화재라도 바로 앞 구성요소가 가장 중요한데, 왕릉의 경우는 봉분 앞에 가지 못한채 먼 발치에서 봉분 및 석물들을 바라보아야 했다. 또한 문화재가 놓여 있는 위치에 서서 바로 전면에 펼쳐 보여지는 경관을 조망해야 하는 법인데, 이것도 어려웠다. 그리고 왕릉에 반영된 풍수적 요소를 확인하기 위해서는 봉분 주위 산세를 걸어 보아야 하는데, 이것도 출입이 제한되었었다.

왕릉에 가해지는 여러 제한들은 물론 왕릉을 보호하기 위한 것이다. 그러나 지나친 제한은 왕릉을 자칫 소풍가는 공간으로 밖에는 인식시키지 못할 것이다. 최근에 와서 문화재청은 가능한 관람구역을 확대하는 정책을 펴고 있는데, 적절한 관리방안을 마련한 뒤 크게 다음의 두 가지 점이 관철되어야 한다. 하나는 직접 봉분과 석물을 볼 수 있어야 하고, 또 하나는 왕릉 산세를 둘러볼 수 있어야 한다. 무엇보다 왕릉은 풍수사상에 입각한 지형지세를 함께 감상할 수 있어야 단순히 봉분 중심의 입자가 아닌, 봉분을 둘러싼 전체상으로 왕릉을 이해하는 것이 된다.

II. 조선왕릉에 담긴 풍수적 요소

현재 문화재청은 조선왕릉 전체를 세계문화유산으로 등재하고자 준비하고 있다. 유네스코에 이미 등재된 베트남 후에의 황실 무덤(1993년), 중국의 명 13릉 황제무덤(2000년)과 비교하여 조선왕릉의 가치는 전혀 떨어지지 않는다.

그러나 조선왕릉이 세계문화유산에 등재되기 위해서는, 아니면 세계문화유산 등재와 관련 없이 왕릉 자체를 제대로 감상하기 위해서는, 무엇보다 왕릉에 반영된 풍수적 요소에 주목해야 한다. 왕릉에 반영된 전통 풍수사상은 크게 사신사(四神砂)로 요약된다. 사신사는 왕릉을 사방에서 보호해 주는 산으로, 뒷산인 현무(玄武 혹은 主山), 앞산인 주작(朱雀 혹은 案山), 왼쪽 옆산인 청룡(靑龍), 오른쪽 옆산인 백호(白虎)를 말한다.

문화재는 아무 곳에나 놓인 것이 아니라 주변 자연환경을 배려한 뒤 바로 그곳에 놓인 것이다. 그러므로 문화재를 본래 자리가 아니라 박물관에 가져다 놓으면 그 문화재는 단순히 입자화되어 왜소해진다. 그래서 박물관을 명작들의 공동묘지라고도 하는 것이다. 무엇보다 왕릉은 주변 자연환경을 가장 중요시하여 전통 풍수사상에 입각한 사신사의 조건을 최우선으로 했다.

조선시대 왕릉은 조성 당시에도 항상 많은 풍수적 논쟁이 있었다. 그러한 논쟁을 부정적으로만 볼 필요는 없다. 어느 학문, 어느 정책이라도 항상 결론에 있어 의견은 분분한 법이다. 풍수전문가들도 정치, 경제, 사회, 문화, 과학전문가들처럼 처방이 얼마든지 다를 수 있다. 중요한 것은 그러한 풍수논쟁은 현재의 왕릉콘텐츠를 풍요롭게 한다는 점이다.

왕릉에 가서 풍수적 요소를 보고, 풍수관련 일화를 실제 확인해 보아야 왕릉답사가 산다. 뒷산 주산의 맥은 어디에서 왔으며 얼마나 강하게 왕릉 주인공이 묻힌 봉분으로 들어오고 있는지, 앞산인 안산은 봉분을 어떻게 마주하고 있는지, 옆산 청룡과 백호는 역시 봉분을 어떻게 감아 안으면서 유정하게 보호해 주고 있는지를 감상해야 한다. 그러한 이해의 바탕위에서 왕릉풍수와 관련된 여러 일화를 대입하면, 왕릉답사는 대단히 풍요로와진다.

이처럼 풍수로 왕릉을 읽기 위해서는 몇 가지 보완이 필요하다. 먼저 문화유산해설사 교육에 반드시 풍수강좌가 설강되어 해설사부터 왕릉풍수를 알게 해야 한다. 다음으로는 왕릉 앞에 있는 게시판 그림을 실제 풍수의 사신사 요소를 확인할 수 있도록 그려 주어야 한다. 또한 왕릉 설명서에 풍수의 사신사를 표시해 줌으로써 관심있는 사람들이 확인하고 답사할 수 있도록 해야 한다.

III. 왕릉, 입자가 아닌 전체로 보존하기

현재 문화재 주변 건축물 신축은 항상 개발과 보존의 문제가 첨예하게 대립되고 있다. 그 중 왕릉 주변이 가장 심한 상태이다. 이 점에 있어 왕릉은 왕릉을 둘러싼 사신사의 범주까지가 보존되어야 한다.

몇년전 동구릉 바로 앞 안산위치에 세워진 골프장 소송에서, 동구릉 보호를 위해 골프장을 철거하라는 역사적인 판결이 내려졌는데, 그 근거가 된 것이 바로 동구릉의 사신사가 보호되어야 한다는 것이었다.

현재 융건릉 봉분에서 보면 안산 너머에 있는 조산(朝山)이 크게 훼손되어 있다. 앞으로 왕릉 주변 건물신축 문제에 있어, 사신사의 개념을 도입하여 보존하는 방안이 적극 모색되어야 한다. 최근 그 첫 조치로 더 이상의 훼손을 막기 위하여 융건릉 앞의 안산 지역을 융건릉의 구성요소로 보고, 안산지역의 개발을 제한하는 현상변경안을 적용시켰다. 항상 왕릉은 입자가 아닌 전체로 이해해야 하지만, 역시 보존에 있어서도 입자가 아닌 전체로 보존될 필요가 있다.

왕릉을 둘러싼 산세를 풍수적으로 독해할 때, 왕릉답사는 더욱 풍요로와진다.

그림 16 ▶ 산세와 어울린 왕릉 전경

동구릉 안산 지역에 세워진 골프장을 철거하라는 판결은 역사적인 판결이라고 할 수 있다.

그림 17 ▶ 동구릉 앞 골프연습장

안산 너머 멀리 조산지역이 훼손되어 융건릉 앞 전경은 흉측하다. 바로 앞 안산지역만이라도 보존되어야 한다.

그림 18 ▶ 융건릉 앞 훼손모습

제4장
한국적 특수 문화전통과 문화콘텐츠 활용 시론(試論)

제1절 풍수(風水) 이론과 테마파크풍수
- '한국민속촌'을 중심으로 한 테마파크풍수의 제안 -

제2절 관상(觀相) 이론과 만화 · 캐릭터의 활용

제3절 기(氣) 이론과 문화콘텐츠 (1)
- '미소치료'와 '미소명상' -

제4절 기(氣) 이론과 문화콘텐츠 (2)
- 삼원이론과 '틀기요법' -

한국전통문화라고 하면 흔히 성곽 · 무기 · 의복 · 불교유적 등과 같은 것을 떠 올린다. 그러나 전통문화 중에서도 정식 학문으로 인정받지 못한 조금 애매한 분야들이 있다. 사주 · 관상 · 풍수 · 기(氣)와 같은 것들이 그러할 것이다. 이러한 분야들이 과연 학문적 연구가치가 있는 것인가 하는 점은 또다른 논쟁이될 것이다. 필자가 이 장에서 강조하는 것은 오늘날 다양한 문화콘텐츠 창출에있어서 실제로는 이러한 분야들도 대단히 활용가치가 높다는 점이다. 테마파크 조성에 있어서 무엇보다 일차적 가치는 '입지조건'의 선택에 있다. 그리고다음은 구성공간의 적절한 배분이다. 이러한 문제에 전통적인 풍수적 입지조건과 쓰임새 구분 논리가 합리적으로 적용될 필요가 있을 것이다. 만화 및 캐릭터 창출에 있어 전통적인 관상이론은 풍요로운 이론적 배경으로 활용될 필요도 있을 것으로 생각한다. 또한 우리나라에는 '기(氣)'와 관련된 수많은 축적 사례가 있다. 이것들을 콘텐츠화하는 방안 역시 글로벌 관점에서도 유효하리라고 생각한다. 이러한 전통들은 현재 자연스러운 문화전통으로 인정받지 못하고 있다는 점에서 '한국적 특수 문화전통'이라고 표현하였다. 본 장에서는 이와 같은 시각에서, 일종의 시론식으로 제시해 본 것이다.

■ 제1절 풍수(風水) 이론과 테마파크풍수
- '한국민속촌'을 중심으로 한 테마파크풍수의 제안 -

I. 전체적 개요 및 본 글의 취지

한국민속촌은 1973년에 조성되었으며, 중간에 일부가 골프장으로 편입되면서 현재 22만평의 면적을 차지하고 있고 주위의 배경이 되는 산들까지 합치면 30만평 정도가 된다.

본 글은 한국민속촌을 대상으로 테마파크풍수의 가능성을 제시하기 위하여 시론적으로 작성해 본 것이다. 한국민속촌을 선정한 것은 기본적인 입지선정 및 기본적 배치구조를 풍수적으로 자문해 준 사람이 경기대학교 국제문화대학원 풍수지리학과 대우교수 황영웅인데, 그 분에게서 최근 이에 대한 구체적인 사항을 필자가 들었기 때문이다. 필자는 항상 요즘 유행하고 있는 테마파크 및 영상촬영세트장에 있어 기본적인 풍수적 지식이 반영되지 않고 있는 것에 대하여 안타깝게 생각하고 있었다. 그리고 기회가 되면 앞으로 이에 대한 글을 쓰고 그것을 테마파크풍수라고 이름붙이고자 생각하고 있었다. 비록 필자가 자문해 준 것은 아니지만, 한국민속촌의 사례가 필자의 구상에 부합한다고 보아 글을 작성하게 되었다.

한국민속촌에 대한 분석과 아울러 2006년부터 제주도에 생태학적 리조트를 건설하는 데에도 황영웅교수는 관여하고 있었다. 따라서 제주도의 생태학적 리조트 사례도 이 기회에 함께 소개하고자 한다. 제주도의 사례는 단순한 리조트 건설이 아니라, 그에 결부하여 생태공원 등 다양한 테마파크적 요소를 갖고 진행되고 있다. 그런데 그 기본 컨셉은 풍수적 입지조건 및 풍수적 이상공간을 구현하고자 계획되고 있다. 따라서 테마파크풍수라는 본 글의 기본 입장에 부합한다고 보아 같이 소개하는 것으로 한다.

앞으로 다양하게 전개되는 테마파크 조성에 있어 무엇보다 전통적인 풍수논리를 합리적으로 결합시켜 조성될 필요가 있다고 본다. 본 글은 이 점에 대한 시론적 제시를 시도한 글이다.

II. 한국민속촌의 조성과 풍수적 적용

1. 기본적 입지조건

한국민속촌은 크게 두 요소로 구성되어 있다(<그림 1>의 Ⓐ, Ⓑ). Ⓐ는 가운데로 흐르는 물을 사이에 두고 북쪽에 위치하고 있는데 한국민속촌 공간이다. Ⓑ는 남쪽에 위치하고 있는데 가족놀이공원이다. Ⓐ가 먼저 조성되었으며 뒤에 Ⓑ가 첨가되었다. 현재는 ⒶⒷ가 함께 한국민속촌이라는 공간에 포함되어 있다. 뒤에 언급하겠지만, 본래는 Ⓐ와 Ⓑ는 서로 독립적인 공간으로 운영하고자 하였으나, 현재는 통합하여 크게 한국민속촌이라는 공간에 함께 있는 시설로 운영되고 있다.

한국민속촌의 기본

그림 1 ▶ 한국민속촌 전체 전경

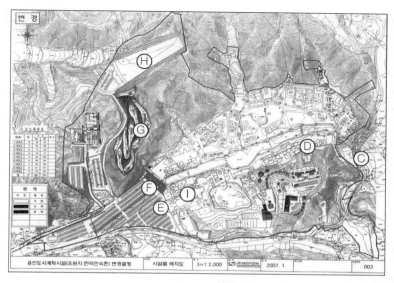

그림 2 ▶ 한국민속촌 계획도

적 입지조건은 <그림 1>과 <그림 2>에서 보듯이 가운데로 흐르는 물을 중심으로 주위의 산들이 이 지역을 안고 있다. 무엇보다 산이 안아주어야 한다. 산이 안아주는 곳이 아닌 그 반대편 즉 산의 등짝에 해당하는 부분을 선택해서는 안된다. 뒤에 제시한 <그림 5> '풍수의 기본개념'에서 보듯이, 산이 감싸는 바깥 쪽은 산의 등짝으로 산의 보호를 받지 못하므로 기본적 입지조건이 되지 못한다.

설명의 편의상 한국민속촌의 계획도면(<그림 2>)을 중심으로 입지조건을 설명하면 다음과 같다. 한국민속촌이 있는 위쪽(북쪽)이 주산(主山)으로서 주맥이 되며 민속촌 전체를 잘 안고 있다. 가족놀이공원이 있는 아래쪽(남쪽)의 산은 주산에 대응하는 안산(案山)이 되며, 그 산들도 역시 가족놀이공원을 잘 안아주고 있다(용어에 대해서는 <그림 5> 참조).

그런데 그 둘의 산은 서로 연결되어 있는 산이 아니다. 그래서 그 두 산들 사이로 물이 흘러 간다(<그림 2> ⓒ). 어찌 보면 가운데 물이 만곡(彎曲)하지 않

그림 3 ▶ 한국민속촌 가운데를 흐르는 물

그림 4 ▶ 한국민속촌에서 물이 시작되는 곳

아서 물이 흘러 빠지는 것 같지만(<그림 3>), 시작부분은 아주 좁게 잘 막혀 있고(<그림 4>), 마지막 부분도 산이 가서 잘 막아주고 있다. 즉 산들이 가운데 물을 가두면서 조용히 흘러 보내어 물의 흐름에 있어 문제는 전혀 없는 곳이다.

여기서 한 가지 더 언급할 것은 물이 시작하는 부분은 아주 좁다고 했는데(<그림 4>). 바로 이 부분은 한국민속촌 옆에 있는 남부컨트리클럽의 물이 빠져 나가는 수구(水口)에 해당한다. 따라서 물이 이처럼 좁게 빠져나가, 결국 물이 나가는 것이 보이지 않을 만큼 잘 관쇄(關鎖)하고 있어 남부컨트리클럽의 풍수적 입지조건 또한 대단히 좋은 곳이다. 현재 이 골프장은 수도권 최고시세를 보이면서 명문 골프장으로 자리매김되어 있다. 그것은 풍수적 측면에서 보았을 때, 산뿐만 아니라 이처럼 물의 수구도 잘 관쇄하여 주고 있기 때문이다.

이상의 기본적 검토를 통해서 보면 한마디로 물을 중심으로 산이 잘 감고 있는 이 지역을 선택한 것은 일단 테마파크의 입지선정에 있어서는 적절했다고 할 수 있다.

그런데 이와 같이 잘 선택된 곳도 오로지 남향(南向)만을 생각하면서 방향을 잘못 잡는 경우가 허다하다. 현재 일반 건축물을 포함하여 테마파크 조성에 있어서도 이 원칙을 지키지 않는 경우가 많다. 무엇보다 지세(地勢)에 맞추어 배산임수(背山臨水)로 건축물이 배치되어야 한다. 그것을 지세향(地勢向)이라고 표현할 수 있다. 그런데 지세향을 무시하고 단지 남향만을 고집하여 지세를 무시하는 경우가 있는데, 이는 잘못된 것이다. 에너지는 지기(地氣) 에너지를 포함하여 전부 '고(高)에서 저(低)'로 흐른다. 물도 그렇고 기압도 그렇고 지기도 그렇다. 그러므로 청동기시대 이후 지속적으로 전개된 건축물 배치원칙이 배산임수였던 것이다.

한국민속촌의 경우 위에 위치한 곳(<그림 1>의 Ⓐ)은 남향을 해야 배산임수이며, 아래에 위치한 곳(<그림 1>의 Ⓑ)은 북향(北向)을 하는 것이 배산임수가 된다. 이 경우 전부 가운데 흐르는 물을 바라보게 되는 것이다. 한국민속촌의 건축물의 경우 위는 아래를 보고, 아래는 위를 보게 방향을 잡았으므로, 배산임수에 맞게 기본 배치가 잘 이루어졌다고 할 수 있다.

2. 용도별 배치

무엇보다 먼저 기본 '터'의 선택과 배산임수가 중요한 것이지만, 그 다음으로는 사용처(使用處)에 따른 배치가 중요하다. 사용처에 따른 풍수적 해석은 <그림 6>과 같다. 위의 원리를 적용한다면, 크게 보아 가장 중요한 사령탑(司令塔)은 주산 기운을 잘 받으면서 다시 사신사(四神砂)가 잘 감싸안은 가장 좋은 장소를 선택할 필요가 있다. 무엇보다 테마파크의 운영을 책임지는 오너와 사장이 가장 좋은 자리에 위치해야 하기 때문이다. 따라서 회장이 거처하는 곳은 그러한 조건에 부합되는 곳(<그림 2>ⓓ)을 선정하였다. 그것이 <그림 7>의 곳이다. 그리고 연구직을 수행하는 장소는 주 능선이 내려오는 곳 즉 입력(入力)기운이 잘 들어오는 곳에, 행정 사무실 공간은 의욕을 고취시켜 주는 청룡(靑龍) 자락에, 돈을 취급하는 업무를 담당하는 경리 사무공간은 백호(白虎) 자락에 위치하는 것이 바람직하다. 그것이 <그림 6> '사신사의 인사해석'에 비추어 볼 때, 사용처에 맞기 때문이다.

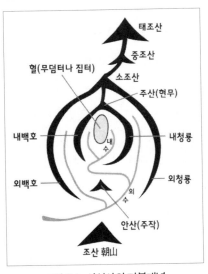

그림 5 ▶ 사신사의 기본개념

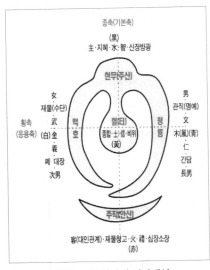

그림 6 ▶ 사신사의 인사해석

회장이 거주하는 사령탑은 <그림 7>에서 보듯이 전체 흐름 속에서 다시 산이 와서 잘 감은 곳을 선택한 것이고, 건물 배치는 물이 오는 방향을 고려하여 'ㄴ'자모양으로 했다. 물이 동(東)에서 서(西)로 흐르므로 물을 담아 두려면 'ㄴ'자 모양의 건물이 되어야 하기 때문이다(<그림 2>ⓓ 참조).

그리고 전체적으로 건물의 높이는 자연의 품에 안기는 수준을 넘어서는 안된다. 따라서 이 곳의 경우 기본 건축물은 전부 주변 산보다 올라가지 않는 높

그림 7 ▶ 회장 거처 공간

그림 8 ▶ 사무실 공간

이로 건축되었다.

3. 물의 흐름과 출입문의 문제

풍수에서는 출입문은 물이 오는 방향에 있어야 한다고 본다. 그래야 물을 거두어 들일 수 있기 때문이다. 물이 나가는 방향으로 문이 있으면 일종의 석션 (suction)이 된다. 물이 나가는 방향의 문은 문을 출입할 때마다 건물 안의 공기 및 수분이 물이 가는 방향으로 함께 쏠려 나가기 때문이다.[1]

따라서 이 지역은 물이 크게 보아 동(東)에서 서(西)로 흐르므로, 이 지역의 건물 출입문도 원칙적으로 동에서 서로 들어가는 것이 좋다. 비록 문이 건물 앞에서 들어온다고 하더라도 가능한 동쪽으로 치우쳐 문을 내는 것이 바람직하다. 위에서 설명했듯이 건물을 꺾을 경우에도, <그림 2>의 ⓓ에서 보듯이 물을 담을 수 있는 방향으로 해 주어야 한다. 이것이 'ㄴ' 자 모양으로 한 이유이다.

위와 아래의 두 산(山) 사이로 기본 터가 되었고, 그 사이로 물이 흘러가므로 이 경우는 물을 잘 다스리는 것이 요체이다. 즉 물을 가두어서 내 보내야 한다. 그러려면 무엇보다 이 지역 전체 출입문을 잘 조성해야 한다. 한국민속촌의 경우 도시계획상 기본 출입이 서쪽에서 들어올 수밖에 없으므로, 이는 기본적으로 물이 빠져 나가는 석션 방향에 위치하게 된다. 따라서 전체 출입문의 석션적 요소를 최소화시키는 것이 관건이 된다.

이를 위해 두 가지 점이 강조되었다. 하나는 나중에 아래쪽 가족놀이공원을 조성하면서 위의 민속촌과 구분하여 운영하기 위하여, 본래 한국민속촌 출입문 외에 아래쪽에 다시 가족놀이공원을 위한 출입문을 또 만들었다(<그림 2>의 ⓔ의 위치). 그런데 이렇게 물이 흐르는 방향으로 출입문이 두 개나 있게 되면, 석션이 양쪽으로 크게 작용한다. 그래서 아래쪽 가족놀이공원 출입문을 위의 한국민속촌 출입문과 합쳐 하나로 사용하라고 권고했으나, 처음에는 받아들여지지 않았다. 그것은 두 시설을 각각 독립하여 운영하고자 했기 때문이다.

이 문제를 해결하고자 한국민속촌 운영자는 편의상 가족놀이공원의 출입문

---

1) 이 점에 대한 논증은 다음 글을 참조. 김기덕, 「고려시대 개경의 풍수지리적 고찰」 『한국사상사학』 17, 2001.

그림 9 ▶ 인공으로 만든 비보 가산(假山)

을 따로 그대로 두면서, 물의 흐름에 따른 석선을 방지하기 위하여 인공산(人工山)을 조성하기도 하였다(<그림 2> I ; <그림 9>). 이것은 일종의 비보(裨補)의 의미로 조성한 가산(假山)이 된다. 물론 비보도 어느 정도의 역할은 있으나, 여기처럼 큰 물이 흘러나갈 경우에는 이 정도의 비보로는 해결되지 않는다.

결국 운영에 문제가 생기자, 자문해 준대로 따로 만들었던 가족놀이공원 출입문을 폐쇄하고 한국민속촌 출입문을 함께 사용하는 것으로 수정되었다. 그 결과 지금은 두 공간(<그림 1>의 Ⓐ Ⓑ)이 하나의 출입문을 통해 한국민속촌이라는 울타리 안에 함께 있게 되었다.

앞에서 언급했듯이 여기의 지형을 보면 기본적으로 한국민속촌 출입문도 물이 흘러가는 석선방향에 있다. 그것은 이 지역 도시계획상 전체 출입문을 동쪽에 둘 수는 없으므로, 물이 나가는 서쪽 방향에 둘 수 밖에 없었기 때문이다. 다만 그러하더라도 이러한 출입문의 석선적 요소를 막기 위하여 두 가지 점을

그림 10 ▶ 출입문과 매표소

보완하였다. 하나는 출입문 전체를 바람이 넘나드는 개방형이 아니라 정식 건축물로 연결하여 막고, 실제 출입하는 곳만 터 놓아 드나들게 한 것이다(<그림 2>의 Ⓕ). 그것을 보여주는 사진이 <그림 10>이 된다. 이는 기본적으로 석선적 요소를 최소화시키고자 한 것이다.

다른 또 하나는 출입문과 함께 매표소를 가능하면 위쪽(북쪽)으로 올리도록 유도한 것이다. 이는 위쪽으로 갈수록 산(백호에 해당)이 막아주는 측면이 많기 때문이다. 앞의 <그림 6>에서 제시하였듯이 백호 자락은 영업, 재물추구와 관련되기 때문이다. 그러나 매표소를 위쪽으로 보다 이동하는 문제는 현재 반영되지 않고 가운데에 위치하고 있다. 이는 매표소는 한 가운에에 있어야 한다는 고정관념의 소산일 것이다.

4. 기타 사항

한국민속촌은 뒤에 퍼블릭골프장(<그림 2>의 Ⓖ)과 골프연습장(<그림 2>

의 Ⓗ)을 조성하였다. 골프연습장은 산자락이 아닌 논밭 낮은 부분에 조성토록
하였으며, 퍼블릭 골프장은 가능한 지형을 훼손시키지 않도록 자문하였다. 본
래 산을 많이 깎는 것으로 계획하였으나, 오히려 필요시 절개하지 말고 부족한
부분은 더 쌓아서 조성할 것을 자문하였고, 실제 자연 그대로 보호되며 만들어
졌다.

현재 이 지역 민속촌과 놀이공간은 잘 운영되고 있다. 한류열풍과 함께 외
국인 관광객들도 많이 증가하였고 사극의 촬영지로 각광받고 있다.

전국의 테마파크 및 세트장 건설에 있어서도 이러한 풍수적 기본 입지조건
분석 위에 테마파크적 요소를 적용하여 조성될 필요가 있을 것으로 생각한다.

그림 11 ▶ 놀이공원에 있는 사극영상전시관
(일본인 관광객들 기념촬영 모습)

그림 12 ▶ 사극 촬영 장면

III. 제주도 생태 리조트 건설과 풍수적 계획안

1. 기본적 입지조건

이것은 제주도 제주시 조천읍에 조성하고 있는 리조트를 소개하고자 하는 것이다. 단순한 리조트라면 여기에서 소개할 필요가 없을 것이나, 생태적 측면과 풍수적 이상공간의 개념을 도입한 일종의 테마파크적 요소가 강한 계획안이므로 소개하고자 한다.

그림 13 ▶ 전체 조감도

110만평 규모로 추진되고 있으며 현재 기초적 구성물들이 건축되고 있다. 본래 이 지역은 전체가 숲과 초목으로만 이루어져 있는 곳이다. 제주도는 특성상 물이 잘 고이지 않는다. 분화구가 있어 고이지 않고 다 스며들기 때문이다.

따라서 제주도는 비는 많이 오나 나무만 살 뿐이지 물이 고인 습지공간은 거의 없다.

그런데 물이 있어야, 사실상 물의 공간과 육지의 공간이 균형을 이룸으로써 온도와 습도가 조절될 수 있는 것이다. 이 지역은 본래 나무와 숲만 펼쳐진 곳이었다. 여기에 해외 관광객을 겨냥하여 리조트를 건설하면서, 단순한 리조트 건물만이 아니라 자연과 하나가 되는 생태공원을 전체적으로 구성하였다. 크게 보아 <그림 13>에서 ⒜부분이 해당 개발분야이며, ⒝는 골프장 예정지이다.

2. 조성계획의 기본 컨셉

기본적으로 순수한 자연상태에서 인간이 자연과 조화되면서 가꾸어 나가는 차원에서 인간 휴양촌을 체계화하였다. 물론 이 과정에서 무리한 자연훼손은 거의 시도하지 않았다. 예를 들어 호수를 만듦에 있어서도 기존의 잡초 정도만 제거한 상태에서 지하공을 찾아 물을 가두어 만들었다.

조성계획의 기본 컨셉은 다음과 같이 설정하였다. <그림 14>를 중심으로 설명하고자 한다.

(1) 인간의 공간
  - 휴양 콘도미니움(Ⓐ)
  - 스파월드(Ⓑ)
  - 문화공간(미술관, 공방/갤러리, 다목적 공연장)(Ⓒ)

(2) 물이 있는 습지공간 (습지생태) (Ⓓ)
  - 지하공을 찾아 물을 가둠
  - 생태습지 조성(습지식물 및 어류)

(3) 동물의 공간
- 관광 사파리공원(Ⓔ)
- 애완동물 체험농원(Ⓕ)

(4) 자연과 일체 공간
- 생태관광농원(Ⓖ)

위와 같은 컨셉은 단순히 자연의 숲과 나무만 있는 공간에서 사람-숲(식물)-
물(습지생명)-동물(육지생명)-문화(생태관광) 등 가능한한 자연을 훼손하지 않
으면서 모든 존재가 참여하는 풍수적 이상공간을 구성하려고 한 것이다. 물론
자연 그대로 놔두고 필요시 인간이 그 세계에 들어가는 것도 좋다. 그러나 인공

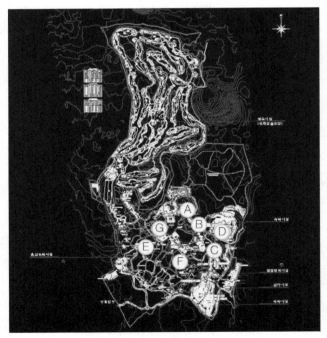

그림 14 ▶ 계획도면

시설이 가미될 경우에는 자연의 훼손을 최소화시키면서, 모든 존재가 하나가 되는 이상공간을 설정할 필요가 있을 것이다. 제주도에는 이렇게 여러 구성 요소가 같이 있는 공간이 없다. 따라서 본 계획은 이러한 측면을 고려하여 조성계획을 수립한 것이다.

한 가지 더 언급한다면, 제주도는 지형상 물이 고이지 않는다. 그런데 이 지역에서는 대규모 지하수가 나오는 공간을 여럿 발견하여 물을 저정함으로써 생태습지 공간을 조성할 수 있었다(<그림 14>Ⓓ). 이러한 대규모 물의 발견은 글로는 표현하기 힘든 풍수적 기감(氣感)으로 찾아냈음을 밝혀 둔다.

평소 필자는 문화적 요소에서는 반드시 물이 있어야 한다고 강조해 왔다. 물이 없이 식물만 있으면 심심해서 문화적 요소가 반감된다. 이 지역에서 단순한 리조트 건설이 아니라 전체적으로 생태테마파크적 요소를 도입하면서 다행히 물의 공간이 다수 있을 수 있다는 것은, 제주도의 지형을 감안할 때 생태적 이상공간을 구현할 수 있는 가능성을 이미 내포하고 있다고 보아도 좋을 것이다. 이 지역에 대한 보다 자세한 소개는 계획안이 완성된 후에 다시 제시하고자 한다.

IV. 테마파크 풍수의 가능성

테마파크에는 여러 종류가 있다. 다음의 기사는 세트장으로서의 테마파크의 중요성을 잘 말해주는 기사라고 판단되어 인용해 둔다.

■ 삼국성

12일 앙드레 김 패션쇼가 열려 국내 언론의 관심을 끈 중국 장쑤성(江蘇省) 우시(無錫). 상하이에서 서북쪽으로 2시간여 차로 달리면 닿는 3000년 역사의 고도다. 유명 주석 산지였으나 한나라 고조 유방 때 모두 캐내 더 이상 '주석

이 없다'는 뜻으로 지명이 붙었다 한다. 최근에는 '작은 상하이'라는 별칭과 함께 최첨단 경제도시로 급부상중이다.

중국 3대 호수의 하나인 타이후(太湖)를 끼고 있는 우시의 명소는 드라마 세트장 '삼국성'이다. 1993년 중국 중앙TV방송국(CCTV)의 84부작 드라마 '삼국연의' 촬영장으로 3년여 공사 끝에 완공됐다. 드라마가 끝나고 94년부터는 일반에 공개됐다. 총 35㎢ 면적에 오(吳)왕궁, 감로산, 칠성대,봉화대 등 건물 수십 채와 20여 척 목선이 재연돼 있다. 기마공연 '삼영전여포(三英戰呂布)'는 가장 인기 있는 프로다. 15분 짧은 공연이지만 말을 타고 벌이는 각종 무술 시범과 유비 3형제가 여포와 대결하는 재연 장면이 관광객들을 불러 모은다. 시대별 복식을 갖춘 무희들이 고전 속 명 캐릭터를 연기하는 춤 공연도 있다. 적벽대전 장면을 찍었던 태호에는 '유비호''제갈량호' 이름의 목선들이 떠다닌다. 20여분 태호를 유람할 수 있다.

'삼국성'은 지금도 사극 촬영장으로 이용된다. 중국 영화·드라마는 물론이고 해외에서도 많이 찾는다. 우리 드라마 '대조영' '주몽''해신 장보고' 등이 이곳에서 촬영됐다. 잘 지어진 대규모 세트에 저렴한 인건비가 최대 강점이다. 한국인 엑스트라 40명이면 중국인 3000명을 쓸 수 있다는 계산이다. 이외에도 우시에는 '수호지'를 찍었던 '수호성'과 '당성(양귀비)'이 있다. 모두 관광명소이자 세트장으로 일석이조 수익을 올린다.

지차제의 경쟁적인 유치 열기 속에 곳곳에 세트장이 세워지지만 드라마가 끝나고 나면 흉물로 전락하는 한국과는 다른 풍경이다. 처음부터 세트장을 실제 벽돌과 돌로 견고하게 짓는다. 확실한 장기 투자다. 무엇보다 관객이 참여하고 즐기는 체험프로, 볼거리가 많다. 건물 몇 채만 달랑 서있어 썰렁한 우리 세트장들이 배울 부분이다.

그리고 결국은 '원천 컨텐트'인 고전의 힘을 재확인시킨다. 『삼국지』『수호지』 등 고전들이 수 백년 세월이 흐른 뒤까지 무한의 부가수익을 창출하고 있는 것이다. 지금 우리 문화에 필요한 것도 바로 이런 고전의 생산이다.[2]

위의 중국의 삼국성이 물론 풍수적 요소를 도입하여 성공한 것은 아닐 것이다. 풍수적 요소가 만능이라고 말하고 싶지는 않다. 그러나 터를 이용하여 무엇

---

2) 중앙일보, <분수대>, 양성희 문화스포츠부문 차장, 2007년 7월 14일자.

인가를 건축하고 자연과 조화를 이루고자 할 때에, 전통적인 풍수적 입지조건 이론과 배치구조 및 출입문에 대한 이론을 살리는 것도 필요할 것으로 생각한다. 풍수란 한마디로 '터문화'이다. 특히 한국은 중국이나 일본과는 다른 지형 구조를 갖고 있다. 70%가 산악지대인 것이다. 한국의 지형에서는 풍수적 입지 조건을 더욱 고려해야 한다. 풍수사상은 결국 터문화와 결합된 환경론이요 경관론이라고 할 수 있다. 물론 여기에 사용처에 따른 인사적(人事的) 해석이 첨가된다. 아직 이 사용처에 따른 풍수적 해석은 일반론적으로 인정받고 있는 것은 아니다. 따라서 그것은 차치하고라도 일단 풍수의 터문화 자체는 현대에도 활용될 필요가 있는 전통문화적 요소라고 강조하고 싶다.

▌제2절 관상(觀相) 이론과 만화·캐릭터의 활용

I. '모양론'과 전통적인 관상 이론

동양적 사유방식은 '모양'에 '본질'이 담겨 있다는 것이다. 즉 항상 본질은 모양이라는 현상을 통해 구현된다. 따라서 모양을 보면 본질을 알 수 있다.

사실 기본적인 모양론은 동서고금에 공통된 사유방식이라고 할 수 있다. 예를 들어 가로줄무늬는 납작한 느낌, 세로줄무늬는 길쭉한 느낌을 준다. 그러한 무늬의 옷을 입고 있는 사람을 보면 우리는 실제 무늬에 따른 느낌을 받는다. 더 들어가면 이러한 모양론은 우리의 전통적인 사고방식과 실제 생활에 그대로 배어 있다. 밥상의 모서리에 앉지 말라는 어른들의 가르침은 모서리는 양쪽 직선이 찌르는 곳이므로 결국 우리 몸이 찔리게 되어 소화도 잘 되지 않을뿐더러 우리 몸이 공격을 받는다는 생각에서 나온 것이다. 여기에서 연장되면 반듯한 언행에 반듯한 정신이 깃든다는 생각으로 이어진다.

이러한 모양론의 사례로서, 각종 민속이나 민화(民畵)의 소재들에 반영된 모양론은 그 예가 무수하다. 다산(多産)을 상징하는 잉어병풍이나 부귀를 상징하는 모란병풍은 그 대표적인 것이다. 그러한 그림의 모양이 실제 그 집의 상태를 그렇게 만든다고 하는 믿음인 것이다.

한약의 약재를 판별하는 본초학(本草學)은 실제 실험을 통해 약재를 선택한 것이 아니고 기본적으로 모양론을 통해 시작된 것이다. 가시와 같이 날카로운 열매를 갈아 먹으면 실제 사람 몸의 종기를 째고 나올 것이라는 모양론에서 약재가 선택되었다. 그리고 그렇게 선택된 약재들은 실제 그러한 효험을 나타낸다. 한의학의 본초학은 실험을 통해 그 효험이 입증되고 있다. 모양에 본질이 담

겨 있는 것이다.3)

관상이론은 가장 대표적인 '모양론'의 반영이다. 본질은 얼굴 각 부위의 모습에 반영되며, 본질의 변화는 얼굴 모양의 변화를 가져다 준다는 것이 관상이론이라고 할 수 있다. 이러한 전통적인 관상이론도 그 논리가 대단히 많이 축적되어 있다. 관상은 크게 얼굴의 모양을 보는 것이지만, 체상(體相)이라고 하여 몸 전체를 보는 것도 역시 존재한다.

문화산업에서 만화, 캐릭터의 경우, 이 분야에서도 나름대로 축적된 많은 지식과 논리가 있을 것이다. 솔직히 필자는 그것을 잘 알지 못한다. 다만 이 방면 서적을 통해 유추해 본다면, 작가들의 오랜 경험을 통해 일반화된 인물의 얼굴 및 체형에 대한 이론이 있다고 판단된다.

그러나 얼굴 및 체형과 관련된 이론이 좀더 개발될 필요가 있지 않을까 한다. 작가가 표현하고자 하는 성격과 유사한 이미지를 독자에게 보여주는 모양의 캐릭터가 그만큼 성공확률이 높을 것이기 때문이다. 물론 다음에 제시하는 <그림 16 : 캐릭터변천사>에서 보듯이 일반 캐릭터상품의 경우 사람이 아닌 경우도 많으며, 사람의 경우에도 일반적인 형태와는 많이 다른 것이 사실이다. 그

| 태양인 | 태음인 | 소양인 | 소음인 |

그림 15 ▶ 사상체질로 분류한 한국인

---

3) 필자가 추후 작성하고자 하는 원고는 '모양에 본질있다', '숫자에 본질 있다'의 두가지이다. 현상적으로 드러나는 모양도 원형이며, 숫자도 원형이다.

1893	1928	1929	1932	1938	1939	1947
피터래빗	미키마우스	뽀빠이	베티붑	백설공주	배트맨	트위티
1950	1951	1953	1958	1962	1967	1971
레오	아톰	피터	스머프	스파이더맨	홍길동	도라에몽
1972	1975	1979	1983	1985	1989	1990
마징가Z	헬로키티	건담	둘리	슈퍼마리오	드래곤볼	세일러문
1993	1994	1996	2000	2000	2003	2006
짱구	라이온킹	피카츄	뿌까	마시마로	유희왕	뽀로로

그림 16 ▶ 캐릭터 변천사

렇다 하더라도 사람의 얼굴을 대상으로 하는 캐릭터 이론 개발은 좀더 추구될
필요가 있을 것이다.

얼굴과 관련해서는 조용진 교수의 연구가 독보적이라고 할 수 있다. 조용진
교수가 중심이 되어 문화원형사업에서 <한국인 얼굴 유형의 디지털콘텐츠 개
발>이 완료된 바 있다. 이는 만화, 애니메이션, 캐릭터 등 문화산업에 광범위하

게 사용할 수 있는 한국인 얼굴 각 유형의 기준을 3차원 디지털화하여 제시함으로써, 문화산업 종사자들이 이에 근거하여 변형 응용할 수 있도록 하기 위해 시도된 것이다. 위의 <그림 15>는 그 중 사상체질로 분류한 한국인의 얼굴을 제시해 본 것이다.

그러나 이러한 얼굴에 대한 이론 축적도 실제 활용되기 위해서는 전통적인 관상이론과 접목하는 것이 보다 유효하지 않을까 한다. 필자는 평소에 이러한 작업을 구상하고 있었는데, 실제 그것을 시도하여 책까지 낸 안태성 교수의 성과를 보고 놀랐다.4) 많이 활용될 수도 있는 이 연구결과가 아직 몇 년째 초판에 그대로 머물러 있는 것을 보고 다시 놀라웠다. 여러 이유가 있겠지만 아마도 이론을 싫어하는 풍토도 있지 않았을까 생각한다. 앞으로 필자도 만화, 캐릭터 그리고 영상작품의 인물분석에 전통적인 관상이론을 활용해 보고자 한다. 본 글에서는 그 시론적 측면만을 제시해 보았다.

II. 얼굴 형태

사람의 인상에서 가장 크게 좌우하는 것이 전체적인 얼굴형태이다. 얼굴은 크게 관상이론에서 본다면 이마, 명궁(命宮), 산근(山根), 코로 연결되는 것은 풍수에서 혈(穴)로 지기(地氣)가 입력(入力)되는 이치와 같게 보고 있다. 즉 그 사람의 학식, 지혜, 출세를 말해주는 것으로 본다. 반면 턱 주변은 풍수에서 주작(朱雀)에 해당한다. 턱이 발달하지 못하면 대인관계가 원만하지 않고 재물이 모이지 않는다고 관상이론에서는 보고 있다. 그러므로 뾰쪽한 턱일수록 성격이 예민한 것으로 이해하는 것은 일반적인 상식의 차원에서도 받아들이고 있는 것이다.

---

4) 안태성, 『관상·체질로 보는 얼굴이야기 캐릭터문화』, 형설, 2004.

그림 17 ▶ 윤태호작,
〈열풍학원〉,
서울미디어랜드

그림 18 ▶ 허영만작, 〈오늘은
마요일〉 팀매니아

그림 19 ▶ 백성민작, 〈토끼〉,
서울문화사

전체적인 얼굴 모습과 관련하여 <그림 17>은 울퉁불퉁한 안면에 순발력과 저돌성으로 묘사된 캐릭터이며, <그림 18>은 둥근 얼굴에 턱이 두툼하여 모나지 않는 성격을 보여주는 캐릭터이다. 그리고 <그림 19>는 네모돌이로서 주로 우직한 이미지로 많이 표현되는 형태이다.5)

그림 20 ▶ 태왕사신기와 배용준

관상이론도 변할 수 있다. 그것은 시대에 따라 느끼는 이미지도 변화할 수 있기 때문이다. 그런데 이와 관련하여 욘사마 배용준을 주인공으로 하여 화제를 모으고 있는 TV 사극 <태왕사신기>의 캐릭터가 과연 광개토대왕의 이미지와 맞을 것인지는 의문이다. 배용준의 이미지는 광개토대왕의 이미지에 대한 일반적인 상식과는 맞

---

5) 안태성, 위의 글, 14-17쪽.

그림 22 ▶ 명성황후

그림 23 ▶ 주몽

그림 21 ▶ 태조 왕건

지 않기 때문이다. 관상이론도 변한다는 점에서 새로운 캐릭터를 창출할 수 있을 것인지 궁금하다.

이러한 관상이론에 입각한 캐릭터의 분석은 <그림 21, 22, 23> 처럼 TV 사극의 주요 캐릭터에 대해서도 분석해 볼 수 있을 것이다. 그리고 이러한 작업이 문화콘텐츠 작품의 완성도를 높여줄 수 있을 것으로 생각한다.6)

III. 점

얼굴에 대한 구성요소는 아주 다양하다. 눈, 코, 귀, 입, 눈썹, 이마, 턱 등등. 전통적인 관상이론에서는 이에 대한 다양한 이론이 축적되어 있다. 보다 자세한 검토는 후일의 과제로 삼고자 하며, 여기에서는 '점'에 대해서 첨언하고자 한다. 얼굴의 구성요소 못지 않게 관상에서는 '점'을 아주 중요시한다. 점은 무엇보다 건강, 현재의 운세(運勢), 앞으로 다가올 미래에 대한 예시 등으로 다양

---

6) 사극 캐릭터의 분석은 필자의 후속연구로 추구하고자 한다.

하게 해석하고 있다. 필자는 전통적인 관상이론 가운데 실제 이 점을 많이 활용할 필요가 있다고 보고 있다. 관상이론에서 점을 얼마 중요시하는지를 이해하기 위하여 몇 가지 그림을 제시해 보았다.[7]

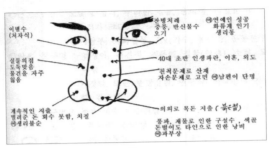

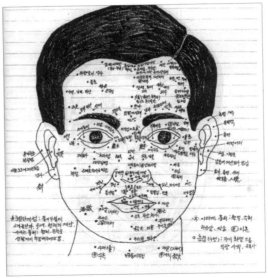

그림 24 ▶ 다양한 점에 대한 해석

이것이 전부가 아니다. 그러므로 관상에서 얼마나 점을 중요시하는가를 알수 있을 것이다. 필자가 강조하고자 하는 것은 만화와 캐릭터 등에서 이러한 점,

---

7) 관상이론가 조항석선생의 강의노트에서 인용한 것이다.

사마귀, 기미, 흉터와 같은 것이 아무렇게나 그려지지 않고 관상이론과 접목되어 전개될 필요도 있다는 점을 지적하고자 하는 것이다.8)

IV. 이론의 중요성

필자는 항상 이론 및 원형의 중요성을 강조해 왔다. 그것은 상상력 및 창의력의 바탕에는 지식 및 이론이 있으며, 이론이 있어야 지속적일 수 있다는 판단에서이다. 이러한 이론에는 반드시 전통적인 관상이론만이 있다는 것은 아니다. 그러나 최소한 전통적인 관상이론이 안태성 교수처럼 실제 캐릭터 분석에 활용될 필요가 있다는 점을 지적하고자 한다. 그리고 그러한 논리가 많은 실제 적용과 논쟁을 통해 정립될 수 있다면, 오늘날 문화산업에도 많은 효용이 있을 것으로 생각한다.

현재 지자체에서는 경쟁적으로 캐릭터 상을 만들고 있는데 부적절한 것이 대부분이다. 이러한 지자체의 캐릭터 상과 관련하여 참고로 <중앙일보>에 제시된 권영걸 교수의 <공공디자인 산책>에 나오는 글을 인용해 둔다.

■ 역사적 위인, 캐릭터 상은 부적절

캐릭터는 사물이나 개인의 특성, 혹은 그것을 나타내는 기호를 뜻합니다. 사람들의 흥미와 관심을 끌 수 있는 상징물을 고안하고 생산하는 것을 캐릭터 산업이라 합니다. 하나의 캐릭터를 탄생시키기 위해 주로 특정한 동물이나 대중적으로 인지도가 높은 인물이 소재가 됩니다. 스누피, 도널드 덕, 홍길동 등이 그 예입니다. 또 마케팅 전략의 수단으로 캐릭터를 개발하여 기업이나 지역의 특성화를 위해 활용하기도 합니다.

---

8) 오늘날 성형수술에서 점의 제거가 가장 기본적이며 성행하는 수술이라는 것은 우연이 아니다. 점은 과학적으로 건강과 관련되어 있다. 자세한 사항은 후고를 기약한다.

온달 전설의 고장 충북 단양은 온달과 평강공주를 캐릭터 소재로 활용하고 있습니다(2). 또 유관순 열사의 고향인 천안의 국도변에는 그를 캐릭터 형식으로 형상화한 커다란 조형물이 설치되어 있습니다(1). 그런데 우리나라의 인물 캐릭터들은 비례나 인상이 대체적으로 비슷합니다. 동그란 얼굴과 이목구비의 표정이 천편일률적이며, 단지 옷을 달리 입혀 구분하는 수준입니다.

서울 이화여고에 설치된 유관순 상(像)은 버선발에 태극기를 들고 시위하는 사실적 재현을 탈피했습니다. 역사의 풍랑을 맨손과 맨발로 맞서는 열사의 결연한 모습과 삼엄한 내면을 잘 드러내고 있습니다(3). 프랑스에는 다양한 형태의 잔다르크 동상(4)이 있습니다. 하지만 그를 비롯해 위인을 형상화한 캐릭터는 찾아볼 수 없습니다.

그러한 방식의 표현이 국민의 가슴속에 있는 잔다르크의 이미지를 훼손할 수 있기 때문입니다. 캐릭터 산업이 활발한 미국과 일본에서도 소재는 동화.전설과 가상의 대상물인 경우가 대부분입니다.

국민 모두의 존경을 받는 위인을 캐릭터 소재로 희화(戱畵)화하는 것은 적절하지 않습니다. 상업적 부가가치를 겨냥하는 캐릭터 형식을 조각상에 적용하는 것은 그 소재가 상업적인 경우에만 정당화됩니다. 특히 역사적 인물을 대상으로 할 경우에는 그의 삶에 대한 깊이 있는 통찰에 의해 정신성이 표출돼야 합니다.

역사적 인물을 희화화했다는 권영걸 교수의 지적이 아니더라도, 정말로 유관순 상과 온달과 평강공주의 캐릭터는 너무나 한심한 수준에서 제작되었다고 할 수 있다. 이론이 모든 것을 해결해 주는 것은 아니지만, 최소한의 이론적 고민을 했다면 그렇게 제작하지는 않았을 것이다. 앞으로 캐릭터를 위시하여, 만화 그리고 다양한 영상 인물의 설정에 있어서 전통적인 관상이론이 활용된다면 보다 풍요롭고 적절한 캐릭터 창출에 도움이 될 수 있을 것이다.

▌제3절 기(氣) 이론과 문화콘텐츠 (1)*
– '미소치료'와 '미소명상'–

I. 머리말

이미 웃음문화를 학문적으로 조명하는 '한국웃음문화학회'의 출현이 증명하고 있듯이, '웃음'은 이 시대 트렌드요 학문적 연구대상이 되었다. 그리고 방송 및 영화 그리고 일상생활에 있어 중요한 비즈니스 대상이 되기도 하였다. 웃음과 관련된 일화, 속담, 격언 등은 예전부터 많이 있어왔다. '웃으면 복이 와요'로 상징되는 驚句는 누구라도 동의하고 있는 것이다. 전통적인 觀相 이론에서도 웃음과 관련된 改運法이 많이 축적되어 있다.

본 글은 이러한 '웃음'과 관련된 우리의 인식과 관련하여 크게 두 가지 점을 지적하고자 한다. 첫째 '웃음'에 대한 논리적 접근과 분석이론이 보다 필요하다는 점이다. 본 글은 이와 관련하여 웃음과 미소의 차이를 언급하고자 한다. 미소는 웃음에 포괄될 수 있으나 구별되어 파악될 필요가 있다. 이 점을 陰陽論의 시각 혹은 더 나아가 三元論의 시각으로 설명해 볼 예정이다. 또 하나는 첫 번째 관점과 연결되는 것이지만, 미소의 장점을 활용하여 '미소치료'와 '미소명상'에 대한 가능성을 제기하고자 한다. 본 글이 웃음문화와 관련된 다양한 논리전개에 있어 유용한 시사점을 줄 수 있기를 기대한다.

---

* 본 글은 필자의 논문(김기덕, 「웃음과 미소-미소치료와 미소명상」『웃음문화』3, 한국웃음문화학회, 2007)을 보완한 글이다.

II. 웃음과 미소의 차이

동양사회에서는 일찍부터 陰陽論이 있어 왔다. 세상의 근본질서를 陰과 陽으로 이해하고 세상의 다양한 현상을 음과 양의 相對性으로 해석하여 왔다. 오늘날 陰陽論은 현상적으로는 韓醫學에 주로 남아 있다고 볼 수 있으나, 조그만 더 깊이 들어가면 음양론은 몸에 대한 적용을 넘어서 사회의 모든 현상을 해석하는 동양적 '마스터키(masterkey)'였으며 현재까지도 유용하게 활용되고 있다.

음양론적 관점에서 구분하자면 웃음은 陽이요, 울음 혹은 찡그림은 陰이다. 웃음은 즐거움에서 오며, 울음 혹은 찡그림은 슬픔에서 온다. 즐거우면 웃게 된다. 따라서 역으로 웃는 행위가 다시 즐거움을 가져온다는 점에서, 지금까지 웃음이 강조된 것은 당연한 것이다.

이러한 점을 가장 잘 보여주고 있는 것이 전통적인 관상 이론이다.

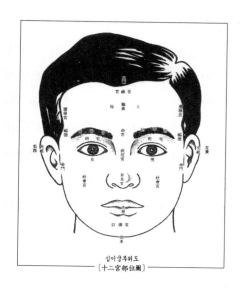

십이궁부위도
[十二宮部位圖]

위의 그림은 관상 이론 중 12宮을 표시한 것이다.9) 얼굴에는 12개의 궁전이 있는데, 일생의 성공 여부를 보는 命宮, 형제간의 상호관계를 보는 兄弟宮, 부부관계를 보는 妻妾宮, 자녀관계를 보는 子女宮, 재물관계를 보는 財帛宮, 질병을 보는 疾厄宮, 이동 및 여행관계를 보는 遷移宮, 官運을 보는 官祿宮, 부동산을 보는 田宅宮, 福祿을 보는 福德宮, 부모운을 보는 父母宮, 아랫사람과의 관계를 보는 奴僕宮이 그것이다. 궁전은 넓고 크며 윤택하고 깨끗해야 좋은 것이므로, 얼굴의 12궁도 이러한 원칙에 따른다. 12궁은 인간에게 필요한 12가지 요소를 나누어 살펴보는 것인데, 이 중 가장 중요한 것이 바로 命宮이라는 것이다.

명궁은 흔히 印堂이라고 부르는 양눈썹 사이 부분(眉間)을 말한다. 여기가 밝게 빛나고 깨끗하면 학문에 통달하고 하는 일이 잘 이루어진다고 본다. 반면에 이 부분에 어지러운 주름이 있고 깨끗하지 못하면 막히는 일이 많다고 본다. 예를 들어 여기에 현침문이라고 하여 세로로 한 줄이 간 주름이 있거나, 혹은 두 줄이나 세 줄의 주름이 있으면 원칙적으로 인생에 있어 풍파가 많다고 본다. 문제는 기본적으로 이러한 명궁의 주름은 짜증내어 찡그린 결과로 만들어졌다는 점이다. 그러므로 즐겁게 웃으면 명궁의 주름이 펴지게 되며, 실제 원만하며 성공한 사람들은 대부분 이 부분에 주름이 없다. 활짝 웃으면 명궁의 주름을 펴주게 한다는 점에서, 관상에서도 웃음은 유용한 開運法으로 본다.

이보다 더 직접적인 것은 입 모양의 입꼬리를 보는 것이다. 관상에서는 입꼬리가 지면 福이 흘러 내린다고 보아 좋지 않게 본다. 반면에 입꼬리가 올라가면 만사가 잘 풀린다고 해석된다. 실제로도 잘 나가며 호감을 주는 사람들은 입꼬리가 올라가 있다. 이러한 입꼬리의 처짐과 올라감을 결정짓는 것이 바로 웃음이다. 웃게 되면 자연히 입꼬리가 올라간다. 따라서 잘 웃는다는 것이 관상을

---

9) 12궁은 모든 관상 이론에서 가장 기초적인 것이다. 본 그림은 다음의 책에서 인용하였다. 마의천, 『복있는 관상은 어떤 얼굴인가』, 동반인, 1991, 속표지 그림.

얼마나 좋게 하는지는 더 재론할 필요가 없을 것이다.

다만 風水 이론의 四神砂 논리를 한 가지 더 덧붙이고자 한다. 사신사란 穴(집터 혹은 묘터)을 사방에서 보호해 주는 산을 말한다. 後玄武, 前朱雀, 左靑龍, 右白虎가 그것이다. 사신사가 크고 좋을수록 당연히 집터나 묘터를 좋게 본다. 얼굴에도 사신사를 적용할 수 있다. 이 경우 양쪽 뺨이 좌청룡과 우백호가 된다. 앞에서 입꼬리를 얘기한 바 있는데, 웃게 되면 입꼬리가 올라갈 뿐만 아니라 바로 양쪽 뺨의 좌청룡과 우백호도 볼록하게 생기게 된다. 반면에 찡그려서 입꼬리가 내려가게 되면 자연히 양쪽 뺨의 좌청룡과 우백호가 점점 낮아지게 된다. 그러므로 웃는다는 것이 관상 이론에서 대단히 유용한 개운법이라는 것은 분명하다. 사실 웃으면 좋다는 논리는 분명한 경험적 축적을 이루어 왔으므로, 이러한 관상 이론을 초월하여 웃어야 좋다는 것은 오랫동안 우리 삶의 지혜로 내려 왔다. 그 결과 '웃으면 복이 와요'라는 驚句로 대표되는 수많은 웃음 예찬론이 전승되어 왔다.

그러나 웃음이 항상 善한 것은 아니다. 기쁠 때나 행복할 때 자기 만족의 웃음이 나오기도 하지만, 남을 조롱하고 모멸하면서 자신의 오만함을 드러낼 때에도 웃음은 나오며 타인의 불행이나 실수를 보면서 자신의 우월감을 느낄 때도 웃음은 나온다. 대체로 웃음을 크게 나누어 순정한 상태에서 자연스럽게 터지는 자연적 웃음과 의도적으로 지어내는 인위적 웃음으로 나눈다면, 그동안 수없이 제기된 긍정적인 웃음 예찬론은 순정의 웃음에 해당하는 것이라고 보아야 한다.10)

그런데 순정한 상태에서 자연스럽게 터지는 자연적 웃음도 역시 항상 善한 것은 아니다. 만약 기분 나쁜 감정상태를 갖고 있거나 골치 아픈 일로 고민하는

---

10) 서대석, 「구비문학과 웃음-웃음이론과 笑話」, 『구술문화, 현장문화, 웃음문화』(한국구비문학회, 한국웃음문화학회 공동학술발표대회 발표문), 2007, 9쪽.

사람이 있을 때에, 주변에서 깔깔대고 웃으면 '뭐가 좋다고 웃는 거야'라며 바로 눈을 흘기게 되는 경우도 많다. 그것은 바로 웃음은 陽이기 때문에 찡그림의 陰이 즉시 달라붙게 되는 이치라고 할 수 있다. 이처럼 웃음이 좋다는 것은 한정된 것이기도 하다.

그 때문에 일찍부터 웃음에 대한 이론에서는, 웃음을 부정적으로 보기도 하였다. 플라톤은 자기 자신을 알지 못하는 무지와 몰지각에서 웃음이 나온다고 하였으며, 아리스토텔레스는 무해한 실수나 결함에서 웃음이 유발되며, 웃음은 비천한 것의 모방이라고 하였다. 또한 성경에서 찾아볼 수 있는 하나님의 웃음은 멸시와 조소의 웃음으로 나타나며, 성경에서는 사랑과 기쁨의 표현으로서의 웃음은 별로 없다는 점, 동양의 유교 교양을 쌓은 사대부들이 웃음을 경박한 자의 형태로서 破顔 이상의 의미를 부여하지 않는 것들은 모두 웃음에 대한 부정적 인식을 잘 말해준다. 즉 이러한 논리들은 웃음이 물질이나 육체의 문제인 형이하학에서 유발된다는 것으로, 이렇게 이해하였을 때 웃음은 절제할 대상이며 웃는 행위는 본능에서 유발되는 천박한 정서의 소산이 된다.[11]

웃음이 한정된 측면에서만 의미를 갖는다는 것을 강조하기 위하여, 웃음에 대한 이론들을 인용하여 보았다. 특히 웃음은 지나치게 陰의 요소에 빠져 있는 사람들에게 효과가 있다. 우울증, 소극적, 비관적, 무관심 등의 특성을 갖는 陰의 요소에게는 강한 陽으로서의 웃음, 특히 박장대소나 폭소 등은 더더욱 효과가 있다. 흔들어 깨우는 효과가 있기 때문이다. 그러나 그러한 효과도 일시적일 뿐이다. 한쪽에서는 무작정 웃는 것으로 치료한다는 웃음요법이 소개되고 있는데, 일반적인 상황에서는 다시 그만큼의 陰의 자리, 즉 허무한 감정이 스며든다는 것을 잊어서는 안 된다.

반면 미소는 그러하지 않다. 여기서 미소의 정의는 소리 내지 않고 웃음 짓

---

11) 류종영, 『웃음의 미학』, 유로서적, 2005, 68-120쪽; 서대석, 앞의 글, 11-13쪽.

는 것이고 웃음은 소리 내어 웃는 것으로 일단 정의한다. 크게 보면 미소도 웃음에 포함하여 얘기될 수 있지만 구분하여 표현하고자 한다. 미소는 누구에게도 반감을 갖게 하지 않는다. 그러므로 모르는 사람들이 서로 만날 때에 나오는 것은 미소이지 웃음은 아니다. 자칫 웃음은 깔보는 것으로 인식되거나, 기분 나쁜 사람에게는 소리 내는 웃음 자체가 더욱 감정을 상하게 한다.

그것은 웃음은 陽인 반면 미소는 뉴트로이기 때문이다. 이 점을 좀더 논리적으로 설명하기 위하여 다시 새롭게 三元論을 원용하고자 한다.

철학자 박재우는 보다 적극적으로 음양론 자체를 넘어서는 새로운 패러다임으로 삼원론을 제시하였다. 사실 세상의 근본질서를 陰과 陽 외에 또 하나의 요소를 첨가시켜 이해한 논리는 예전부터 있어 왔다. 中・三・道・無極・太極 등의 표현은 음과 양 이전의 상태나 혹은 음과 양이 회통한 상태를 표현한 것들이다.

이처럼 기존의 음양론에서도 음과 양 이외에 또 하나의 근본 요소를 언급하기는 하였으나, 그것이 명확했던 것은 아니다. 그리고 기본은 어디까지나 음양론 위주의 사고체계였다. 박재우는 음양론적 사고를 극복하고 새로운 三元의 개념과 논리, 작용을 종합적으로 분석하여 삼원론이라는 패러다임을 제시하고자 했다.

삼원이란 헤테로(Hetero), 호모(Homo), 뉴트로(Neutro)의 세 가지 근본적인 힘을 뜻한다. 헤테로와 호모는 각각 기존의 陽과 陰의 개념과 대비되나, 개념 규정을 새롭게 했다. 말하자면 삼원론은 기존의 음양 개념을 새롭게 정의하여 호모, 헤테로라고 이름붙이고, 여기에 뉴트로라는 개념을 첨가하여 세상의 원리와 작동논리를 보다 분명하게 설명하려는 이론이라 할 수 있다.

먼저 헤테로의 본질은 '변코자 하는 힘'이다. 그러나 현실세계에서는 호모와 반대되는 '변치 않고자 하는 힘'인 호모의 견제를 받으므로, 헤테로는 '다르게 하는 힘'으로 나타난다. 그 결과 이 세상에는 적어도 공간 및 시간적 차원의 관점에서 보면 어느 것 하나 똑같은 것은 존재하지 않게 된다. 헤테로와 달리 호모는 '변치 않고자 하는 힘'이다. 다시 말하면 호모는 헤테로를 견제하기 위해 이 세상에 태어난 反作用의 힘과 같다. 호모의 천성은 헤테로의 천성과 부딪치면서 이 존재계에 서로 닮은 유사현상을 일으키는데, 이에 따라 모든 존재들은 결국 서로 유사성을 공유할 수밖에 없게 된다. 뉴트로는 헤테로와 호모를 조화시켜 만물을 '존재케 하려는 힘'이다. 뉴트로는 스스로 조화롭고 중화되어 있는 힘이므로 눈에 잘 띄지 않는다. 이러한 뉴트로는 中性子와 같은 힘이다. 중성자는 원자핵 밖에서 좌충우돌 쏘다니는 헤테로 기질의 電子와, 원자핵 속에서 미동도 하지 않는 호모 기질의 陽性子의 전기적 대립 사이에서 중성의 힘을 발휘하는 힘으로 작용한다. 이와 같은 중성자는 바로 뉴트로의 힘이 물질입자로 표현된 좋은 본보기라 할 수 있다. 그런데 뉴트로는 시작뉴트로와 완성뉴트로의 둘로 구분할 수 있는데, 시작뉴트로에 해당하는 것을 '뉴토'(Neuto)라고 따로 구분할 수 있다. 뉴토는 현실세계와 제로세계에 걸쳐 있는데, 바로 이 뉴토에서 헤테로가 출현한다.[12]

필자는 이러한 삼원의 개념을 몇 차례 소개한 바 있으므로,[13] 본 글에서는 더 이상의 자세한 설명은 생략하고자 한다. 다만 이해를 돕기 위하여 몇 가지 삼원과 관련된 그림을 제시하여 이해를 돕고자 한다. 먼저 기본적인 삼원모델은 두 가지 형태로 표현할 수 있다.

이 삼원의 기본적 존재모델을 바탕으로 그 다음 단계의 발전이 진행되는데,

---

12) 이상 삼원의 개념에 대한 설명은 박재우, 『삼원의 이해』, 오행출판사, 2002 참조.

13) 김기덕, 「문화원형의 층위와 새로운 원형 개념」, 『인문콘텐츠』 6, 인문콘텐츠학회, 2005; 김기덕, 「김태곤 '원본사고' 개념의 이해와 의의」, 『한국의 민속과 문화』 11, 경희대 민속학연구소, 2006; 김기덕, 「三元 캐릭터연구 試論」, 『인문콘텐츠』 9, 2007.

이 단계의 발전과정도 역시 삼원모델의 격식이 반복되어 전개된다. 즉 삼원모델이 1차적 기본모델이라면, 다음단계의 모델질서는 2차적 삼원모델로서 0차원에서 3차원까지 전개되는 4차원 삼원모델이라고 할 수 있는데, 이것을 '삼원순차'라고 명명한다.

웃음이나 미소와 관련하여 감정을 삼원순차로 표현하면 <그림 26>과 같

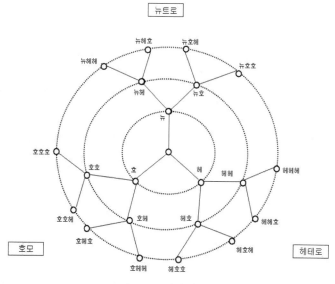

그림 25 ▶ 4차원 삼원모델

다.[14] 감정의 시발이란 어떤 느낌의 동기가 있은 후에 발전분화를 일으킨다. 이 느낌은 어떤 初感 즉 최초의 원시적 감정의 느낌이라고 볼 수 있다. 이 초감은 아직 노출된 감정으로 직접 표현되지 않고 잠재상태에 있으므로 뉴토로 정의하였다. 이 초감에서 헤테로 감정의 뽐냄과 호모 감정의 수줍음, 뉴트로 감정의 겸허로 분화된다. 헤테로 감정의 뽐냄은 다시 그것이 지나쳤을 때 헤테로의 오만

---

14) 박재우, 앞의 책, 445-449쪽.

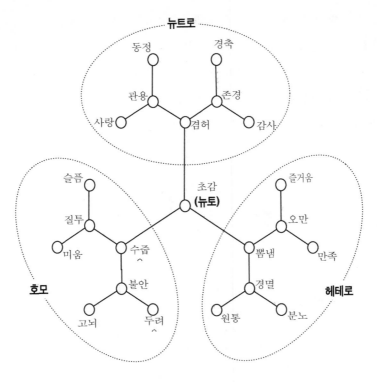

동정　　경축

뉴트로

관용　　존경

사랑　　겸허　　감사

슬픔　　　초감　　즐거움
　　　　(뉴토)

질투　　　　　　　　오만

미움　수줍　　　　뽐냄　만족

호모　　불안　　경멸　　헤테로

고뇌　두려　　원통　분노

그림 26 ▶ 감정 삼원순차

과 그것이 부족할 때 우러나오는 호모의 경멸의 감정으로 분화된다. 오만은 다시 헤테로의 즐거움과 호모의 만족으로 분화되며, 경멸은 헤테로의 분노의 감정과 호모의 원통의 감정으로 분화된다. 이 헤테로 감정들은 기본적으로 자신이 무엇을 충분히 소유하고 있을 때에 나타나는 감정들이다.

호모의 수줍음은 다시 헤테로의 불안감과 호모의 질투로 분화한다. 불안감은 헤테로의 두려움과 호모의 고뇌로 분화하고, 질투는 헤테로의 미움과 호모의 슬픔으로 분화한다. 이 호모의 감점들은 근본적으로 부족함에서 비롯되는 감정들로서 모두 피동적이고 부정적인 요소가 담겨 있다. 다음으로 뉴트로 감정의 겸허는 헤테로의 관용과 호모의 존경감으로 분화된다. 용서할 줄 아는 관용은 다시 헤테로의 사랑과 호모의 동정감으로 분화되고, 존경감은 헤테로의 경축감과 호모의 감사로 분화된다.

뉴트로에 속하는 감정들은 모두 헤테로 감정과 호모 감정을 순화시키고 그들을 조화시키는 힘을 가지 감정이다. 이러한 뉴트로에 해당하는 감정은 기본적으로 전부 미소로 구현된다. 미소는 뉴트로 상태의 구현인 것이다.

III. 미소치료와 미소명상

앞 장에서 웃음이 헤테로 즉 陽이라면, 미소는 뉴트로라는 것을 설명하기 위하여 삼원론을 인용하였다. 뉴트로는 존재케 하는 힘이므로, 항상 뉴트로 단계에서는 치료효과가 발생한다. 이것이 미소치료(smile therapy)가 가능한 이유이다. 물론 미소에도 여러 종류가 있다. 그야말로 부드러운 미소 외에, 어처구니가 없는 경우에 나오는 失笑, 괴로울 때 나오는 苦笑, 남을 조롱할 때 나오는 嘲笑 등이 있다. 여기에서 뉴트로라고 하는 것은 정상적인 부드러운 미소를 말한다. 그것이 뉴트로이다. 佛像의 미소, 성모 마리아의 미소가 그것이다. 또한 어린애의 미소나 노인의 지긋한 미소도 대표적인 미소의 형태이다.

한방이론은 결국 음과 양의 부조화를 조절하여 음과 양의 조화를 이루는 것이다. 그 결과 양(+)과 음(-)이 균형잡힌 상태가 건강한 상태이며, 이는 결국 제로(0) 상태의 뉴트로를 의미한다. 그러므로 道를 깨쳤다거나, 道士의 상태란 음이나 양이 아닌 제로적 인간이 되었다는 것 즉 뉴트로가 되었다는 것을 의미한다.

무속현상도 이와 같이 이해할 수 있다. 이와 관련하여 무속의 原本思考를 추적한 민속학자 김태곤은 한국학계에서 사용되고 있는 '原型'개념이 어떤 개넘을 전제로 사용되고 있는가 하는 점이 불분명하다는 점을 지적하였다. 그리고 그는 융이나 엘리아데의 개념에 맞추어 무속현상을 설명하지 않고, 무속현장에서 무속의 핵으로 있는 것은 존재 근원에 대한 原質思考, 즉 존재에 대한 原本思考라고 하면서 자신의 새로운 원본개념을 제시하였다.

이러한 原本思考에서는 존재의 근원인 '카오스'의 영원으로부터 존재를 보는 사고가 존재근원에 대한 원질사고로 무속사고의 '원본'이 된다. 그래서 존재 근원인 '카오스'에서 '코스모스'로 '코스모스'에서 다시 '카오스'로 환원되어, 존재가 카오스와 코스모스의 순환체계 위에서 영원히 존속된다고 본다. 즉 모든 존재는 카오스적인 未分性을 바탕으로 바뀌어 순환하면서 영구히 지속한다고 보는 사고가 민간의 원본사고인 것이다.[15]

이러한 김태곤의 논리는 결국 뉴트로 단계의 넘나듦을 표현하고자 했던 것으로 이해할 수 있다. 무속의 치유는 카오스 단계 즉 뉴트로 단계에서 발생한다. 다만 김태곤은 뉴토와 뉴트로를 구분하지 않음으로써 카오스와 코스모스라는 보다 단순화된 격식만을 제시하였다고 할 수 있을 것이다.[16]

그러므로 모든 聖人像, 성취한 인간, 달관한 모습, 순수한 마음의 상태의 소유자의 기본형은 미소상인 것이다. 형이하학의 담론에서 웃음이 나온다면, 형이상학의 경지에서 미소가 나온다. 우리가 무엇을 깨달았을 때 자기도 모르게 미소가 터지는 것은 그러한 이치이다. 이 점에서 '건강 웃음운동'을 강조한 발표에 대한 토론에서 미소의 중요성을 강조한 이상준의 지적은 타당하다고 본다. 그는 일상생활에서 자연스럽게 실천할 수 있는 웃음은 미소라는 점, 미소도 건강에 충분히 좋다는 점, 박장대소는 인간관계에서 오히려 부정적 측면도 있다는 점, 따라서 웃음운동은 가장 좋은 것이지만 그렇다고 소리내지 않고 웃는

---

15) 김태곤, 『한국무속연구』, 집문당, 1981, 151-158쪽. 원본사고에 대해서는 제1장 제4절 참고.
16) 김기덕, 앞의 「김태곤 '원본사고' 개념의 이해와 의의」, 127쪽.

미소의 중요성이 무시되어서는 안된다는 점을 지적하였다.[17]

이러한 이상준의 견해는 필자와 일치하는 것이지만, 필자는 더욱 강조하고자 한다. '미소도 좋다'가 아니라, '웃음보다는 미소라야 한다'고 주장하고자 한다.[18]

지금까지 미소의 중요성을 지적하였다. 앞에서 命宮 및 입모양과 관련된 관상의 改開法을 언급하였는데, 사실 관상에서 강조하는 것도 웃음이 아니라 미소인 것이다. 웃음이 단발성이라면 미소는 지속적인 것이기 때문이다. 그렇다면 과연 어떻게 미소지을 것인가 하는 미소짓는 방법에 대한 연구가 필요하다. 미소를 짓기 위해서는, 미소를 지으면 좋은 인상을 준다는 낮은 차원의 동기유발에서부터, 本性을 깨달을 순간 미소가 나온다는 형이상학의 측면까지 확장될 수 있다. 그러한 점을 체계적으로 수련하여 이 세상을 미소의 세계로 만들고자 하는 것이 바로 미소명상(smile meditation)이다.

이 점과 관련하여 삼원론을 정립한 박재우는 또한 삼원론을 활용하여 가장 높은 차원의 미소를 짓는 방법들을 크게 다음과 같이 제시하고 있다.

① 자신에 대한 미소명상(뉴토 미소명상)
② 근원미소를 향한 미소명상(헤테로 미소명상)
③ 모든 존재들에 대한 미소명상(호모 미소명상)
④ 미소세계의 실현을 위한 미소명상(뉴트로 미소명상)[19]

---

17) 이상준, 「<건강 웃음운동의 3가지 포인트>에 대한 토론문」, 『구술문화, 현장문화, 웃음문화』(한국구비문학회, 한국웃음문화학회 공동학술발표대회 발표문), 2007, 128-129쪽.

18) 앞에서 언급했듯이 순간적인 박장대소의 효과와 의미를 부정하는 것은 아니다. 그러나 폭소나 박장대소는 순간적인 것이며, 그 효과에 있어 일정한 한계를 갖는다.

19) 박재우, 『삼원 미소명상』, 오행출판, 2004.

웃음문화에 대한 연구는 학술적 차원에 머무는 것이 아니다. 이와 관련하여 서대석은 '우리가 무엇 때문에 웃음의 원리를 찾으려고 하는지를 생각할 필요가 있다. 웃음의 원리를 밝히고 이론을 수립하면 그것을 어디에 써먹을 것인가를 염두에 두지 않을 수 없다. 대체로 웃음을 제공하는 텍스트를 해명하고 역사적으로 지역적으로 웃음의 원리가 어떻게 다르고 같은가를 밝혀서, 새로운 웃음문화를 창조하는 데 쓸모있는 이론을 만드는 것이 웃음을 연구하는 학문의 목표라고 하는 데는 별다른 이의가 없다고 본다'라고 명쾌하게 정리한 바 있다.[20] 이상준도 '진정한 미소라 일컬어지는 뒤셴미소(Duchenne Smile) 등과 같이 미소를 짓는 방법에 대한 연구와 교육훈련이 이루어져야 한다'고 하였다.[21]

웃음문화는 인문학적 자료의 축적과 의미부여 위에서, 아름다운 세상을 구현하고자 하는 액션 프로그램 그리고 더 나아가 산업적 활용까지도 확장될 필요가 있는 문화콘텐츠 분야인 것이다. 이러한 측면에서 본질적인 깨달음에 도달한 수준에서 미소를 터트리고, 그러한 미소를 기본형으로 유지하도록 하는 미소명상은 주목될 필요가 있을 것이다.

미소명상은 논리적인 명상이다. 삼원, 뉴트로를 이해하고 이 세상이 '뉴트로 세상'임을 깨닫는 명상이다. 따라서 여기에 대해서는 좀더 전제되어야 하는 서술들이 있어, 미소명상에 대한 구체적인 소개는 다음 기회로 미루고자 한다.

---

20) 서대석, 앞의 글, 9쪽.

21) 이상준, 앞의 글, 129쪽.

Ⅳ. 맺음말

본 글에서는 먼저 웃음과 미소의 차이를 구분하기 위하여 삼원론을 소개하였다. 삼원이란 헤테로(Hetero), 호모(Homo), 뉴트로(Neutro)의 세 가지 근본적인 힘을 뜻한다. 헤테로와 호모는 각각 기존의 陽과 陰의 개념과 대비되나, 개념 규정을 새롭게 했다. 말하자면 삼원론은 기존의 음양 개념을 새롭게 정의하여 호모, 헤테로라고 이름붙이고, 여기에 뉴트로라는 개념을 첨가하여 세상의 원리와 작동논리를 보다 분명하게 설명하려는 이론이라 할 수 있다.

웃음과 미소를 보다 세밀하게 구분하면 웃음은 陽이라면 미소는 뉴트로였다. 뉴트로는 존재케 하는 힘이므로, 항상 뉴트로 단계에서는 치료효과가 발생한다. 이것이 미소치료(smile therapy)가 가능한 이유이다. 물론 미소에도 여러 종류가 있다. 그야말로 부드러운 미소 외에, 어처구니가 없는 경우에 나오는 失笑, 괴로울 때 나오는 苦笑, 남을 조롱할 때 나오는 嘲笑 등이 있다. 그 외에도 談笑, 冷笑, 爆笑, 破顔大笑 등 여러 가지가 있다. 여기에서 뉴트로라고 하는 것은 정상적인 부드러운 微笑를 말한다. 그것이 뉴트로이다. 佛像의 미소, 성모 마리아의 미소가 그것이다. 또한 어린애의 미소나 노인의 지긋한 미소도 대표적인 미소의 형태이다.

다음으로는 그러한 미소를 짓는 방법에 대한 연구가 필요하다. 미소를 짓기 위해서는, 미소를 지으면 좋은 인상을 준다는 낮은 차원의 동기유발에서부터, 本性을 깨달을 순간 미소가 나온다는 형이상학의 측면까지 확장될 수 있다. 그러한 점을 체계적으로 수련하여 이 세상을 미소의 세계로 만들고자 하는 것이 바로 미소명상(smile meditation)이다. 그러나 본 글에서는 미소명상에 대한 구체적인 설명은 생략하였다.

웃음문화에 대한 연구는 학술적 차원에만 머무는 것이 아니다. 웃음문화는 인문학적 자료의 축적과 의미부여 위에서, 아름다운 세상을 구현하고자 하는 액션 프로그램 그리고 더 나아가 산업적 활용까지도 확장될 필요가 있는 문화 콘텐츠 분야인 것이다. 이러한 측면에서 본질적인 깨달음에 도달한 수준에서 미소를 터트리고, 그러한 미소를 기본형으로 유지하도록 하는 미소명상은 주목 될 필요가 있을 것이다.

▋제4절 기(氣) 이론과 문화콘텐츠(2)*
– 삼원원리와 '틀기요법' –

    무릇 세상의 이론이란 당연히 인간을 위한 것이다. 따라서 모든 이론의 타당성 여부는 인간의 삶의 조건을 적절히 설명해주고, 더 나아가 인간의 삶을 보다 풍요로운 방향으로 바꾸어 나갈 수 있는가에 달려 있다고 할 수 있다. 그 중에서도 인간의 신체, 즉 '몸'에까지 적용되는 실용적 이론은 우리 인류가 항상 추구해 온 중심주제였고, 동양사회에서 음양론(陰陽論)은 몸에 대한 적용을 넘어서 사회의 모든 현상을 해석하는, 일종의 세상과 몸을 해석하는 동양적 '매스터키'였다. 지금도 음양론은 여전히 유효하다. 잘 알려져 있듯이 한방이론의 요체는 음양의 균형을 잡아주는 음양보사법의 논리이다. 그리고 음양론은 이와 같은 건강이론은 물론 우리의 의식형태 및 언어 표현방식 등에도 깊이 적용되고 있다.

    이 자리에서 소개하는 박재우 교수는 『주역』과 『황제내경』이후 지금까지 면면히 계승되는 전통적인 음양론의 패러다임을 넘어서, 삼원론(三元論; Triorigin) 패러다임을 새롭게 정립한 사람이다. 애초에 수족침(手足鍼)을 개발하여 침술 연구로 시

그림 27 ▶ 박재우 박사

---

* 본 글은 필자의 글(김기덕,「박재우 박사의 삼원론과 틀기요법」『정신세계』27, 2003)을 보완한 것이다. 대중잡지에 게재한 글이므로, 내용상 앞에서 서술한 내용이 일부 중복되는 점이 있다.

작한 박 교수는 1990년대 초에 러시아로 가서 활동하였고, 그 성과를 바탕으로 수족침 대학이라고 할 수 있는 '온누리대학'을 카자흐스탄 알마타에 설립할 수 있었다. 현재도 '온누리대학' 이사장으로 활동하고 있다.

I. 음양론을 넘어선 삼원론의 원리

박재우 교수는 1990년대 후반에 접어들면서 기존의 음양론에 입각한 해석을 발전시켜 새롭게 삼원론을 제창하였다. 사실 세상의 근본질서와 운행원리를 음과 양 외에 또 하나의 요소를 첨가시켜 이해한 논리는 예전부터 있어 왔다. 그 또 하나의 요소는 흔히 '중(中)' '삼(三)' '도(道)' '태극(太極)' 등으로 표현되었는데, 박 교수의 경우 이를 삼원의 논리로 명쾌하게 정리한 것이(『삼원의 세계』2002, 오행출판사) 특징이다.

그러면 삼원이란 무엇인가? 삼원이란 헤테로(Hetero; 異氣), 호모(Homo; 同氣), 뉴트로(Neutro; 和氣)의 세 가지 근본적인 힘을 뜻한다. 헤테로와 호모는 각각 기존의 양(陽)과 음(陰)의 개념과 대비된다. 말하자면 삼원론은 기존의 음양 개념에 새롭게 뉴트로라는 개념을 첨가하여 세상의 원리와 작동논리를 보다 분명하게 설명해주는 이론이라 할 수 있다.

헤테로의 본질은 변코자 하는 힘이다. 그러나 현실세계에서는 호모와 뉴트로가 공존하여 그들의 견제를 받으므로, 헤테로는 '다르게 하는 힘'으로 나타난다. 그 결과 이 세상에는 적어도 공간 및 시간적 차원의 관점에서만 보더라도 어느 것 하나 서로 똑같은 것은 존재하지 않게 된다.

헤테로와 달리 호모는 변치 않고자 하는 힘이다. 다시 말하면 호모는 헤테로를 견제하기 위해 이 세상에 나타난 반작용의 힘이나 마찬가지다. 호모의 천

성은 헤테로의 천성과 부딪치면서 이 존재계에 서로 닮은 유사현상을 일으키는
데, 이에 따라 모든 존재들은 결국 서로 유사성을 공유할 수밖에 없게 된다.

　　마지막으로 뉴트로는 존재케 하려는 힘이다.[22] 헤테로가 일차원적인 직
선이라면 호모는 이차원적인 원운동의 평면공간을 일으키는 힘이고, 뉴트로는
직선과 평면이 합해지면서 형성된 입체적인 공간을 삼차원이라는 실질적인 존
재계로 탄생시키는 힘이다. 또한 뉴트로는 중성자(中性子)와 같은 힘이다. 중성
자는 원자핵 밖에서 좌충우돌 쏘다니는 헤테로 기질의 전자와, 원자핵 속에서
미동도 하지 않는 호모 기질의 양성자의 전기적 대립 사이에서 중성의 힘을 발
휘하는 힘으로 작용한다. 이와 같은 중성자는 바로 뉴트로의 힘이 물질입자로
표현된 좋은 본보기라 할 것이다.

II. 조화로운 제3의 힘 뉴트로

　　박재우 교수는 이러한 삼원론에 입각하여 우리 몸의 질병을 구체적으로 이
해하고 치료할 수 있는 삼원침(三元鍼)을 개발했다. 그리고 최근에는 침술을 넘
어서 세상을 이해하는 새로운 방법론으로 삼원론을 제시하고 있다. 주로 러시
아의 모스크바, 중앙아시아의 알마타, 그리고 사이프러스와 인도 등지에서 삼
원론이라는 새로운 패러다임을 강의하고 있는데, 강의 내용이 건강만이 아닌
철학과 과학 등으로 확장됨에 따라 강의를 듣는 사람들도 기존의 의학자에서
인문학자와 과학자 등으로 확대되고 있는 추세다.

　　또한 흥미로운 것은 지난 2002년 박재우 교수가 삼원론의 원리에 입각해

---

22)　삼원에 대해서는 제1장에서 자세히 다루었으므로, 여기에서는 본래 글에서 제시하였던 삼원
　　에 대한 설명을 많이 생략하였다.

우리 몸을 간단히 틀어주는 것으로 질병을 치료하는, 아주 간편한 요법을 새로 개발하였다는 점이다. 그러면 과연 삼원틀기요법의 원리가 무엇이며 어떤 효과가 있기에 현지에서 그렇게 인기를 끌고 있는 것인가?

우리 인체는 나선망 에너지체계로 이루어져 있다. 우리 몸만 봐도 그렇다. 머리에 있는 '가마'와 손발의 '지문'이 바로 그 증거다. 말하자면 우리 몸의 처음과 끝이 나선으로 돼 있는 것이다. 몸에 병이 드는 이유는 바로 인체에 각인된 나선망 체계가 제대로 작동하지 못하기 때문이며, 따라서 인체의 나선망 에너지체계를 제대로 작동시켜 준다면 어떤 병이라도 바로 고칠 수 있다.

등산에 비유하면, 젊은 혈기로 암벽등산도 불사하며 산 정상까지 직선으로 오르는 방법은 헤테로이고, 높고 경사진 산이 두려워 밑에서만 맴도는 것은 호모이다. 그리고 이 둘을 혼합하여 완만하게 경사를 타고 오르는 나선 등산법이 바로 뉴트로에 해당하는데, 이런 방법이야말로 산을 감상하면서 여유 있게 등산하는 것을 가능하게 할 뿐 아니라 큰 피로 없이 성취감을 맛보게 하고 등산 후에도 상쾌한 몸 상태를 유지하도록 한다.

이와 같은 뉴트로적 원리를 적용하여 제대로 작동하지 못하는 인체의 나선망 에너지체계를 회복시켜 주는 치료법을 '틀기요법'이라 한다. 예를 들어 뇌성마비 환자의 경우 말을 할 때 먼저 입과 손, 몸을 심하게 뒤트는 것을 발견할 수 있다. 이는 그들의 나선망 체계가 잘못돼 있기 때문인데, 몸을 뒤틀어 정지된 나선망 체계를 회복시켜 주어야 비로소 말이 나온다.

정도의 차이는 있지만 몸의 어느 부분에 병이 들었다는 것은 그 부위의 나선망 체계가 원활하게 작동하지 못하고 있다는 것을 의미한다. 이는 곧 우리가 눈, 코, 귀, 입, 목, 턱, 팔다리, 몸통, 내장 등을 틀어주는 간단한 행위를 통하여 신체의 질병을 치료할 수 있음을 뜻한다. 바로 이것이 나선망 체계를 활용한 틀기요법의 원리이다.23)

III. 나선망으로 된 몸, 틀어주면 나아

　　간단한 틀기요법을 통해 두토와 복통, 생리통, 신경통, 소화불량, 변비, 각종 부인병, 감정 및 정신질환, 여러 내장기관의 질병이 치료된다. 물론 건강한 사람도 각종 부위의 틀기를 시도해 주면 대단히 좋다. 틀기운동은 우리 몸의 나선망 체계를 복구시켜 주는 행위여서 흔히 하는 운동의 몇 배에 해당하는 효과를 가져다주기 때문이다.

　　틀기요법의 가장 큰 장점은 무엇보다도 그 방법이 쉽고 간단명료하며, 더욱이 그 효과가 즉시 나타난다는 점이다. 서서히 치료되는 것이 아니라 10분내에 바로 치료되며, 일시적인 것이 아닌 근본적인 완전치료이다. 또한 틀기요법은 의사를 찾아가 치료받는 수동적인 요법이 아니라, 간단한 원리를 알기만 하면 스스로 행하여 치료할 수 있는 주체적이고 능동적인 요법이다.

　　이러한 틀기요법은 우리가 걸어다니면서도 수시로 적용할 수 있다. 이를 가리켜 '틀며걷기요법'이라 한다. 틀며걷기요법은 모든 틀기요법과 마찬가지

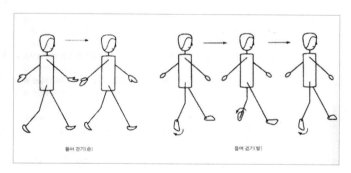

틀며 걷기(손)　　　　　틀며 걷기(발)

그림 28 ▶ 틀며걷기요법

---

23) 제1장 제4절 <나선이론과 소용돌이>에서 나선형을 언급한 바 있다. 그 글을 함께 참고하면 좋을 것이다.

로 간단한 원리에 입각하여 틀어주는 것으로, 따라하기가 쉽고 별도의 도구와 재료가 필요 없기에 경제적인 면에서도 좋다.

물론 보다 정확하게 질병을 진단하고 처방하려면 몇 가지 자세와 방법만 익혀 따라하기보다는 본인이 삼원의 원리를 잘 이해하여 인체에 적용, 분석할 수 있어야 할 것이다. 이를 위해 박재우 교수는 앞으로 '틀기요법사' 강좌를 개설하여 전문인력을 배출할 예정이다.

위대한 진리는 단순하다고 했던가. 그렇다면 삼원이라는 최고의 원리에 근거하고 있으면서도 그 적용방법은 대단히 쉬운 나선 틀기요법이야말로 이 시대가 요구하는 가장 대중적이고 유용한 자가진단 및 자가처방법이라 할 수 있을 것이다.

IV. 틀기요법의 감초, 목틀기 방법

신체의 모든 부분을 나선망 체계를 활용한 틀기요법으로 고칠 수 있으나, 여기서는 가장 쉽게 할 수 있으면서도 효과가 뛰어난 '목틀기'를 제시한다. 목은 인체의 큰 부위인 머리(두뇌)와 몸을 연결해주는 부위로, 만약 우리 신체에 이상이 있을 때는 반드시 목에 문제가 생기게 된다. 따라서 어떠한 부위를 대상으로 하는 틀기요법에는 마치 약방의 감초처럼 목틀기가 들어가기 마련이고, 이는 그만큼 목틀기가 중요함을 증명한다.

틀기요법을 구성하는 것은 크게 자세와 틀기동작이라는 두 측면이다. <그림 29>를 참고하여 설명하면, 먼저 자세로는 목을 뒤로 제끼는 자세(A), 앞으로 숙이는 자세(B), 90도 좌측으로 꺾은 자세(C), 90도 우측으로 꺾은 자세(D)가 있다. 이를 좀 더 자세히 나누면, 목을 뒤로 젖히되 45도 좌측을 유지하는 자세(E) 혹은 45도 우측을 유지하는 자세(F)가 있다. 또한 목을 앞으로 숙이되 45도 좌측을 유지하는 자세(G) 혹은 45도 우측을 유지하는 자세(H)가 있다.

두 번째로 틀기동작은 위의 기본자세를 유지한 상태에서 좌틀기, 우틀기, 빗겨틀기, 나선틀기, 회전틀기 등을 하는 여러 방법이 있을 수 있다. 여기에서는 가장 간단한 좌틀기와 우틀기만을 시도해 본다. 즉, 위에서 말한 기본자세를 취한 후 좌로 목을 틀어주는 것이 좌틀기이며, 우로 틀어주는 것이 우틀기이다.

V. 자가진단과 처방

그러면 (A)에서 (H)까지의 자세 하나하나를 취한 후 각각 좌틀기와 우틀기를 번갈아가며 해본다. 몸에 이상이 있으면, 반드시 어떤 자세의 어떤 틀기에서 통증이 오게 되어 있다. 통증이 있는 자세와 틀기동작의 방향을 확인할 수 있으면 이미 진단은 끝난 것이나 다름없다. 처방 또한 너무나 간단하다. 통증이 있는 반대쪽으로 틀어주면 된다. 이때는 자세만 반대로 해주어도 되고 틀기동작을

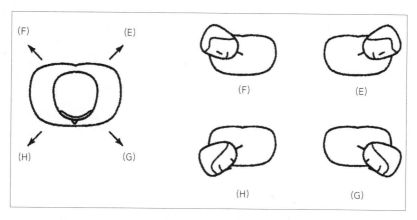

그림 29 ▶ 목틀기요법(A~D는 생략함)

반대로 해주어도 된다. 혹은 자세와 틀기동작을 동시에 반대로 해주어도 된다. 즉 처방은 여러 가지로 나올 수 있는 것이다.

앞에서 설명한 방식에서, 다시 자세를 반대로 해주는 여러 방법들이 있다. 그렇게 해서 통증이 있는 자세의 반대로 다시 자세를 취하고 우틀기든 좌틀기든 틀기동작을 해주면 처방이 된다. 약 5분 정도(심한 통증이 왔을 경우는 10분) 처방 자세를 유지한다.

VI. 논리에 입각한 기(氣) 콘텐츠가 필요하다

외람되지만 오늘날 전해지는 기(氣)와 관련된 대부분의 프로그램은 확실한 논리가 없다는 것이다. 명상도 그러하고 요가, 태극권도 그러하다. [예로 부터 -- 해 왔다]에서 더 나아가, [--하므로 --하다]로까지 발전해야 한다. 그러기 위해서는 확실한 논리가 필요하다. 여기서 소개한 틀기요법이나 미소치료, 미소명상과 같은 것은 논리적 프로그램이다. 필자는 이러한 논리적 프로그램이 기(氣) 콘텐츠로 보다 수월하게 전환할 수 있을 것으로 믿고 있다.

제5장
문화원형사업과 문화콘텐츠

문화원형사업은 한국의 전통문화원형을 디지털콘텐츠화하여 문화콘텐츠산업의 상상력과 창의력의 원천인 창작소재를 제공해 줌으로써 문화콘텐츠산업의 경쟁력을 향상시키고자 시도된 사업이다. 이 사업은 인문학자들에게 직간접적으로 커다란 영향을 주었다. 그것은 무엇보다 원천소재가 대부분 인문학적 자료들이기 때문이며, 또한 이 사업은 그 속성상 인문학-예술-마케팅-기술이 복합된 학제간연구의 성격을 갖는 것이기 때문이다. 따라서 본 사업에 대한 분석 및 방향제시는 인문학의 입장에서 반드시 필요한 것이다. 본 장은 이러한 문화원형사업을 주제로 다루고 있으며, 특히 필자는 이 사업에 있어 '전문연구자의 역할'에 대하여 고민하였음을 밝혀 둔다.

▌제1절 문화원형 디지털콘텐츠화사업의 사회적 효용*

I. 머리말

이제 많이 알려진 것이지만, '문화원형 디지털콘텐츠화사업'이란 한국문화콘텐츠진흥원에서 ① 문화원형의 디지털콘텐츠화를 지속적으로 확대 추진하여 문화콘텐츠산업의 상상력과 창의력의 원천인 창작소재를 제공함으로써, 문화콘텐츠산업의 경쟁력을 향상 도모하고, ② 문화원형을 활용한 문화콘텐츠 창작을 활성화하고, 콘텐츠의 활용과 유통을 촉진하여 지속적인 콘텐츠 개발과 문화콘텐츠산업의 장기적 성장기반을 마련하고자 시행하는 사업이다.

이 사업의 명칭은 본래 '우리 문화원형의 디지털콘텐츠화사업'이었다. 그러나 사업 중간에 이 사업의 범위를 '우리' 문화원형으로만 국한될 필요가 없으며, 이제 '글로벌' 문화원형을 개발하여 국내 콘텐츠산업에 도움을 주고 아울러 세계 콘텐츠시장에도 진출할 필요가 있다는 판단에서 사업이름에 '우리'라는 말을 삭제하여 사용하고 있다.

본 사업과 관련해서는 지금까지 여러 편의 연구성과가 있었다. 직간접적으로 관련되는 연구성과를 제시해 보면 다음과 같다.[1)]

> 강진갑, 「문화콘텐츠 개발과 지역사 연구자의 역할」, 『향토사연구』 15, 2003.
> 김기덕, 「콘텐츠의 개념과 인문콘텐츠」, 『인문콘텐츠』 창간호, 2002.

---

* 본 글은 필자의 발표논문(김기덕, 「문화원형 디지털콘텐츠화사업의 사회적 효용」『인문콘텐츠』 5, 2005)을 보완한 글이다.

1) 문화원형사업과 직결되는 논문만이 아니라, 전통문화 및 세계문화를 콘텐츠화하는 주제를 다룬 글들도 일부 포함시켰다.

김기덕, 「문화원형 디지털콘텐츠화사업의 사회적 효용」 『인문콘텐츠』, 5, 2005.

김영애, 「문화콘텐츠산업의 기획」, 『인문콘텐츠』 창간호, 2002.

김용범, 「문화콘텐츠 창작소재로서의 고전문학의 가치에 관한 연구」, 『한국언어문화』 22, 2002.

김제중, 「한국 김치문화의 디지털콘텐츠 개발에 관한 연구」, 『디자인학연구』 10-1, 2005.

박경하, 「한국의 문화원형콘텐츠 개발현황과 과제」, 『인문콘텐츠』 3, 2004.

박상천, 「왜 문화콘텐츠인가」, 『내러티브』 7, 2003.

박상천, 「Culture Technology와 문화콘텐츠」, 『한국언어문화』 22, 2002.

서병문, 「21세기 전략산업 '문화콘텐츠'」, 『한국콘텐츠학회지』 1-1, 2003.

송진영, 「중국의 문화산업정책과 문화원형콘텐츠 개발」, 『인문콘텐츠』 3, 2004.

송진영, 「현단계 중국의 문화산업과 중국의 전통서사문화」, 『중국어문학지』 16, 2004.

심상민, 「문화원형 디지털콘텐츠화사업의 산업적 활용방안 연구」, 『인문콘텐츠』 5, 2005.

유동환, 「고건축, 디지털세트로 거듭나다: 문화원형과 디지털콘텐츠의 소통을 담당할 기획자를 전망하며」, 『인문콘텐츠』 창간호, 2002.

유동환, 「문화콘텐츠닷컴 분석과 활성화 방안 제안」, 『인문콘텐츠』 5, 2005.

유원종, 「한국전통화약무기 및 로켓의 디지털콘텐츠 소재개발: web서비스를 중심으로」, 『한국콘텐츠학회지』 1-2, 2003.

이강현, 「캐릭터를 이용한 전통무예 디지털콘텐츠 개발연구」 『한국콘텐츠학회지』 1-2, 2003.

이남식, 「전통문화콘텐츠를 통한 지역경제 활성화전략: 전통문화의 현대적 재해석」, 『문화도시문화복지』 159, 2004.

이정옥, 「경주세계문화엑스포의 콘텐츠 기획과 과제」, 『경주문화논총』 7, 2004.

이창식, 「전통민요의 자료활용과 문화콘텐츠」, 『한국민요학』 11, 2002.

이호홍, 「문화원형 디지털콘텐츠화사업에 있어서의 저작권 문제」, 『인문콘텐츠』 5, 2005.

임학순, 「문화콘텐츠 접근성, 그 의미와 정책과제」, 『예술경영연구』 3, 2003.

장원석, 「유학과 문화콘텐츠」, 『유교문화연구』 7, 2004.

장윤수, 「세계 한민족문화공동체 발전과 문화콘텐츠 개발」, 『교포정책자료』 65, 2003.

정민 외, 「한중전통문화 관련 디지털 인문콘텐츠 실태비교 및 수준향상 방안 연구」, 『한국학논집』 36, 2002.

정석규, 「문화원형을 중심으로 한 문화콘텐츠 기술개발에 관한 연구」, 『호남대학교 학술논문집』 25-2, 2002.

정재서, 「일본의 문화전통과 학술 그리고 문화산업」, 『인문콘텐츠』 3, 2004.

조관연, 「해외 지역연구와 문화콘텐츠」, 『국제지역정보』 135, 2004.

황동열, 「문화원형의 디지털콘텐츠 개발모형에 관한 연구」, 『한국비블리아』 14-1, 2003.

이 사업과 관련하여 한국문화콘텐츠진흥원 문화콘텐츠닷컴에서는[2] 개발된 과제 목록과 실제 성과물이 전시되어 있다. 따라서 본 글에서는 이 사업에 대한 일반적인 소개는 원칙적으로 생략하며, 논지의 전개상 필요할 경우에만 언급하고자 한다.

본 글은 무엇보다 문화원형 디지털콘텐츠화사업이 갖는 사회적 효용을 추적한 글이다. 사실 처음 문화관광부내에서 문화콘텐츠산업을 진흥하기 위하여

---

2) http://www.culturecontent.com

'한국문화콘텐츠진흥원'을 설립할 당시, 누구에 의해 이 사업이 기획되었는지 필자는 알지 못한다. 즉시 산업적 효과를 발생할 수 있는 사업만을 지원하지 않고, 이렇게 우리의 문화원형을 디지털콘텐츠화하여 문화콘텐츠산업에 창작소재를 제공한다는 원대한 구상하에 이 사업이 기획된 것에 필자는 경의를 표하고 싶다.

비록 현재 그 성과에 대한 판단에 있어 긍정적인 평가만을 받는 것은 아니지만, 한국문화콘텐츠진흥원이 2001년 처음 설립되면서부터 본 사업이 구상되고 2002년에 바로 실천에 옮겨졌다는 것은 대단히 신선한 아이디어였으며 적극적인 추진력이었다고 평가해도 좋을 것이다. 본 글에서는 주로 '문화인프라'의 측면에서 본 사업이 갖는 사회적 효용을 설명한 뒤, 그것에서 파생되는 다양한 사회적 효용을 제시해 보고자 한다.

II. 문화인프라 → 문화콘텐츠산업 아카이브의 역할

문화에 비약은 없다. 문화산업도 비약은 없다. 순간적인 호황은 있을 수 있어도 그것이 지속적으로 진행되기 위해서는 기본 인프라가 정비되어야 한다. 특히 원칙적으로 지식정보를 기반으로 부가가치를 높여가는 문화콘텐츠산업에 있어서는 특히 그러하다고 할 수 있다.

1. 문화산업과 문화콘텐츠산업

여기에서 먼저 문화산업과 문화콘텐츠산업을 비교해 보고자 한다. 현재 문화산업과 문화콘텐츠산업은 별다른 구분없이 혼용하여 사용되고 있다. 사실상 구분이 어렵기는 하다. 그러나 본래 콘텐츠란 디지털 플랫폼에 들어가는 내용물이라고 한다면, 문화콘텐츠산업은 새로운 디지털기술에 기반을 둔 문화산업이라고 할 수 있다. 그리고 문화산업이란 협의로는 기존의 오프라인에 기반을 둔 문화산업이라고 할 수 있으며, 광의로는 새롭게 디지털기술에 기반을 둔 문화콘텐츠산업까지도 전부 포함하는 개념으로 이해할 수 있을 것이다.

여기에서 필자가 강조하고 싶은 것은 문화콘텐츠산업은 일반적인 문화산업과 비교하여 기본적으로 디지털기술로 구현되는 지식정보화를 요청한다는 점이다. 즉 학술적 DB를 그대로 참조하던, 아니면 그것을 기초로 하여 가공하여 사용하던, 방대한 학술 축적량의 지식정보화를 일차로 필요로 한다. 그것이 문화콘텐츠산업이 기존의 문화산업과 차이가 있는 부분이라고 할 수 있다. 물론 문화콘텐츠산업의 범주는 대단히 넓어서 굳이 지식정보에 바탕을 두지 않아도 되는 것 또한 많이 있을 것이다.

그러나 오늘날 실제 대부분의 문화콘텐츠 결과물은 지식정보에서 아이디어를 얻고 있으며, 사실에 바탕을 둔 학술적 DB에서 출발하여 가공된다. 아무리 상상력을 동원하고 가공의 이야기를 만든다고 하더라도, 기본 원천소스가 없이 하기에는 한계가 있는 것이다. 상상력도 사실에 바탕을 두고 발아하는 것이다. 과거의 문화산업도 학술적 성과를 참조하여 아이디어를 얻고 자료를 도움받아 이야기를 꾸며왔지만, 지금의 디지털시대 문화콘텐츠산업에 있어서는 학술적 DB의 영향력이 보다 절대적이라고 할 수 있다. 그만큼 소재선택에 있어서나, 작품의 아이디어, 작품의 전개를 위한 기본 자료 측면에서 디지털기술에 맞춘 학술 DB의 지식정보화는 커다란 도움이 된다. 그것은 디지털기술이 갖는 영향력 때문에 나타난 당연한 현상인 것이다.

사실상 외국의 유명 영화, 애니메이션, 게임산업 회사들은 직접 자신들의 작품 구성에 필요한 시대적, 공간적 배경 그리고 캐릭터를 비롯해 다양한 구성

요소에 해당하는 원천 자료들의 라이브러리를 구축해 놓고 있다. 우리나라는 그러한 측면이 전무했던 실정이었다.

2. 문화콘텐츠산업의 기초 인프라로서의 '국가지식정보화사업'

디지털시대의 전개와 발맞추어 한국은 1999년부터 이른바 '국가지식정보화 사업'이라고 총칭할 수 있는 다양한 학술적 DB사업을 시작하였다. 그리고 2000년에는 '지식정보자원관리법'을 제정하였다.[3] 물론 이 사업은 처음에는 실업자 구제를 위한 공공근로사업의 목적도 가짐으로써 일관적인 원칙과 체계하에서 진행되지 못하여 초기에는 여러 가지 문제점을 노출했던 것도 사실이었다.

그러나 문화, 역사, 교육학술, 과학기술, 정보통신[4] 등 5대 분야 및 기타 보존 및 이용가치가 높은 국가 및 공공 기관이 보유한 지식정보를 집중 디지털화하고 국가지식정보자원의 체계적 유통기반을 마련하고자 추진되는 본 사업은 그 의미가 대단히 큰 것으로, 현재 한국정보문화진흥원이 총괄하고 있다.[5] 이 사업으로 축적된 데이터베이스는 온라인으로 전체 통합검색 시스템(www.knowledge.go.kr)과 함께 각 분야 사이트[6]가 운영되고 있다. 참고로 지식정보화사업이 얼마나 활발하게 진행되고 있는가 하는 점을 알기 위하여, 2005년도 지식정보자원 지정과제를 제시하면 다음과 같다.

---

3) 이 점에 대해서는 다음을 참조할 수 있다. 이남희, 「인문학과 지식정보화 - '지식정보자원관리법'과 '한국역사통합시스템'을 중심으로-」『인문콘텐츠』창간호, 2002.

4) 본래 '산업경제분야'에서 이름이 바뀌었다.

5) www.kado.or.kr

6) 역사, 산업, 문화, 과학기술, 건설교통, 해양수산, 정보통신, 교육학술 등 8개 분야가 있는데, 국가정보통합검색시스템에 전부 링크되어 있다.

【 2005년도 지식정보자원 지정과제 현황 】

- **과학기술분야**
  - 건설교통부, 건설교통부, 건설교통기술 지식정보DB 구축사업(5차)
  - 국립중앙과학, 과학기술부관, 국가 자연사 연구 종합정보시스템
  - 사단법인무지개세상, 환경부, 자연생태 동영상 DB구축 사업
  - 산림청, 국가생물종 지식정보 DB구축 확대
  - 연세대학교의과대학암전이연구센터, 교육인적자원부, 유전자칩기반 암관련특이유전자발현지식정보시스템 구축
  - 정보통신연구진흥원, 정보통신부, 정보통신관련 지식정보
  - 충청북도정보산업진흥원, 충청북도, 첨단생명산업을 위한 약용, 건강, 식용 식물자원 시스템 구축
  - 한국과학기술정보연구원, 국무조정실, 과학기술 종합정보시스템구축 (6차년도)
  - 한국과학기술정보연구원, 국무조정실, 산업기술기반 전문정보 DB구축
  - 한국섬유개발연구원,대구광역시, 섬유전문기술 지식정보 DB구축 사업
  - 한국전자통신연구원, 정보통신부, 표준형 한국어 언어/음성 데이터 베이스
  - 한국지질자원연구원, 국무조정실, 사이버 지질자원과학관 구축 (2년차)
  - 한국천문연구원, 국무조정실, 천문우주 정보 DB 구축
  - 한국표준과학연구원, 국무조정실, 감성 연구자원 DB구축 사업
  - 한국한의학연구원, 보건복지부, 2005년도 한의학 지식정보자원 디지털화 사업
  - 한국해양대학교, 교육인적자원부, 해운, 항만, 물류 종합시스템
  - 환경부국립환경연구원, 환경부, 국가 생태계 정보 통합 네트워크 구축

- **교육학술분야**
  - 국립중앙도서관, 문화관광부, 한국 고전적 종합DB 시스템 구축
  - 국방대학교, 국방부, 국방학술정보시스템 구축 2차사업
  - 국회도서관, 국회도서관, 국회입법활동지원관련 원문 DB 확충사업
  - 한국과학재단, 과학기술부, 국가과학영재 통합정보 DB 구축사업

- 한국교육개발원, 국무조정실, 사이버교과서 박물관 구축
- 한국교육학술정보원, 교육인적자원부, 국가학술연구DB구축사업(5차)
- 한국사회과학데이터센터, 교육인적자원부, 사실정보 통합 DB구축사업(2차)
- 한국외국어대학교 언어연구소, 교육인적자원부, 세계 언어 표준음성 DB화 및 활용

■ 문화분야
- 경주시청, 경상북도, 경주남산 문화재 웹 서비스 시스템 구축
- 국립문화재연구소, 문화재청, 문화재 학술조사 연구정보 디지털화
- 독립기념관, 문화관광부, 한국독립운동사 종합지식정보시스템 구축 4차
- 동국대학교 중앙도서관, 교육인적자원부, 불교문화종합 DB구축 사업
- 문화관광부, 문화관광부, 국가문화유산 종합정보시스템 구축(6차) 사업
- 문화관광부, 문화관광부, 문화예술종합정보시스템구축(6차) 사업
- 문화재청, 문화재청, 국가지정 중요전적문화재 원문 DB구축 (3차)
- 한국영상자료원, 문화관광부, 한국영화자료DB 구축사업 (4차)

■ 산업경제분야
- 국립산림과학원, 산림청, 산림정보 탐사용 항공사진 DB구축 (2차)
- 국방품질관리소, 국방부, 국방형상자료 DB구축
- 국토지리정보원, 건설교통부, 국토공간영상정보 DB구축 및 인터넷 서비스 시스템 개발 ('04년 계속사업)
- 법제처, 법제처, 근대법령 지식정보DB구축 사업
- 성공회대학교 민주자료관, 교육인적자원부, 노동운동 및 노동생활 기록물 DB구축사업
- (사)한국상장회사협의회, 재정경제부, 기업정보통합시스템(기업정보 포탈) 구축 및 서비스사업
- 국토연구원, 국무조정실, 국토정보통계 DB구축 사업
- 육군본부 의무감실, 국방부, 보훈민원 DB구축
- 한국법제연구원, 국무조정실, 영문영혁법령 대국민서비스체제 구축

■ 역사분야
- 경상대학교 도서관, 교육인적자원부, 남명학관련 고문헌 원문 DB구축(2차)사업
- 국가보훈처, 국가보훈처, 독립운동관련 기록물의 대국민서비스 체제 구축 (2단계)
- 국사편찬위원회, 교육인적자원부, 한국역사정보통합시스템 구축사업
- 국토지리정보원, 건설교통부, 국가측량기준점성과 지식정보시스템 구축
- 대전광역시, 대전광역시, 지방행정 기록영상물의 아카이브구축 및 URN기반의 디지털콘텐츠 DB구축사업
- 명지대학교 국제한국학연구소, 교육인적자원부, 한국관련 서양고서 원문 DB구축 사업
- 민족문화추진회, 교육인적자원부, 고전국역총서 및 한국문집총간 정보화사업
- 민주화운동기념사업회, 행정자치부, 민주화운동 사료 DB구축 및 활용 2차 사업
- 서울대학교 규장각, 교육인적자원부, 한국학 고전원문 디지털화사업
- 서울대학교 한국문화연구소, 교육인적자원부, 영토분쟁 지역 관련자료 정보화사업
- 성균관대학교 동아시아학술원 존경각, 교육인적자원부, 한국경학자료와 족보 DB구축 사업
- 영암군, 전라남도, 왕인박사 DB 구축
- 전쟁기념사업회(전쟁기념관), 국방부, 한민족전쟁사 관련자료 디지털화 및 대국민 서비스 사업
- 한국국학진흥원, 경상북도, 2005년도 유교문화종합정보 DB구축사업
- 한국여성개발원, 국무조정실, 한국여성사 지식정보자원 구축 3차 사업
- 한국정신문화연구원, 교육인적자원부, 장서각소장 국학 자료 전산화 작업

이상과 같은 국가지식정보화사업 이외에도 한국학중앙연구원에서 시도하

고 있는 '한국향토문화전자대전사업' 역시 앞으로 문화산업의 기초인프라로서 기능할 수 있을 것으로 생각한다. '한국향토문화전자대전사업'은 본래 1980년부터 1991년 편찬 완료한 '한국민족문화대백과사전' 편찬 작업의 후속 사업으로 기획되었는데, 2003년부터 10개년 계획으로 전국 시군구의 향토 문화 자료를 발굴, 디지털화하여 정보 제공하기 위한 사업이다. 총 10개년에 걸쳐 1,000억원 규모로 추진되며, 국고와 지방비 매칭 펀드 방식으로 사업을 추진하고 있다. 시범사업의 일환으로 가장 먼저 착수된 '성남'의 사례가 완료되어 2005년 3월 '디지털성남대전'을 개통하였으며, 이후 청주가 개통되었고 현재 후속 사업이 활발히 진행되고 있다.[7]

3. 외국의 기초문화인프라 구축: 'INFO2000'(1996-1999)과 'eContent'(2001-2004)[8]

유럽 각국은 1995년 말 'INFO2000'이라는 정보화사회 추진 전략프로젝

---

7) 향토문화전자대전사업에 대해서는 『한국향토문화전자대전 편찬 기초연구』(한국정신문화연구원·전국문화원연합회, 2001)와 2004년 6월 5일 한국정신문화연구원·한국향토사연구전국협의회가 공동 주최한 심포지움자료집, 그리고 2006년 인문콘텐츠학회 '향토문화전자대전' 심포지움자료집을 참조할 수 있다. 2006년 심포지움 발표문은 이후 다음과 같이 『인문콘텐츠』9호에 특집논문으로 게재되었다.
   '한국향토문화전자대전 콘텐츠 제작 프레임워크 개발 연구'
      1. 향토문화 분류체계와 전자대전 항목구성체계의 접합 방안(권영옥, 김백희)
      2. 지역별 향토문화 항목개발 프로세스 운영체계 연구(강병수, 정경란)
      3. 향토문화 콘텐츠의 메타데이터 형식 및 텍스트 집필(김창겸, 임동주)
      4. 향토문화 하이퍼텍스트 구현을 위한 XML 요소 처리방안(김현)
      5. 향토인물정보의 형식 표준화 및 종합적 연계 활용방안(최진옥, 양창진)
      6. 경제, 산업 관련 항목 콘텐트 개발 방안에 관한 연구(유광호)
8) 여기에 대해서는 다음의 글을 참조하였다. 이상훈, 『디지털기술과 문화콘텐츠산업』, 진한도서, 2004, 30-37쪽.

트를 마련하고 6500만(ECU) 투자에 합의하였다. 'INFO2000'의 기본 전략 4가지 노선은 (1) 수요 촉진 및 인식제고 (2) 유럽내 공공부분 정보의 활용 (3) 범유럽적 멀티미디어 잠재력의 활성화 (4) 각종 지원사업이다. 이 중 특히 주목되는 것은 (3)이다. 그것을 위한 전략은 유럽의 문화유산을 이용하고 멀티미디어 출판산업을 육성하며 지리정보와 멀티미디어 콘텐츠 개발에 있어 전자상거래를 실현시키는 저작권의 기본틀을 마련하여 유럽의 고급 멀티미디어 콘텐츠 개발을 촉진한다는 것으로, 여기에 전체 예산의 45-57%를 투입하였다.

'INFO2000'에 이은 유럽연합(EU)의 정보화 지원정책이 'eContent'이다. 즉 유럽은 2005년까지 (1) 온라인 공공서비스 현대화 (2) 전자정부(e-government) (3) 전자학습 서비스(e-learning services) (4) 전자건강 서비스(e-health services) (5) 역동적인 e-비즈니스 환경을 보유하고자 시도하였다.

이처럼 미국, 유럽, 일본 등 이른바 선진국에서는 이미 1990년대 초반부터 국가 차원에서 지식정보 DB를 구축, 확장하고 이를 연계하는 프로젝트를 추진해 오고 있다. 앞에서 언급했듯이 앞으로의 문화콘텐츠산업에 있어서는 지금까지 축적된 지식정보자원의 체계적 구축을 뒷받침으로 하여 발전될 것이다. 그것은 학문적 발전이나 전반적인 측면에서 일반인의 생활수준의 향상은 물론, 특히 본 글에서 주제로 삼고 있는 문화(콘텐츠)산업의 발전을 위한 기초 인프라의 역할을 담당해 줄 것이다. 앞으로의 국가적 문화산업의 경쟁력은 이러한 지식정보자원이 기초 문화인프라로서 얼마나 체계적으로 구축되어 있는가 하는 점에 달려 있을 것이다.

위의 유럽의 사례와 관련하여 아시아 문화유산의 디지털화에 대하여도 덧붙이고자 한다. 현재까지 주요한 디지털문화콘텐츠 자원은 미국, 유럽지역의 생산물에 편중되어 있으며, 아시아 지역의 문화에 대한 깊이있는 지식은 이 지역의 네트워크 환경에서도 소외되고 있는 실정이다. 그 결과 아시아 국가의 구성원들이 각국의 고유한 문화자원을 디지털 환경을 통해 공유할 수 있게 함으로써 각국의 문화적 독창성과 우수성에 대한 상호이해를 증진시키고 사회 경제적 협력기반을 강화시키는 데에 기여하고자 '아시아 문화유산 디지털화 및 협력방안'이 시도되었다. 그것을 위해 먼저 아시아 지역국가들이 보유하고 있는 문화유산 가운데 우선적으로 디지털 자원화되어야 할 것은 무엇인지, 그 자원에 대한 조사, 연구, 보존, 홍보의 노력은 어떠한 수준에 도달하고 있으며, 디지털화에 관련된 어떠한 노력이 있었는지에 대한 정보를 입수하고 이를 토대로 '아시아 문화유산의 디지털화'를 위한 국제협력 로드맵을 도출하는 계획이다.9)

비록 이 사업은 아직 그 방향성만을 제시한 수준에 머물러 있지만, 앞으로 구체적으로 지속될 필요가 있는 사업으로 생각한다. 디지털시대 각국의 지식정보자원의 DB 구축과 그것을 문화콘텐츠산업에 활용하는 것에는 국경이 있을 수 없다. 원칙적으로 자국의 자원은 그 나라에서 DB로 구축하고 그것을 문화산업이나 학문적 영역에서 활용해야 하는 것이지만, 협력방안을 모색하여 타국 자원의 디지털화에 협력하고, 더 나아가 그것들에서 문화콘텐츠산업의 활용을

---

9) 여기에 대해서는 다음의 심포지움 자료집을 참조하였다. 『아시아 문화유산의 현황과 디지털화 방향』, 한국정신문화연구원, 2004년 11월 12일. 여기에서 발표된 논문 중 5편의 글이 『인문콘텐츠』5호(2005)에 다음과 같이 특집으로 게재되었다.
'아시아 문화유산의 디지털화'
   1. 아시아 문화유산의 디지털화 프로그램 및 협력방안(김현, 박종서, 이숙표)
   2. 동남아시아 '세계문화유산' 디지털화의 현황과 전망(이남희)
   3. 아시아무형문화재의 현황과 디지털화의 방향(김헌선)
   4. ASEAN + 3 기록유산의 디지털화 현황과 전망(오항령)
   5. 문화유산 디지털화의 새로운 방향 모색(장노현)
그리고 문화유산의 디지털화와는 차이가 있는 것이지만 다음의 연구는 동북아 문화유산의 디지털화를 위한 기초연구의 의미를 갖는다는 점에서 중요하다고 생각한다. 박경하·홍윤기·김유환, 『동북아 공동의 문화유산에 대한 공동연구와 관리』, 통일연구원, 2004.

모색하는 것은 당연히 필요할 것이다.

참고로 위의 연구에서 제시한 아시아 문화유산의 디지털화의 현황을 간략히 제시하면 다음과 같다.[10)

■ 중국의 문화유산 디지털화 사례 및 현황
 ○ 중국에 있는 주요 박물관 디지털화를 위한 국가 프로젝트로 중국 문화유산 디지털화를 위한 가상 박물관(Virtual Museum), 세계문화유산을 포함함.
   - 中國博物館(The National Museum of China)
   - 中國數字博物館(China Digital Museum)
   - 中國古宮博物館, 臺灣國立古宮博物館(Digital Palace Museum)
   - 中國大學數字博物館(China University Digitalization Museum)
   - 中國考古网(China Archaeology Network)
   - 中國世界遺産网C(hina World Heritage Web Site)
 ○ 세계문화유산으로 등재된 30건의 문화유산, 그 외의 세계적인 문화유적·유물을 풍부하게 보유하고 있고, 인터넷 사이트의 정보량도 매우 풍부함.
 ○ 일반적으로 중국의 디지털 기술환경이 한국이나 일본에 비해서 뒤떨어진 것으로 인식하는 경향이 있으나, 국가 전체의 정보기술 인프라 보급 및 활용수준에 비해, 정부 차원에서 지원을 받는 공공기관의 정보화 현황은 비교적 우수하며, 특히 중국인의 문화적 자부심이 결부된 문화유산 관련 정보시스템은 콘텐츠의 양과 데이터 가공 기술 면에서 상당한 수준에 도달해 있는 것으로 평가됨.
 ○ 문화유산의 디지털화를 위한 국가적 시책의 수립 여부(대만과의 협력관계 포함)와 기관별로 다양하게 추진되고 있는 문화유산 디지털화사업 성과물이 종합적으로 활용될 수 있도록 하기 위한 시스템간 상호연계 및 표준화에 대한 보고가 없기 때문에, 이 부분에 대한 현황을 파악하기 어려움. 이는 중국의 문화유산 디지털화 사업이 지속

---

10) 이것은 다음의 글을 참조하였다. 김현 외,「아시아 문화유산의 디지털화 프로그램 및 협력방안」,『인문콘텐츠』5, 2005, 87-95쪽.

적인 과제로 풀어가야 할 문제로 인식됨.

■ 일본의 문화유산 디지털화 사례 및 현황

  ○ 풍부한 기록유산의 전산화 사례가 존재함.
    – 대학 도서관은 정보 복구, 공동체와 의사소통을 위한 IT 서비스 제공.
    – 귀중 도서, 전자 전시, 전자 저널, 전자책, 검색 데이터베이스를 중심으로 하는 디지털콘텐츠.
    – 특히 큐슈대학교 도서관은 귀중본을 수집하고 전자화하여 전시하고 있음.
    – 기록문화유산을 도서관 차원에서 관리하고 디지털화하는 선진사례를 보여 주었다는 점에서 의미있는 내용을 담고 있음.
  ○ 문화유산의 3D 디지털 아카이브 구축 사례가 많음.
    – 터키의 비잔틴 유적의 3D 디지털 아카이브.
    – 아시아 세계 유적을 위한 시공간 소통체계를 이루어 Toshodaiji 사원(세계 문화유산 웹사이트)은 3D 미디어의 시공간 커뮤니케이션의 모범사례로 꼽힘.
    – 3차원 가상공간 및 가상적인 4차원 시공간 연속체 속에서 문화유산의 모습을 체험할 수 있도록 하는 첨단 정보기술의 응용사례를 보여줌으로써, 향후의 문화유산 디지털화사업의 기술적 발전 방향을 제시하는 데 기여함.
    – 이미 동남아시아와 서아시아 지역의 문화유산 보존사업에 다양한 방법으로 참여하고 있으며, 그 과정에서 해외 문화유산의 디지털화에도 기여함.

■ 태국의 디지털화 사례 및 현황

  ○ 동남아시아의 고고학적 연구를 위해 지리정보과학을 응용하고 있음.
    – Sukhothai 세계유산 홈페이지는 항공사진 자료, 위성 이미지, 일반지도, 사원(Temple) 위치에 관한 GPS 기록자료가 있으며 토지 이용 변화 상태, 인구 분포, 고대 도시계획을 비교 분석함.
    – Ayuttaya 세계유산의 홈페이지는 GIS와 고대도시 지도의 분석을

통한 디지털화의 모범을 보이고 있음.
- Angkor에서 Phimai까지 Royal Road의 사례도 고대 지도 디지털화, 선행 연구 결과에 따라서 사원의 위치 추적, Royal Road를 따라 분포된 사원의 위치 확인, 지형에 관한 3D viewing, 항공사진 비교분석, 고대 Royal Road를 따라서 현지조사 실시하여 Royal Road 재현.
○ 자국의 다양한 문화유산을 디지털화하고 있음.
- 태국의 역사적 유물은 5,000년 전으로 거슬러 올라가며, 30개 민족이 살고 있는 태국에는 다양한 종류의 문화유산이 존재.
- 문화부내 예술국, 종교국, 문화위원회 사무국, 인류학 센터는 문화유산을 목록화하고 국가 문화자원으로 등록하는 일을 수행.
- 모든 문화유산 정보를 각 정부 부처에서 디지털화한다는 방침을 수립, 인터넷 홈페이지, 데이터베이스와 검색 엔진, 디지털 아카이브, GIS, GPS 등을 활용하여 대중들이 문화유산 정보에 쉽게 접근할 수 있도록 함.
- 문화유산의 디지털화에 대한 태국 정부의 관심과 이를 위해 적용한 정보기술의 응용 수준을 보여줌. 특히 GIS와 디지털화된 항공사진의 응용 기술에 중점을 두었는데, 이는 유네스코의 세계문화유산 지정이 독립적인 사물보다는 광범위한 지역의 문화유적을 대상으로 하는 경우가 많다는 점에 비추어 볼 때, 향후 문화유산 디지털화사업 방향에 부합하는 좋은 사례를 제시한 것이라고 할 수 있음.

■ 베트남의 문화유산 디지털화
○ 동아시아 문명의 중요한 부분을 차지하는 베트남 문화유산의 많은 부분이 현재까지도 조사발굴 과정에 있으며, 그러한 문화유산의 발굴과 보존 및 정보 공유를 위한 디지털화의 필요성을 제시됨.
○ 지리적 위치, 문화적 다양성 등으로 인해 많은 문화유산이 존재, 디지털화는 일부 성과를 거두었지만 아직 보편화되지는 않음.
○ 베트남에서 문화유산 디지털화사업을 추진하는 기관들
- Department of National Cultural Heritage-Ministry of Cultural

     & Information (MOCI)
- Vietnamese institute for Cultural and Information – MOCI
- Vietnamese institute for Musicology – MOCI
- General department of Vietnam Archives
- Vietnam Museum of Ethnology
- Hue Monument Conservation Center
- Vietnam Television
- some University who has research in culture
- ○ 베트남 문화유산 디지털화의 목적
  - 54개 민족의 문화유산을 연구, 보전, 보호하는 차원에서 시행.
  - 베트남 문화를 알고자 하는 세계인에게 커뮤니케이션 수단을 통해 베트남 문화에 접근할 수 있도록 함.
  - 2005년까지 정부는 무형문화유산에 대한 수집, 보호, 보전 프로그램을 시행함.
- ○ 정부 차원의 문화유산 디지털화 프로젝트
  - MOCI는 전국 차원의 문화유산 디지털화 프로젝트를 관리.
- ○ 베트남 음악연구소, 베트남 민속박물관 등 연구소 차원의 디지털화가 진행되고 있음.
- ○ 베트남의 무형문화재의 디지털화
  - 'Nha nhac'(음악)과 'Water puppets'(수상 인형극) 소개하는 콘텐츠 개발.

4. 문화콘텐츠산업의 직접적인 문화인프라로서의 '문화원형디지털콘텐츠화사업'

앞에서 문화콘텐츠산업의 기초인프라의 중요성을 언급하였다. 그리고 그와 관련하여 지식정보화사업, 향토문화전자대전을 언급하였고, 또한 외국의 사례와 우리 입장에서 아시아의 문화유산 디지털화 협력방안을 모색하는 사업계획까지 살펴보았다.

그러나 이와 같은 것들은 원칙적으로 순수한 학술적 DB 구축사업이라고 할 수 있다. 문화원형디지털콘텐츠화사업은 순수한 학술적 DB 구축과는 구별하여, 우리 문화원형의 디지털콘텐츠화를 통해 문화콘텐츠산업의 상상력과 창의력의 원천인 창작소재를 제공함으로써 문화콘텐츠산업의 경쟁력 향상을 도모하고자 시도되는 사업이다. 그것을 다시 한번 도식화해 보면 다음과 같다.

Ⅰ은 원자료(Ⅰ-A) 혹은 그것을 정리했다고 하더라도 비(非)디지털화된 것(Ⅰ-B)을 의미한다. 사실상 비디지털화된 원천자료라 하더라도 Ⅰ-A와 Ⅰ-B는 대단히 차이가 크다. 선진국의 학문수준이란 다양한 분야에서 이미 Ⅰ-B의 수준으로 구축되어 있다. Ⅰ-B가 광범위하게 구축되어 있다면 다음 단계인 Ⅱ로 넘어가기가 훨씬 쉬우며 체계적일 수 있다.

앞에서 언급했듯이 전세계는 경쟁적으로 Ⅱ의 단계를 구축하고 있는 중이다. 우리나라도 예외는 아니다. 우리나라에서 진행되고 있는 지식정보화사업(Ⅱ단계)의 문제점은 한마디로 Ⅰ-B가 제대로 구축되어 있지 않았기 때문에 발생하는 것이다. 지식정보화는 단순 전산화와는 다르다. 단순 전산화는 Ⅰ-A의 상태에서도 가능한 것이지만, 지식정보화란 Ⅰ-B의 상태에서만 가능한 것이다.[11]

현재 우리나라의 상황은 Ⅰ-B가 제대로 정리되지 못한 상태에서 디지털문화의 세례속에 Ⅱ단계 지식정보화를 급속히 추진하고 있다. 바로 이 점에서 체

---

11) 이 점에 대해서는 김기덕, 「콘텐츠의 개념과 인문콘텐츠」, 『인문콘텐츠』, 창간호, 2002 참조.

계적인 Ⅱ단계 구축의 어려움을 겪고 있는 것이다. 또한 Ⅲ단계 디지털 콘텐츠화란 Ⅱ단계의 성과를 바탕으로 그것에서 한단계 더 나아가 지식정보화된 자료를 필요에 따라 다양한 형태의 디지털 플랫폼에서 적절한 콘텐츠로 구현시키는 것이다.

본래 문화원형디지털콘텐츠화사업은 Ⅲ단계를 지향한 것이다. 많이 알려진 것이지만 문화원형디지털콘텐츠화사업에서 지향하는 3개의 분야를 제시해 보면 다음과 같다.

- 문화콘텐츠 시나리오 소재 개발분야

  문화콘텐츠 시나리오 창작소재 개발을 위해 설화, 역사, 신화, 전설, 민담, 서사무가 등의 문화원형을 비교, 분석, 해석 및 재구성하여 디지털 표현양식에 맞춰 구성한 디지털콘텐츠

- 문화콘텐츠 시각 및 청각 소재 개발분야

  문화콘텐츠 시각 및 청각 소재 개발을 목적으로 고분벽화, 색채 등 미술, 구전민요 등 음악, 건축, 무용, 무예, 공예, 복식 등의 문화원형을 디지털 복원, 비교, 분석, 해설 및 재구성한 디지털콘텐츠

- 전통문화, 민속자료 소재 개발분야

  의식주, 관혼상제, 세시풍속, 민속축제 등 문화원형을 비교, 분석, 해설 및 재구성하여 문화콘텐츠 창작에 활용할 수 있도록 한 디지털콘텐츠[12]

결국 이 사업은 문화콘텐츠산업에 활용될 수 있는 창작소재를 선택한 뒤, 그것을 Ⅱ단계(DB구축을 통한 지식정보화)에 기초하여 Ⅲ단계(디지털콘텐츠화 단계)까지 나아감으로써 문화콘텐츠산업에 활용케 하고자 한 사업이라고

---

12) 실제 문화원형사업의 개발분야를 어떻게 분류할 것인가 하는 점은 여러 안이 제시될 수 있을 것이다. 여기에서는 한국문화콘텐츠진흥원에서 초기에 제시한 것을 소개하였다.

이해할 수 있다.

그런데 이 사업에서 문제는 앞에서 언급한 바, 우리나라의 실정이 Ⅱ단계가 아직 제대로 정리되어 있지 않다는 점이다. 그렇기 때문에 Ⅲ단계로 바로 용이하게 갈 수 없다. 물론 산업계의 활용을 위한 올바른 Ⅲ단계의 형태가 어떠한 것인가 하는 점도 당연히 문제될 수 있다. 이러한 실정이기 때문에 현재 이 사업의 결과물들은 Ⅱ단계와 Ⅲ단계 사이에서 다양한 편차로 존재하고 있는 실정이다.

비록 이러한 문제가 있다고 하더라도, 문화콘텐츠산업의 창작소재를 제공하기 위하여 다양한 소재들을 Ⅱ단계에 기초하여 Ⅲ단계까지 제공한다는 본 사업의 의의가 퇴색되는 것은 아니다. 현단계에서는 실제 수준보다 다소 앞서가는 시도라고 할 수 있으며, 그 때문에 오히려 시행착오가 발생했다고 볼 수 있겠다. 앞으로 다양한 논의를 거쳐,[13] 본 사업이 제자리를 잡는다면 문화콘텐츠산업의 직접적인 문화인프라로 기능할 것으로 생각한다. 그것은 한마디로 문화콘텐츠산업 창작소재 관련 아카이브로 확실히 자리매김되는 것으로, 이 점이 본 사업이 갖는 사회적 효용의 가장 커다란 역할이 될 것이다.

5. '문화원형 디지털콘텐츠화사업' 유사사례

한국문화콘텐츠진흥원의 '문화원형디지털콘텐츠화사업'과 유사한 사례들이 속속 등장하고 있다. 이는 한마디로 문화원형사업이 그만큼 선진적 시도였다는 것을 말해준다.

먼저 정부 차원에서 지식정보자원 정책과제의 일환으로, 단순 지식정보화

---

13) '문화원형 창작소재 개발 중장기 로드맵 수립' 용역도 문화원형사업의 방향성을 모색하기 위한 시도였다. 이 작업은 인문콘텐츠학회, 가톨릭대학 산학협력단, 애니메이션제작자협회가 콘소시움으로 수행하였다. 『문화원형 창작소재 개발 중, 장기 로드맵 수립』(문콘진 06-09, 2006년).

사업에서 더 나아가 크게 보면 문화원형을 활용한 다양한 콘텐츠 개발을 공모하고 있다. 2005년의 사례를 보면 다음과 같다.

- ■ 2005년도 지식정보자원 정책과제 현황
  - 문양 원형 콘텐츠 구축(문화관광부)
  - 한국 전근대 인물정보 시스템 개발(한국학중앙연구원)
  - 국가지정 문화재를 이용한 관광상품 개발 사업(문화재청)
  - 한국 영화 e-learning 콘텐츠 개발 및 서비스(한국영상자료원)
  - 지식정보기반 유교문화권 체험 관광서비스 구축 ; 500년 유교문화기행(한국국학진흥원)

이 외에도 다음과 같이 지자체 등에서도 문화원형사업과 유사한 과제들을 공모하고 있다.

- 광주 아시아 문화원형 발굴 및 보존사업(광주문화예술진흥위원회)
- 안동 전통문화콘텐츠박물관(경상북도, 안동시)
- 효 문화콘텐츠(경기문화재단)
- 전주시 한옥마을 관광체험 서비스사업(전주시)
- 전라북도 전통음식 박물관 사업(전라북도)
- 안동문화원형리소스개발사업: 안동의 인물(안동시)
- 안동문화원형리소스개발사업: 이육사 기념영상 개발(안동시)
- 안동문화원형리소스개발사업: 고조리서에 보이는 안동음식 개발(안동시)

위의 사례 이외에도 한국게임산업진흥원, 경기디지털콘텐츠진흥원, (재)광주정보문화산업진흥원, 충남 디지털문화산업진흥원, 전남대학교 산학협력단 등에서 문화원형사업 유사사례들을 시도하고 있다.

위의 사업들은 전부 지식정보화사업 단계에서 한 걸음 더 나아가 다양한 주제의 문화콘텐츠를 개발하는 것이다. 이러한 사업들은 명칭에서는 밝히고 있지 않지만, 위의 국학진흥원의 과제 '지식정보기반 유교문화권 체험 관광서비스 구축 ; 500년 유교문화기행'처럼, 전부 '지식정보기반'이라는 측면이 공통적으로 들어간 것이라고 이해해도 될 것이다. '지식정보기반'이란 바로 '지식정보화사업'처럼 디지털 정보화된 인문학적 지식을 바탕으로 하는 것이라고 이해할 수 있겠다.14)

　　지금까지 문화인프라적인 측면에서 지식정보화사업부터 문화원형사업까지 단계별로 살펴 보았다. 끝으로 본 장의 논의와 관련하여 국가적 차원에서 사진이나 동영상자료를 체계적으로 구축할 필요가 있다. 이 점과 관련하여 필자는 일찍이 영상아카이브센터의 필요성을 역설한 바 있다.15) 만약 영상아카이브센터와 같은 것이 세워진다면 문헌정보 위주의 DB구축(지식정보화)과 함께 결국 산업적 활용을 위한 디지털콘텐츠화 단계의 올바른 구축을 확실히 도와줄 수 있을 것으로 생각한다. 그리고 모든 자료가 그러하지만 동영상자료 역시 과거의 것만이 아니라 현재에도 그리고 앞으로도 계속 새로운 자료들을 생성한다는 점에서, 이러한 영상아카이브센터는 시급히 설립될 필요가 있다는 점을 다시 한번 강조해 두고자 한다.

---

14) 참고로 국학진흥원의 과제 '지식정보기반 유교문화권 체험 관광서비스 구축 ; 500년 유교문화기행'에 대해서는 과제 기획자가 전체 기획의도을 발표한 글이 있어 참고가 된다. 박경환, 「지식정보 활용 디지털콘텐츠 구축의 구상 - 국학진흥원 '지식정보기반 유교문화권 체험관광 서비스 구축'사업 사례 -」, 『인문콘텐츠』, 5, 2005.

15) 김기덕, 이상훈, 「'인문학 영상아카이브센터'의 필요성과 설립방안」, 『역사민속학』, 17, 2003 ; 김기덕, 『영상역사학』, 생각의나무, 2005 재수록.

III. 문화원형사업의 다양한 사회적 효용

앞 장에서 언급한 문화인프라의 측면이 필자는 문화원형 디지털콘텐츠화사업의 가장 커다란 사회적 효용이라고 생각한다. 다시 언급하지만 문화원형과 관련하여 우리의 학문적 축적이 다양하게 정리되지 못한 상태에서 '문화원형 디지털콘텐츠화사업'이 추진되었고, 그 때문에 문화콘텐츠산업의 상상력과 창의력의 원천인 창작소재를 제공함으로써 문화콘텐츠산업의 경쟁력을 향상 도모한다는 본 사업의 취지가 즉시 효과를 보지는 못하고 있는 것이다.

그러나 이는 일시적인 과도기적 현상이라고 생각한다. 즉시 효과가 발생하지 않는다는 점을 문제삼아 한때 많은 비판이 제기되었고 이에 따라 문화원형 디지털콘텐츠화 사업의 예산이 국회 심의과정에서 1/3로 축소되기도 하였다. 물론 투입된 예산에 비해 산업적 활용이 저조하다는 것은 문제일 것이다. 그러나 산업적 활용의 문제는 긴 안목으로 보아야 한다. 그리고 산업적 활용이 즉시 되지 않는 가장 큰 이유는 그동안의 인문학적 자료축적의 부족함 때문이었다. 문화원형과 관련된 기초지식의 정보화가 다양하게 축적되어 있지 못한 상황이었기 때문에 실제 결과물에 있어 시행착오도 많았으며, 무엇보다 본 사업의 실제 취지와는 다르게 창작소재에 대한 DB구축, 앞에서 제시한 단계로 표현하면 II단계(DB구축을 통한 지식정보화)에 오히려 많은 시간을 투자할 수 밖에 없었던 것이다. 이러한 현실적인 한계에 더해 원천소스를 가진 인문학자의 적극적인 참여문제, 개발회사의 실제 개발과정의 문제, 추진주체의 운영체계의 문제 등 여러 군데에서 해결해야 할 문제점들도 많다.[16]

이러한 부족함에도 불구하고 문화원형디지털콘텐츠화 사업은 앞서 설명한 바처럼 문화콘텐츠산업의 구체적인 문화인프라로서 기능할 것이다. 그리고 그

---

16) 이 점에 대해서는 뒤의 「문화원형사업과 전문연구자의 역할」에서 다루어 볼 것이다.

러한 과정에서 다음과 같은 다양한 사회적 효용을 발휘할 것으로 생각한다.

1. 문화콘텐츠산업 발전에 기여

크게 보면 문화콘텐츠산업의 활성화에 있어 국가주도형이 있고 민간주도형이 있는데, 문화원형사업과 한국문화콘텐츠진흥원의 활발한 문화콘텐츠산업 지원활동에서 단적으로 드러나듯이 우리는 대표적으로 국가주도형에 속한다고 할 수 있다.[17]

문화콘텐츠산업에서 가장 중요한 것은 '창작소재'라고 할 수 있다. 그것이 성패를 좌우한다고 해도 과언이 아니다. '창작소재'란 개발자가 작품을 제작할 때 사용되는 일체의 재료를 의미한다. 문화콘텐츠의 경우 창작소재는 문학, 그림 등의 전통적인 예술 장르보다 포괄적일 수 있으며, 콘텐츠 고유의 성격에 따라 몇 가지 유형으로 나누어 질 수 있다. 즉 ① 사랑, 효처럼 의미, 가치 등을 포함하는 주제 자체가 창작소재인 경우가 있다. ② 이순신, 박문수, 황진이 등과 같이 특정 인물이 창작소재인 경우가 있다. ③ 임진왜란, 정변(政變) 등과 같이 특정 사건이 창작소재인 경우가 있다. ④ '불멸의 이순신', '바람의 나라', '혈의누', 아기장수설화 등과 같이 특정 작품(원작)이나 이야기가 창작소재인 경우가 있다. ⑤ 고인돌, 도자기, 음식, 검 등과 같이 특정 사물이 창작소재인 경우가 있다.[18]

현재까지 개발된 원형사업의 창작소재는 다양하게 개발되었다고 할 수 있다.[19] 문제는 이렇게 개발된 창작소재가 실제 문화콘텐츠산업계에서 그다지

---

17) 한국문화콘텐츠진흥원, 『CT 로드맵』 참조.

18) 송성욱, 「문화콘텐츠 창작소재와 문화원형」 『인문콘텐츠』 6, 2005 참조.

19) 구체적인 개발내용은 뒤에 제시한 분류표와 개발내용을 참조할 수 있다.

활용되지 않고 있다는 점이다. 여기에는 여러 이유가 있다고 생각한다.

먼저 한국문화콘텐츠진흥원에서 설문조사를 토대로 추출한 문화원형콘텐츠 개발의 고려사항으로는 ① 콘텐츠 재구성력이 더욱 확보되어야 한다. ② 문화원형의 현재적 가공방법이 좀더 고려되어야 한다. ③ 문화산업계의 요구가 반영되어야 한다. ④ 한국문화의 형이상학적인 측면에서 새로운 소재를 개발해야 한다. ⑤ 문화산업적 활용이 강조되어야 한다는 점이 지적되었다.[20]

한편 문화원형사업의 개발현황을 분석한 박경하교수는 앞으로의 과제로 ① 문화원형콘텐츠 소재의 글로벌화, ② 전문적이고 체계적인 교육 교과과정 개발, ③ 학, 연, 산, 관의 네트워크 기반 구축, ④ 지적재산권보호강화, ⑤ 상업성과 순수학문과의 문제 등을 제시하였다.[21]

한국문화콘텐츠진흥원에서는 개발된 결과물의 산업적 활용도를 높이기 위해 노력하고 있다. '문화원형 활성화 시범사업'과 같은 것은 캐릭터, 만화, 게임 등 문화콘텐츠 산업계에서 주관하여 기개발된 우수한 문화원형 콘텐츠의 창작소재를 실제 산업계에서 활용할 수 있도록 한번 더 개발시키는 사업이라고 할 수 있다. 아울러 한국문화콘텐츠진흥원에서는 개발된 문화원형콘텐츠에 대한 마케팅을 적극 추진하고 있으며 이를 위해 문화콘텐츠닷컴을 운영하고 있다.[22]

이렇게 본다면 문화콘텐츠업계에 창작소재를 제공함으로써 경쟁력을 높인다는 문화원형콘텐츠화사업의 목표는 현재 상황에서는 '가능성'의 측면이 강한 편이다. 그러나 이는 시간의 문제라고 생각한다.[23] 물론 이미 나타난 문제점

---

20) 한국문화콘텐츠진흥원, 우리문화원형의 디지털콘텐츠화 사업의 과제개발 워크숍자료집, 2002.12.5.

21) 박경하, 앞의 글, 20-22쪽.

22) 문화콘텐츠닷컴에 대해서는 앞의 유동환의 글을 참조할 수 있다.

23) 다행히 문화원형사업 1차년도 5개년 사업이 완료된 후, 다시 2차년도 5개년 사업이 2007년 부터 지속되었다.

들에 대한 보완은 시급히 이루어져야 하겠지만, 앞서 언급한 바 문화원형을 바로 산업적 활용으로 연결시키기에는 그동안의 인문학적 축적이 다양한 방식으로 DB화되지 못한 현실을 인정한 위에서, 문화원형사업에 대한 평가가 이루어져야 할 것으로 생각한다.

2. 학문발전 및 학제간 연구에 기여

문화원형사업이 전개되면서 많은 인문학자들이 자문 및 평가 그리고 더 나아가 자료제공이나 원고집필의 형태로 참가하였다. '문화원형'이란 대부분이 인문학적 주제와 관련되기 때문에 자연히 이 사업이 진행되면서 직간접적으로 국문학, 역사학, 민속학, 미술사 계통의 연구자들이 대거 관여하게 되었다.

처음에는 문화콘텐츠에 관심있는 소수의 연구자들만 참여하였으나, 사업이 진행되면서 아마도 '문화콘텐츠'라는 용어를 처음 접했을 순수 연구자들도 이 사업과 연결되었으며, 특히 2004년부터 '기획' 위주의 과제공모와 '제작' 위주의 개발공모가 분리되면서 더욱 인문학 연구자들의 참여가 활발해졌다고 할 수 있다.

이는 지난 몇 년간 소위 '인문학의 위기'라는 시대적 상황과 맞물리면서, 인문학의 새로운 응용적 측면을 일깨워주었다고 할 수 있다. 본래 학문의 전문성과 대중성은 서로 주고 받는 것이다. 즉 학문의 전문성만큼 대중화되는 것이며, 학문의 대중화는 또다시 학문의 전문성을 자극한다.24) 이는 다른 각도에서 표현하자면 학문의 순수성과 활용성에 있어서도 마찬가지라고 할 수 있다. 학문의 순수성과 활용성은 서로 주고 받으며, 양측면이 서로 相生하는 수준이 실제

---

24) 김기덕, 「한국사의 대중화 경향과 과제」, 『중앙사론』, 10,11합집, 1998; 김기덕, 앞의 『영상 역사학』, 재수록.

인문학이 도달할 목표인 것이다.

그런 점에서 문화원형사업이 인문학에 준 영향은 결코 적다고 할 수 없다. 이 사업을 통해 자연스럽게 인문학의 응용적 측면을 교육시키고 일깨워준 측면이 크다고 할 수 있다. 물론 순수와 응용의 갈등은 상존하고 있다. 그러나 적어도 인문학의 응용적 측면을 인식시켰다는 점에서는 이 사업이 인문학에 준 영향이 결코 적다고 할 수 없을 것이다.[25]

더욱이 문화콘텐츠라는 것은 융합을 기본으로 하고 있다. 문화원형사업도 인문학의 차원에서 독립적으로 종결되는 것이 아니라, 기술이나 디자인 그리고 문화산업적 측면과 밀접히 관련된다. 따라서 자연히 이 사업과 관련된 인문학자는 기술과 디자인, 영상과 내러티브 그리고 그것을 바탕으로 한 다양한 문화콘텐츠산업과 연결하여 고민할 수밖에 없다. 이는 진정한 의미에서 학제간 연구를 훈련받는 것이나 다름없으며, 이 점에서도 이 사업이 인문학에 준 영향이 크다고 할 수 있을 것이다.

그러나 현상황에서 보았을때 이 사업과 관련된 인문학자의 참여가 만족스러운 것은 아니다. 어떤 면에서는 진정한 인문학전문가들은 아직도 이 사업을 외면하고 있다고 평가할 수 있을 것이다. 그것은 여러 요인이 있겠지만, 무엇보다 추진체계에 가장 큰 원인이 있다고 본다. 추진체계의 문제점은 크게 두 가지 점인데 하나는 인문학전문가들에게 만족할만한 경제적 보상이 돌아가는가 하는 것이며, 다른 하나는 개발된 결과물에 대해 관련 인문학전문가들이 '내작품'으로 인식하지 못한다는 점이 아닐까 생각한다.

전자는 경제적 측면과 관련되는 것으로, 자문, 직접 참여, 원천소스 저작권

---

25) 현재 많은 대학의 인문학관련 학과들이 문화콘텐츠학과로 전환하거나 혹은 문화콘텐츠 연계전공을 운영하고 있는데, 이는 기본적으로 '문화원형사업'이 그 모티브를 제공했다고 할 수 있다.

등 여러 형태가 있을 수 있어 일률적으로 표현하기는 어렵다. 그러나 분명한 것은 현재의 예산배분의 방식이 과연 인문학자의 전문성을 담보해 줄 수 있는가 하는 점에 대해서는 확실한 검토가 있어야 할 것이다. 후자는 전문가의 명예적 측면과 관련되는 것이다. 전문가는 '내작품'이라는 인식과 자부심이 가장 큰 희망이기도 하다. 그러나 현재 개발되는 문화원형사업의 결과물들에서 거기에 참여한 인문학전문가가 이러한 인식을 하기는 어렵다. 필자는 이 점이 인문학 전문가들의 참여를 막는 가장 큰 요인이라고 생각한다.

이 점과 관련하여 필자는 문화원형사업의 결과물들이 새로운 콘텐츠저작물의 형태로 출판될 필요가 있다고 본다. 즉 문화원형결과물은 원칙적으로 온라인에서 서비스되고 있는데, 오프라인에서도 참고할 수 있는 서적이 필요하다. 이는 각각의 결과물들에 대한 일종의 매뉴얼북의 역할을 하면서도 더 나아가 새로운 저서의 형태를 출현시키는 것이다. 필자는 이를 '콘텐츠저작물'이라고 표현하고자 한다. 즉 문화원형사업의 결과물을 만들어내면서 인문학 전문가들로 하여금 새로운 형태의 저작물을 출판하도록 한다면, 참여한 전문가들은 또 다른 측면에서 충분한 보상을 받은 셈이 된다. 문화원형사업과 관련하여 이러한 콘텐츠저작물의 문제를 심각하게 고려한다면, 인문학전문가들의 참여는 더욱 확대될 것으로 생각한다.

3. 세계문화에 기여

문화원형사업이 세계문화에 기여한다면 너무 허황되게 들릴지도 모르겠다. 그러나 필자는 그렇게 생각하지 않는다. 디지털문화에 기반을 둔 인터넷문화는 이제 세계를 간단히 하나로 연결하고 있다. 정말이지 후진국의 문화가 적극적으로 개발되지 못했던 가장 큰 이유는 그 전달과정의 至難함 때문이었다. 그러나 이제 인터넷의 확산으로 그것을 걱정하지 않아도 된다.

한국의 문화원형은 당연히 세계사적 보편성을 담고 있다. 그렇기 때문에 한국의 문화원형을 창작소재로 활용하기 위하여 디지털콘텐츠로 개발하는 사업의 결과물은 단순히 한국의 문화콘텐츠산업에만 도움이 되는 것은 아니다. 그것은 결국 세계문화를 풍요롭게 하는 것이다.[26]

필자는 '문화콘텐츠'라는 용어와 달리 '인문콘텐츠'라는 용어를 쓰면서, 인문콘텐츠의 본질은 콘텐츠결과물에 있어서도 역시 인간화, 인간해방을 지향한다는 점을 밝힌 바 있다.[27] 세계를 풍요롭게 하는 '인간화, 인간해방'이라는 화두는 산업적 활용에 있어서도 잊어서는 안되는 화두이며, 문화콘텐츠산업은 이런 측면에 기여할 수 있어야 할 것이다. 그리고 이 점을 강조하기 위하여 필자는 인문콘텐츠라는 표현을 쓰게 되었다.

문화원형콘텐츠사업처럼 삶의 인간화, 인간해방을 담지한 각국의 다양한 콘텐츠 결과물이 세계의 이쪽 끝에서 저쪽 끝으로 자유자재로 연결된 망을 통해서 유통, 공유된다면, 제3세계의 인문학도 인류사회의 해답을 제시할 수 있다는 희망을 품으며 충분한 의욕을 갖고 해볼수 있을 것이다. 그리고 그것은 결국 전세계의 삶의 질을 더 풍요롭게 하는 것이며, 인류의 共同善의 획득이라는 이 시대 진정한 세계화의 방향에 기여하는 것이 될 것이다.

---

26) 현재 개발된 결과물들이 과연 '문화원형'이라는 주제를 깊이 고민했는가 하는 점에 대해서는 의문이 많다. 사실 이 사업이 몇 년간 지속되었음에도 '원형', '문화원형'이란 무엇인가 하는 측면을 본격적으로 다룬 한 편의 논문도 나오지 않았다는 것은 부끄러운 일이다. 외람된 표현이지만, 문화원형사업에서 '원형'에 대한 고민이 부족한 것 또한 이 사업의 결과물들이 만족스럽지 못한 이유 중의 하나가 아닐까 필자는 생각하고 있다.

27) 김기덕, 앞의 「콘텐츠의 개념과 인문콘텐츠」 참조.

Ⅳ. 맺음말

지금까지 문화원형디지털콘텐츠화 사업이 갖는 사회적 효용에 대하여 서술하여 보았다. 무엇보다 이 사업의 의미는 문화콘텐츠산업을 진작시키는 문화인프라의 역할을 수행한다는 점을 들었다. 문화콘텐츠산업은 기존의 문화산업과는 다르게 '지식정보'를 기반으로 하고 있다. 그 점에서 인문학자료들을 DB화하는 국가지식정보화사업은 문화콘텐츠산업의 기초인프라에 해당하며, DB화를 바탕으로 문화콘텐츠산업의 창작소재를 제공하기 위하여 다양한 가공물의 형태로 개발하는 문화원형디지털콘텐츠화사업은 문화콘텐츠산업에 직접적인 문화인프라로 기능할 것이다.

우리의 경우에는 기초자료의 DB화가 제대로 정리되지 못한 상태에서 문화원형 소재들을 가공하여 제공하는 사업이 함께 추진된 관계로, 현재까지는 문화원형디지털콘텐츠화사업의 결과물들이 여러 가지 문제점도 있었으며 산업적 활용도 크지 않았다.

그러나 이 사업이 시행착오를 수정하면서 좀더 다양한 결과물이 축적된다면, 문화콘텐츠산업의 발전에 기여할 뿐 아니라 문화원형과 직결되는 인문학의 발전에도 기여할 것이다. 아울러 인문학 전문가들의 학제간 연구풍토에도 자연스럽게 긍정적 영향을 줌으로써, 인문학의 응용적 측면에 크게 기여할 것으로 생각한다. 그리고 그러한 작업은 결국 인간화, 인간해방에 기여한다는 점에서 세계문화를 풍요롭게 하는 데에도 일조할 것으로 생각한다.

앞으로 이 사업의 과제는 무엇보다 인문학전문가가 담보한 문화원형 원천소스와 산업계의 산업적 활용 사이의 연결고리를 좀더 세밀히 분석 검토함으로써, 실질적인 산업적 활용에 기여하도록 해야 한다. 그리고 추진체계에 있어 인문학 전문가들이 보다 능동적으로 참여할 수 있는 방식을 개발해야 할 것이다.

실제 문화원형사업은 가장 극단적인 평가를 받고 있다. 일부에서는 어떻게 그런 원대하고도 바람직한 목표를 잡았는가 하는 점에서 이 사업을 극찬한다. 다른 쪽에서는 그런 정도의 예산으로 이 정도 수준의 결과물이 나올 바에는 산업계에 직접 지원해 주는 형태가 좋을 것이라고 혹평한다.

　사실 창작소재의 활용에는 산업별로 차이가 있다. 예를 들어 게임은 문화원형에 기반한 창작소재 활용이 그리 크지 않을 것이다. 그러나 이러한 산업별·개별적 차이를 넘어서서, 앞서 필자가 제시한 이 사업의 사회적 효용으로 보아 문화원형 사업은 지속되어야 하며, 그것도 확대 지속되어야 한다. 결코 현재의 성과로 쉽게 재단할 일이 아닌 것이다.

▌제2절 문화원형 디지털콘텐츠화사업과 전문연구자의 역할

I. 문제의식

　필자는 문화원형사업과 관련하여 두 편의 글을 쓴 바 있다.[28] 그리고 문화원형 로드맵 작성에 참여하여 문화원형사업에 대한 전반적인 진단과 방향성을 모색한 바 있다.[29] 그러나 <로드맵> 수립의 주 목적은 창작소재를 발굴하여 제시하는 것이었다. 따라서 <로드맵>에서는 문화원형사업 운영방안에 대한 의견은 많이 담지 못하였다. 필자는 「문화원형 디지털콘텐츠화 사업의 사회적 효용」이라는 글에서 간략히 운영방안에 대한 의견을 제시한 바 있다. 필자가 생각하는 운영방안의 핵심은 전문연구자의 문제이다. 즉 문화원형사업 결과물의 가장 큰 단점은 대체로 퀄리티가 떨어진다는 점이며, 그 퀄리티가 떨어지는 가장 큰 이유는 그 사업에 관여하는 전문연구자의 책임과 권리가 모호하기 때문이라고 필자는 보고 있다.

　따라서 본 글에서는 문화원형사업 운영방안에 있어 특히 '전문연구자'의 역할과 위상은 어떠해야 하는가 하는 점을 중심으로 몇 가지 방안을 제시하고자 한다.

II. 연구자 실명제(實名制)의 필요성

　문화원형사업에 있어 필자는 무엇보다 개발된 콘텐츠 성과물에 대한 실명

---

28) 김기덕, 「문화원형 디지털콘텐츠화 사업의 사회적 효용」, 『인문콘텐츠』, 5, 2005; 김기덕, 「문화원형의 層位와 새로운 원형 개념」, 『인문콘텐츠』, 6, 2005.

29) 한국문화콘텐츠진흥원, 『문화원형 창작소재 개발 중·장기 로드맵 수립』, 2006.

제가 필요하다고 생각한다. 이렇게 얘기하면 다들 의아하게 생각할 것이다. 개발에 참여한 연구기관 및 연구책임자와 연구원들이 있고, 자문에 응한 전문가도 있으며, 개발사업자도 분명히 명시되어 있는데, 무슨 다시 실명제란 말인가?

여기에서 보다 구체적으로 몇 가지 문제를 지적해 보고자 한다. 현재 진행되는 문화원형사업은 전문연구자들의 경우 올바로 과제를 수행한다는 것은 참으로 어려운 문제이다. 사실 한국학술진흥재단이나 기타 연구비를 받고 수행하는 연구들에 비해 문화원형사업은 제대로 하려면 시간과 노력이 많이 들어간다. 그 결과 실제 전문연구자들은 이 사업에 지원하지 않거나, 혹은 지원하여 과제개발을 할 경우에도 제대로 자신의 시간과 노력을 투자하지 않는 경우가 나온다.

그런데 이 점에 있어 과제를 수행하는 전문연구자의 책임만을 지적할 수는 없다는 데에 문제가 있다. 단적으로 표현하자면 '그 성과가 나의 작품이다'라는 분위기가 조성될 필요가 있다.

연구자는 자신의 이름 석자를 위해 밤을 새우는 존재이다. 특히 인문학연구자들은 더욱 그러한 속성이 있다. 이 점을 잘 견인할 필요가 있다. 지금의 실명제 수준이 아니라 철저하게 그리고 대외적으로 이 과제는 누가 책임지고 어느 학교에서 기획, 개발한 것이라는 점을 공공연하게 내세울 때, 자신의 명예를 위해 연구자들은 밤을 세운다. 지금은 엄밀하게 실명제가 아니다. 그러므로 대충해도 크게 부끄러울 것이 없다. 그것이 퀄리티를 보장하지 못하는 이유인 것이다.

이러한 측면과 관련하여 <로드맵>에서는 개발 모델에 있어 기존 연구개발형(통합형, 분리형) 외에 '연구자 연계형 사업추진 모델'을 제시한 바 있다. 이것은 무엇보다 문화원형사업에 참여하는 전문연구자의 실명제를 정착시키기 위한 방안의 하나로 제시된 것이다. 즉 해당 주제에 적합한 연구자 중심의 콘텐츠 개발을 위하여, 전문연구자에 대한 직접적인 제작 지원을 하는 방식으로 추진하고자 제시된 것이다.[30] 이 방식에 대한 치밀한 검토가 필요할 것이다.

III. 새로운 형식의 '콘텐츠북' 출간 필요성

앞에서 연구자 실명제를 강조하였다. 그런데 연구자가 자신의 이름을 걸고 퀄리티가 높은 생산물을 산출하기 위해서는, 즉 전문연구자들의 확실한 역할을 담보하기 위해서는 전문연구자가 개발한 과제에 대한 새로운 형식의 '콘텐츠북'이 만들어질 필요가 있다고 보고 있다.

콘텐츠북의 효용은 크게 두 가지 측면이다. 하나는 현재 문화원형 창작소재 성과물은 문화콘텐츠닷컴에서 서비스되고 있으나, 사실상 웹상으로 전체 내용을 열람한다는 것은 한계가 있다. 또한 개발된 과제물에 대한 매뉴얼북도 필요한 상황이다. 다른 하나는 문화원형사업에 참여한 전문가 및 개발자가 공동으로 자신들이 개발한 문화원형 창작소재에 대한 출판물을 발간함으로써, 참여자들의 의욕을 확대시킬 필요가 있다는 점이다.

특히 전문연구자들의 경우 경제적 보상이 안되면 '명예'라도 보상이 되어야 올바른 결과물을 산출하고자 밤을 세우는 법이다. 그것을 보장하는 가장 좋은 방안은 자신의 이름으로 된(물론 때로는 개발업체의 이름이 함께 나갈 수도 있음) 새로운 형태의 콘텐츠북을 출판하는 방법이 될 것이다.

이러한 콘텐츠북은 다양한 이미지와 웹상으로 구현되는 성과물의 매뉴얼북도 겸한다는 점에서 새로운 형태의 출판물이다. 따라서 이러한 콘텐츠북이 디지털시대 새로운 연구성과로 자리매김된다면, 전문연구자들은 자신의 명예를 걸고 내실있는 개발을 완수하고자 노력할 것이다.

사실 문화원형사업의 결과물에 대한 산업적 활용을 두고 말들이 많았다. 그러나 만약 지금까지 개발된 과제들에 대하여 최소한 한 권씩의 콘텐츠북이 출간되었다면, 산업적 활용에 대한 논란은 없었을 것으로 생각한다.

---

30) 로드맵, 254-256쪽.

다행히 문화원형사업의 주관자인 한국문화콘텐츠진흥원에서는 2차 년도를 맞이하여 시범적으로 콘텐츠북을 출간할 계획이라고 한다. 그런데 필자가 강조하고 싶은 것은 이 콘텐츠북 출간의 주된 목적이자 방법은 해당 전문연구자의 참여라고 할 수 있다. 즉 콘텐츠북의 출간에 있어 전문연구자의 이름 석자가 반드시 들어가는 성과물이 되어야 한다. 그렇지 않고 이미 개발된 것을 참고로 하여 그저 출판사에 일임하게 되면, 제대로 된 성과물이 나오지 못할 뿐만 아니라, 전문연구자의 참여의욕을 고취시키는 데에 전혀 도움이 되지 않을 것이다. 오히려 역으로 자신의 노하우를 빼앗겼다고 판단할지도 모른다.

항상 퀄리티를 높이는 핵심은 개발에 있어서나 저작물 출간에 있어서나, 기본적으로 전문연구자의 실명제라는 것을 잊어서는 안될 것이다.

IV. 성과물에 대한 리뷰작업의 필요성

현재 문화원형사업을 포함하여 디지털시대의 본격적인 전개와 함께, 전분야에서 자료의 디지털화 및 디지털화된 자료를 활용한 디지털문화콘텐츠 성과물들이 활발히 생산되고 있다. 그런데 이러한 디지털문화콘텐츠 성과물에 대한 적극적인 평가작업이 이루어져야 모두에게 도움이 되는 퀄리티 높은 문화콘텐츠 성과물이 산출될 수 있을 것이다. 현재 상황은 거의 제대로 된 평가가 이루어지지 않고 있다. 이는 자원 간 효율적인 개발, 개발자원의 품질에 대한 적합성 및 적절성 확보, 미래 발전 전략 도출 등을 성취함에 있어 커다란 장애요인이 되고 있는 실정이다.

물론 평가작업이 전혀 없는 것은 아니다. 각 사업의 추진과정에서 성과물에 대한 평가를 통해 용역 결과를 인준하고 있다. 문화원형사업도 예외가 아니다.

그러나 이러한 평가는 외부에 알려지지 않은 익명의 평가이므로 평가작업이 제대로 이루어질 수 없다고 본다. 그리고 평가내용 또한 可, 不可를 위주로 한 간단한 지적에 그치는 수준에 머물고 있다.

구체적인 평가방식을 '문화원형 디지털콘텐츠화사업'의 결과물을 갖고 제시해 보면 다음과 같다. 예를 들어 전쟁사 전문연구자는 '전쟁 및 군사' 관련 성과물을 묶어서 평가작업을 수행할 수 있다. 또한 민속학 연구자는 해당 개발사례들을 묶어서 평가할 수 있다. 혹은 필요한 경우 하나의 소재만을 대상으로 치밀하게 분석할 수도 있을 것이다.

문화원형사업만이 아니라 그동안 개발되어 온 제반 디지털문화콘텐츠 개발사업들의 경우, 해당 전문가의 참여가 적절히 이루어지지 않은 사례가 많았다. 그것은 해당사업들이 조급하게 추진되었거나 혹은 개발에 참여한 산업체들의 경우 해당 전문가에 대한 정보가 미흡하였던 점, 그리고 인문학전문가들의 경우 인식의 차이로 참여를 거부하였거나 혹은 모르고 있었던 점 등 여러 가지 요인이 작용하였다. 그 결과 많은 사례에서 퀄리티가 떨어지는 성과물들이 나타나게 됨으로써, 결과적으로 국가적으로나 산업적으로 그리고 인문학의 측면에서 모두 부정적인 결과를 초래하였다고 본다.

연구자들의 특성은 자신의 이름으로 당당한 연구논문으로 인정받을 수 있을 때에 비로소 적극적인 자신의 전공분야에 대한 평가작업을 시도할 것이다. 그런 점에서 인문콘텐츠학회 등에서는 이러한 평가작업을 정식 논문으로 활발히 게재할 필요가 있으며, 한국학술진흥재단에서는 연구비 지원으로 평가작업을 독려시킬 필요가 있을 것이다.

평가작업의 형식은 자유롭게 구성할 수 있지만, 크게 보아 해당 개발 내용의 분석을 통해 해당자료는 잘 조사되어 사용되었는가? 자료의 해석 및 의미파악은 적절한가? 내용 구성 및 전개는 올바른가? 현대적 해석 및 상상력의 동원은 충분히 가능성이 있는가? 등등이 될 수 있을 것이다.

물론 이러한 디지털문화콘텐츠 성과물이 인문학의 지식 및 해석만으로 완결되는 것은 아니다. 디자인 및 기술 등 여러 학제간 결합이 이루어질 필요가 있다. 따라서 이러한 평가작업을 통해 자연스럽게 학제간 연구도 진행될 수 있을 것이다.

평가작업을 발표할 학술지는 이미 그 토대가 마련되어 있다. 디지털문화콘텐츠학회 및 인문콘텐츠학회의 학술지가 이미 한국학술진흥재단 등재후보지로 등재되었으며, 그 외에도 전통적인 문, 사, 철 관련 전문학술지에서도 인식의 확대로 평가논문의 게재는 문제될 것이 없다고 할 수 있다.

이러한 평가작업은 실질적인 측면에서 인문학의 확장을 가져온다는 점, 그리고 산학협동이 이루어지는 계기를 마련해 준다는 점, 또한 자연스럽게 학제간연구가 이루어진다는 점, 그리고 교육적 측면에서 이러한 성과물들에 대한 평가작업은 일종의 수업개발이기도 하다는 점에서 정말 효용이 크다고 생각한다. 그리고 이러한 평가작업을 통하여 우리 문화에 대한 전문연구자들이 해당 관련 소재에 보다 적극 참여하는 계기를 마련해 준다는 점에서도 대단히 중요하다고 할 수 있다.

V. 문화원형사업센터의 필요성

앞에서 문화원형사업의 퀄리티를 높이는 몇 가지 방안을 제시하여 보았다. 그것들은 모두 실제적인 연구자 실명제를 유도함으로써, 개발소재에 적합한 전문연구자가 새로운 연구성과로서 콘텐츠성과물을 산출하게 하자는 방안으로 도출된 것이다.

그 외에 문화원형사업과 관련하여 다음과 같은 조직 문제를 하나 제기해 보고자 한다. 현재 문화원형사업은 한국문화콘텐츠진흥원의 '문화원형사업팀'에서 주관하고 있다. 물론 그 팀에서는 많은 자문위원을 활용하고 있다. 그러나 문화원형사업이 사업의 규모가 크기 때문만이 아니라, 거기에 더해 '전문연구자'의 결합이라는 아킬레스건이 항상 게재되어 있기 때문에 이 사업은 센터 수준으로 운영되어야 한다고 판단된다. 즉 전문연구자이면서 산업체의 속성까지를 이해하는 센터장이 있어야 하고 그 산하에 실질적인 참여를 해주는 전문연구자 집단이 운영위원으로 참여하여 사업을 점검해 주어야 하며, 현재의 문화원형팀은 실제적인 실무를 담당해야 한다고 보고 있다.

조직의 개편, 특히 확대개편은 간단한 일이 아닐 것이다. 그러나 진흥원 차원에서도 이 점을 잘 검토할 필요가 있을 것이다. 1차년도 5개년 성과물이 끝나고 2007년부터 2차년도 5개년이 시작되고 있다. 2차년도는 지난 5년동안의 결과물과 유사한 형태로 끝나서는 안될 것이다. 그것은 결국 '전문연구자'의 역할을 어떻게 견인할 것인가 하는 점에 달려 있다. 현재의 문화원형팀이 전문가의 자문을 통하여 방향성을 모색하고 아울러 실제 실무를 전부 수행해 나가기에는 너무 벅찬 실정이라고 본다.

이 문제를 제기하는 것은 단순히 문화원형사업 자체의 수행만을 고려하기 때문이 아니다. 현재 진흥원에서는 전문가 Pool을 신청받고 운영하고 있는데, 이 문제도 대단히 중요하다. 즉 문화원형 관련 전문 연구자와 문화원형 관련 기획·제작 실무인력, 그리고 문화원형 관련 업계 분야별(출판/만화·애니·캐릭터/전시/방송/음악/영화/교육 등) CEO 인력 Pool 구성 및 DB 구축은 문화원형 개발이나 마케팅을 위해 필요한 사항이다. 더욱이 각각의 인력풀만이 아니라 신디케이션을 강화하기 위해서는 전문연구자의 생리와 흐름을 잘 파악하고 있는 연구자가 함께 참여하는 센터 수준의 조직을 구축해야 할 것이다. 특히 문화원형 결과물의 가장 큰 산업적 효용 중의 하나는 교육현장으로의 확산이라는 측면이 있다. 앞에서 콘텐츠북을 언급하였지만, 그 외에도 다양한 문화콘텐츠 교육과정, 문화원형 결과물에 기초한 다양한 교양서 및 교육 보조교재의 출간 등 교육적 측면으로 확산되기 위해서도 실무 위주의 문화원형팀 수준이 아니라 방향성과 실무를 함께 제대로 수행할 수 있는 센터 수준의 조직이 필요하다고 생각한다.31)

그리고 더 나아가서 현재 문화콘텐츠 분야는 대부분 '진흥원'의 형태이지 '연구원'이 없다. 가칭 '문화콘텐츠연구원'의 설립도 검토해 보아야 할 것으로 생각한다. 다시 강조하거니와 이러한 제안은 전문연구자를 문화원형사업으로 견인함으로써 보다 퀄리티가 높은 성과물을 산출하기 위한 방안으로 제시된 것이다. 따라서 필자의 제안이 혹 구체적 실천과정에서 문제가 있을지라도, 기본적으로 전문연구자의 확실한 참여 및 성실한 프로젝트 수행이라는 목표를 위해 위와 같은 제안들을 논의함으로써 적절한 해결책이 모색되어야 할 것으로 판단된다.

---

31) 2차년도 기본 계획에 '문화원형진흥위원회'가 추진되고 있다. 필자가 주장하는 '센터'와는 성격이 다르다고 할 수 있는데, 그래도 이러한 연결고리를 강화한 것은 적절한 판단이라고 생각한다.

▌제3절 창작소재 구성분류표

이 분류표는 로드맵 개발시에 작성된 것이다. 비록 필자도 참여하였지만, 필자의 개인 창작물이 아니다. 그럼에도 불구하고 본 책에 수록한 것은 로드맵에서 인용하였다는 전거를 달고서 여러 사람들에게 소개할 가치가 있는 분류표라고 생각하였기 때문이다. 주지하듯이 로드맵은 일반 출판이 아니어서 열람에 한계가 있다. 본 분류표는 문화원형사업을 입체적으로 이해할 수 있게 해 줄 것이다.

본 구성분류표에다가 5년동안 개발된 것을 함께 제시하여 보았다. 참고로 로드맵에서는 기개발과제의 문제점으로 (1)조선시대 편중 개발 (2)체계성의 미흡 (3)상황별, 행위별 접근의 부재 (4)인물 중심 소재 개발의 부재 (5)허구적, 환상적 소재의 개발 부재 (6)DB 구축의 부재 (7)시나리오 창작소재 개발의 미흡이라는 7가지를 제시한 바 있다.

① 배경 구성분류표

구분	1차	2차	3차	과제
배경	공간적 배경	지도, 지지	산경표	(2002) 대동여지도와 대동지지의 3D 제작을 통한 디지털 복원
			수경표	
			지도류	
			지지류	
		건축	사원	(2004) 한구전통목조건축 부재별 조합에 따른 3차원 디지털콘텐츠 개발
			교회	
		종교형	성당	(2002) 한국 전통건축, 그 안에 있는 장소들의 특성에 관한 콘텐츠 개발
			절	
		생활형	움집	(2002) 애니메이션 요소별 배경을 위한 전통건축물 구성요소라이브러리 개발
			민가	
		기능형	관아	(2002) 화성의궤 이야기
			서원	(2002) 사이버 전통 한옥 마을 세트 개발
			향교	(2003) 사찰 디지털 세트 개발
			궁궐	(2005) 앙코르와트의 디지털 콘텐츠화 - 글로벌
		기능형	성곽	(2004) 한국 산성 원형의 디지털 콘텐츠 개발
			다리	(2005) 우리의 전통 다리 건축 라이브러리 개발 및 3D 디지털 콘텐츠 개발
		조경	경관	(2005) 조선시대 궁궐 조경의 디지털 원형 복원을 통한 전통문화 콘텐츠 리소스 개발
			정원	(2005) 한국 전통 팔결의 디지털화 및 원형 소재 콘텐츠 개발
				(2006) 한국 전통 문화공간인 정원과 정자의 창작소재화 개발
		도로	육로 (말)	평지로	(2002) 고구려백제의 실크로드 개척사 및 실크로드 관련 전투양식, 무기류, 건축, 복식 디지털 복원 - 글로벌
			고가	
			철로	(2004) 옛길 문화의 원형 복원 콘텐츠 개발(조선시대 유곡역참의 원형 복원을 중심으로)
			굴(터널)	
		수로 (운하)	자연수로	(2002) 선사에서 조선까지 해상 선박과 항로, 해전의 원형 디지털 복원
			인공수로	(2002) 전통 한선(韓船) 라이브러리 개발 및 3D 제작을 통한 디지털 복원
				(2006) 전통시대 수상교통-뱃길(水上路) 문화원형 콘텐츠 개발
				(2006) 한강을 중심으로 하는 생활문화 콘텐츠 개발
		가상	낙원형	도솔천 등	
			지옥형	
			제3공간 (생계형)	중음계 등	
		세트	국가	(2004) 서울의 근대 공간 복원 디지털 콘텐츠 개발
			도시	(2002) 조선 후기 한양도성의 복원을 통한 디지털 생활사 콘텐츠 개발
			마을	(2002) 조선시대 국왕경호체제 및 도성방위체제에 관한 디지털 콘텐츠 개발
			들판	
			거리	
			막사	(2004) 조선시대 수영의 디지털 복원 및 수군의 군영사 콘텐츠 개발
			용궁	(2005) 바다속 상상 세계의 원형 콘텐츠 기획
			주거공간	

구분	1차	2차	3차	과 제
배경			死者공간	
		종교	유교	
			불교	(2004) 불교 설화를 통한 시나리오 창작 소재 및 시각자료 개발 (2005) "千佛千塔의 신비와 일어서지 못하는 臥佛의 恨" 雲住寺 스토리 뱅크
			도교	
			기독교	
			민족종교	
	정신세계	사상,신앙	토템이즘	(2004) 풍수지리 콘텐츠 개발
			민간신앙	(2002) 오방대제와 한국 신들의 원형 및 인물 유형 콘텐츠 개발
			풍수사상	(2004) 암각화 이미지의 재해석에 의한 캐릭터 데이터 베이스 작업
			무속신앙	(2004) 한국 무속 굿의 디지털 콘텐츠 개발
사회적배경			禪 사상	(2006) 우리 장승의 디지털콘텐츠 개발
			山神신앙	(2006) 우리 성(性) 신앙의 역사와 유형, 실체를 찾아서
			절대자	
		철학관	우주관	(2002) <토정비결>에 나타난 한국인의 전통-선민 생활규범 문화원형을 시각 콘텐츠로 구현
			세계관	
			자연관	(2003) 한국천문 우리 하늘 우리 별자리 디지털 문화 콘텐츠 개발
			사회관	(2004) 구전신화의 공간체계를 재구성한 판타지 콘텐츠의 원
			인간관	소스 개발 - "새롭게 펼쳐지는 신화의 나라"
		사후세계	고인돌	
			무 덤	(2003) 한국의 고인돌 문화 콘텐츠 개발
			왕 릉	(2003) 죽음의 전통의례와 상징 세계의 디지털 콘텐츠 개발
			공동묘지	(2003) 고구려 고분벽화의 디지털 콘텐츠 개발
			납골당	
			散 骨	
	사회체계	국가체제		(2004) 고대 국가의 건국 설화 이야기 (2005) 조선시대 유배(流配) 문화의 디지털 콘텐츠화
		인종구성		
		정치구조		(2004) 전통 수렵(사냥) 방법과 도구의 디지털 콘텐츠 개발
		경제구조		(2004) 전통 어로 방법과 어로 도구의 디지털 콘텐츠화
		군사제도		(2005) 조선시대 암호 방식의 신호 전달 체계 디지털 콘텐츠 복원
		법률,도덕		

구분	1차	2차	3차	과 제
배경	사회적 배경	사회체계	계급구조(신분)	
			가족구조	
		생활구조(문화)	생활문화	(2002) 전통놀이 원형의 디지털 콘텐츠 제작 (2003) 조선왕조 궁중통과의례 문화원형의 디지털 복원(국상의례, 가례원형을 중심으로 한 디지털 콘텐츠 개발) (2004) 조선후기 궁궐 의례와 공간 콘텐츠 개발 (2004) 유랑예인집단 남사당 문화의 디지털 콘텐츠화 사업 (2003) 조선시대 조리서에 나타난 식문화원형 콘텐츠 개발 (2003) 한국 미술에 나타난 길상 이미지 콘텐츠 개발 (2005) 조선후기 사가(私家)의 전통가례(傳統家禮)와 가례음식(家禮飮食) 문화원형 복원 (2005) 한국 술문화의 디지털 콘텐츠화 - 고대부터 근대까지의 한국 전통주를 중심으로 - (2005) 세계의 와인 문화 디지털 콘텐츠화 - 글로벌 (2005) 기산풍속도(箕山風俗圖)를 활용한 19세기 조선의 민중생활상 재현 (2006) 한국의 24절기(節氣)를 이용한 디지털콘텐츠 개발
			민속, 풍속	(2002) 탈의 다차원적 접근을 통한 인물 유형 캐릭터 개발 (2002) 전통 자수 문양의 디지털 콘텐츠 개발 (2005) 한국 대표 이미지로서 국보 하회탈의 문화 원형 콘텐츠 개발 (2004) 근대초기 한국 문화의 변화 양상에 대한 디지털 콘텐츠 개발 (2002) 한국의 소리은행 개발 - 전통문화 소재, 한국의 소리
			축제, 놀이	(2002) 고려 '팔관회'의 국제박람회 요소를 소재로 한 디지털 콘텐츠 개발 (2004) 유랑예인집단 남사당문화의 디지털 콘텐츠화 (2004) 전통놀이와 춤에서 가장(假裝)하여 등장하는 인물의 디지털 콘텐츠 개발 (2004) 중요무형문화재 제13호 강릉단오제 문화원형 디지털 콘텐츠 개발 (2006) 줄타기 원형의 창작소재 콘텐츠화 사업
		예술	문학	일반문학
				신화
				미술

일반문학	(2002) <삼국유사> 민간설화의 창작공연 및 디지털 콘텐츠화 사업 (연오랑과 세오녀)
신화	(2002) 신화의 섬, 디지털 제주 21 : 제주도 신화 전설을 소재로 한 디지털 콘텐츠 개발 (2002) 서사무가 "바리공주"의 하이퍼텍스트 만들기 및 그 샘플링 개발 (2002) 한국 신화 원형의 개발 (2002) 조선시대 대하소설을 통한 시나리오 창작 소재 및 시각자료 개발 (2004) 조선후기 여항문화(閭巷文化)의 디지털 콘텐츠 개발 (2003) 중국 문화 원형에 기반한 쿤화 콘텐츠 창작 소재 개발 지원 (글로벌) (2006) 표해록을 통한 시나리오 창작 소재 및 캐릭터 개발 (2006) 근대 대중문화지에 실린 '야담'을 통한 시나리오 창작소재의 개발 (2006) 한국적 감성에 기반한 이야기 문화원형의 디지털콘텐츠화
미술	(2002) 만봉스님 단청 문양의 디지털화를 통한 산업적 활용 방안 연구 개발 (2002) 조선왕실축제의 상징이미지 디자인 및 전통 색채 디지털 콘텐츠 개발 (2002) 한국 불화(탱화)에 등장하는 인물 캐릭터 소재 개발 (2002) 전통민화의 디지털화 및 원형 소재 콘텐츠 개발 (2002) 고문서 및 전통문양의 디지털 폰트 개발 (2002) 한국 풍속화의 문화 원형을 이용한 디지털 콘텐츠 개발

구분	1차	2차	3차	과 제
배경	사회적 배경	사회 체계	미술	(2004) 한국석탑의 문화원형을 이용한 디지털 콘텐츠 개발 (2003) 게임제작을 위한 문화원형 감로탱의 디지털 가공 (2003) 궁중문양의 디지털 콘텐츠 개발 (2003) 현대 한국 대표 서예가의 한글 서체를 컴퓨터 글자체로 개발 (2004) 한국 고서(古書)의 능화문(菱花文) 및 장정(裝幀)의 디지털 콘텐츠화 (2005) 흙의 美學, 빛과 소리 - 경기도자 문화원형의 디지털 콘텐츠 개발 (2005) 잃어버린 백제 문화를 찾아서(백제금동대향로에 나타난 백제인의 문화의 백제 기악탈 복원) (2006) 조선시대 탐라순력도의 디지털콘텐츠 개발
			예술 음악	(2002) 우리 음악의 원형 산조 이야기 (2002) 국악기 음원과 표준 인터페이스를 기초로 한 한국형 시퀀싱 프로그램 개발 (2005) 국악대중화를 위한 정간보 디지털 폰트 제작과 악보저작도구 개발 (2005) 어린이 문화 콘텐츠의 창작 소재화를 위한 전래동요의 디지털 콘텐츠 개발 (2004) 백두대간의 전통음악 원형 지도 개발 (2003) 국악 장단 디지털 콘텐츠화 개발 (2002) 종묘제례악의 디지털 콘텐츠화 (2004) 아리랑 민요의 가사와 악보 채집 및 교육자료 활용을 위한 디지털 콘텐츠 개발 (2003) 국악선율의 원형을 이용한 멀티 서라운드 주제곡 및 배경음악 개발 (2003) <악학궤범>을 중심으로 한 조선시대 공연문화 콘텐츠 개발 (2004) 한국 근대의 음악원형 디지털 콘텐츠 개발 (2006) 조선시대 최고의 문화예술 기획자 효명세자와 <춘행전>의 재발견
			건축양식	
			춤	(2004) 무형문화재로 지정된 한국의 춤 디지털 콘텐츠 개발
			공예	(2005) 한국 전통 일간과 철제연장 사용의 디지털 콘텐츠 개발 - 금속 생활공예품 제작을 중심으로 (2006) 한국불교 목공예의 정수 <수미단>의 창작소재 개발
			교육	(2004) 조선왕조 아동교육 문화 원형의 디지털 콘텐츠화 (2005) 초중등 학생 역사 교육 강화를 위한 초·중등 학생용 ‘재미있는 역사 교과서’ 교재 개발
			과학(한의)	(2004) 조선시대 궁중 기술자가 만든 세계적인 과학 문화 유산의 디지털 원형 복원 및 원리 이해 콘텐츠 개발 (2004) 옛 의서(醫書)를 기반으로 한 한의학 및 한국 고유의 한약재 디지털 콘텐츠 개발
		대외관계	華夷觀 중국관계 / 동이족, 치우	
			일본관계 / 왜구, 광복군, 의열단	(2002) 우리 문화 흔적들의 연구를 통한 조선통신사의 완벽 복원 (2004) 고려인의 러시아 140년 이주 계획서를 소재로 한 문화원형(농업, 생활상, 의식주 등) 디지털 콘텐츠 개발 (2004) 발해의 영역 확장과 말갈 지배 관련 디지털 콘텐츠 개발
			북방민족관계	
			세계관계 / 남북관계	

② 사건 구성 분류표

구분	1차	2차		3차	과 제
사건	전쟁	대내전쟁 (국내전쟁)			(2002) 한민족 전투 원형 콘텐츠 개발 (2002) 진법 자료의 해석 및 재구성을 통한 조선시대 전투전술교본의 시각적 제한
		대외전쟁			(2005) 삼별초 문화원형에 기반한 디지털 콘텐츠 개발
		집단 투쟁	난	유민	(2006) 고대에서 조선까지, "정변(政變)" 관련 문화콘텐츠 창작소재화 개발
				산적, 초적	
				항쟁(민란)	
			당쟁		
			계급 갈등		
			지역 갈등	문중대립	
			부족 갈등	山訟	
	사랑	가족간의 사랑		효, 형제애	
		남녀간의 사랑		플로토닉 사랑, 에로스적 사랑	(2006) 우리 성(性) 신앙의 역사와 유형, 실체를 찾아서
		사회적 사랑		우정, 忠, 민족애, 동포애	
	공포	스릴러/ 서스펜스 (심리적공포)			
		슬래서			
	모험	출세/ 명예/ 성취		농업형	(2003) 조선시대 상인(商人) 활동에 나타난 "한국사업사 문화원형"의 시각 콘텐츠 구현
				상업형	
				수공업형	(2003) 근대적 유통경제의 원형을 찾아서 - 조선후기 (17C~19C) 상인과 그들의 상업 활동을 통한 경영, 경제 시나리오 소재 DB 개발
				아이디어형	
		여행		현실형	(2005) 조선시대 유산기(遊山記) 디지털 콘텐츠 개발
				가상/현실 복잡형	
				가상세계형	
		스포츠/ 경쟁			
		무협			(2003) 한국 무예의 원형 및 무과시험 복원을 통한 디지털 콘텐츠 개발 (2004) 맨손무예 택견의 디지털 콘텐츠화 -시나리오와 동작의 리소스 개발 (2005) 한국 궁술의 원형 복원을 위한 디지털 콘텐츠 개발 (2006) 한국 전통무예 택견의 미완성 별거리 8마당 복원을 통한 디지털콘텐츠 개발 및 상품화 사업

구분	1차	2차	3차	과제
사건		탈출		
	범죄	추리/탐정	간첩 (첩보원)	(2002) 조선시대 검안기록을 재구성한 수사기록물 문화콘텐츠 개발
		살인/범법		(2002) 게임/만화/애니메이션 및 아동 출판물 창작 소재로서의 암행어사 기록 복원 및 콘텐츠 제작 (2005) 한국사에 등장하는 첩보(諜報) 활동 관련 문화 콘텐츠 소재 개발
	역사적 사건	한글창제		
		역사적 선언, 조약		(2004) 근대 토론문화의 원형인 독립신문과 만민공동회의 복원
		6·29선언	각종 선언서	
	판타지	SF/ 공상과학 (현실에서 불가능)		
		SFX (현실에서 가능하지만 흔하지 않음)		(2005) 우리 저승 세계에 대한 문화 콘텐츠 개발

③ 인물 구성분류표

구분	1차	2차	3차	과제
가상형 캐릭터		휴먼형	신	
			신 선	(2004) 한국 인귀(人鬼) 설화 원형 콘텐츠 개발
			요 정	(2003) 한국 도깨비 캐릭터 이미지 콘텐츠 개발과 시나리오 제재 유형 개발
			도깨비	
			옥황상제	
		몬스터형	염라대왕	
			저승사자	(2002) 온라인 게임을 위한 한국 전통 무기 및 몬스터 원천 소스 개발
			귀 신	
			외계인	
			드라큐라	
	인간	생태적 성별	할머니	
			할아버지	
			아버지	
			어머니	
			아 들	
			딸	

구분	1차	2차	3차	과 제
캐릭터	인간	생태적	조상과후손	
			형제와자매	
			형과아우	
			언니와동생	
			청년과노년	
		사회적	왕과 여왕	
			왕족, 외척	(2003) 조선시대 기녀 문화의 디지털 콘텐츠 개발
			양반 (문무신)	(2004) 근대 기생의 문화와 예술에 대한 디지털 콘텐츠화 (2004) 조선의 궁중 여성에 대한 디지털 콘텐츠 개발
			중인	(2006) 우리 역사 최초의 여왕, 선덕여왕의 드라마 중심 스토리
			평민	개발
			노비, 천민	(2006) 고려사(高麗史)에 등장하는 인물유형의 디지털콘텐츠화 (2006) 『삼국사기(三國史記)』소재 역사인물 문화콘텐츠 개발
			상류층	
			중상층	
			하루층	
		성향별	비범함 영웅,기인, 초월자	(2003) 문화산업 창작 소재로서의 신라 화랑 콘텐츠 개발 (2004) 한국 근대 여성교 과 신여성 문화의 디지털 콘텐츠 개발 (2005) 최승희 문화 원형 콘텐츠 개발 (2005) 한국 장수 설화의 원형 콘텐츠 개발
			평범 일상인	
			평범 이하 바보	
		외양	신체적 특성 단일민족	
			몽고반점	
			남방, 북방 기원설	
			얼굴	(2004) 한국인 얼굴 유형의 디지털 콘텐츠 개발 (2005) 한국 대표 이미지로서 국보 하회탈의 문화 원형 콘텐츠 구축
			키, 몸무게	
			장애인	
			복식 치장	
		기능별	주인공	
			원조자	(2005) 한국 설화의 인물 유형 분석을 통한 콘텐츠 개발
			반대자	
			절대자	
		직업별	관리	(2006) 한국사에 등장하는 '역관'의 외교 및 무역활동에 관한 창작 시나리오 개발
			전문직	(2005) 한국 승려의 생활문화 디지털 콘텐츠화
			농부	
			상인	

구분	1차	2차	3차	과 제
캐릭터	인간		수공업자	
			학생	
	생물	동물	호랑이	(2005) 한국 호랑이 디지털 콘텐츠 개발
			십장생	(2003) 문화원형관련 동물 아이콘 체계 구축 및 고유 복식 착장 의인화(擬人化) 소스 개발(조선시대 동물화(動物畵)에 근거하여)
		식물	사군자/소나무	(2006) 국가문화상징 무궁화의 원형자료 체계화와 문화콘텐츠 개발
			무궁화	

④ 아이템 구성 분류표

구분	1차	2차	3차	과 제
아이템	물질형	의복류	치렛거리	(2004) 한국 전통 머리 모양새와 치레거리의 디지털 콘텐츠 개발
			옷 매듭	(2002) 고려시대 전통복식 문화원형 디자인 개발 및 3D 제작을 통한 디지털 복원
			의류	(2002) 문화 원형 관련 복식 디지털 콘텐츠 개발
			장신구	(2004) 한국의 전통 장신구 - 산업적 활동을 위한 라이브러리 개발
		무구류(武具類)	근접무기류	(2002) 온라인 게임을 위한 한국 전통 무기 및 몬스터 원천 소스 개발
			발사무기류	
			갑옷류	
		탈 것	연, 비행선	
			배	(2002) 전통 한선(韓船) 라이브러리 개발 및 3D 제작을 통한 디지털 복원
			수레, 마차, 말	
		특수도구	형구	(2004) 조선시대 欽恤典則에 의한 형구 복원과 형 執行 事例의 디지털 콘텐츠 개발
		생활용품	가구	(2004) 한국전통가구의 디지털 콘텐츠 개발 및 산업적 활용방안
			농기구	
			사냥도구	(2004) 전통 수렵(사냥) 방법과 도구의 디지털 콘텐츠 개발
			어로도구	(2004) 전통 어로 방법과 어로 도구의 디지털 콘텐츠화
			생활도구	(2005) 한국 전통 도량형의 디지털 콘텐츠화 (2005) 한국 전통 일간과 철제 연장 사용의 디지털 콘텐츠 개발 - 금속 생활공예품 제작을 중심으로
		종교도구	부적류	(2003) 부적의 디지털 콘텐츠화 개발
			무구류(巫具類)	
		시설물	불교	(2005) 범종을 중심으로 한 불전사물의 디지털콘텐츠 개발과 산업적 활용

구분	1차	2차	3차	과 제
아이템	물질형	의약류	약초류	
			의료도구 (침구류)	
		서적류	병법서	
			술법서	
			의술서	
	빗물질형	무술	병기술	(2003) 한국 무예의 원형 및 무과시험 복원을 통한 디지털 콘텐츠 개발
			궁술/ 사격술	(2005) 한국 궁술의 원형 복원을 위한 디지털 콘텐츠 개발
			기마술	
			맨손무술	(2004) 맨손 무예 택견의 디지털 콘텐츠화-시나리오와 동작의 리소스 개발 (2006) 한국 전통무예 택견의 미완성 별거리 8마당 복원을 통한 디지털콘텐츠 개발 및 상품화 사업
		술법	소환술	
			주문 진언술	
			수인(手印) 보법(步法)	
			부적술	
			둔갑술	
			차력술	
			축지법	
			강신술 (降神術)	
			시해법 (尸解法)	
		기술	변장술	
			은신· 위장술	
			방중술	
			의술	
			제작기술	(2005) 한국 전통 일간과 철제연장 사용의 디지털 콘텐츠 개발 - 금속 생활공예품 제작을 중심으로

▮제4절 문화원형 디지털콘텐츠화사업 선정과제 목록

　　문화원형 디지털콘텐츠화사업의 1차년도 5개년간의 목록은 진흥원 자료목록에서 검색할 수 있다. 따라서 굳이 재수록할 필요는 없을 수도 있다. 그러나 편의상 본 책에 다시 수록하였다. 이 부분은 진흥원에서 작성한 것을 그대로 옮겼음을 밝혀 둔다.

○ 2002~2006년 문화원형 선정과제 List

분류		통시대	고대 (선사~남북국)	고려	조선	근현대	가상시공간	글로벌
이야기형	구비 문학	- 신화의섬, 제주 - 백두산 - 불교설화 - 금강산 - 민화인물유형 - 호랑이	- 연오랑세오녀 - 고대국가건국설화			- 바리공주 - 도깨비 - 인귀설화 - 신화의나라	- 바다속상상세계 - 한국정령연구	- 신화원형 (산해경)
	기록 문학	- 한국 감성소재			- 조선시대대하소설 - 표해록 - 유산기	- 야담		- 태평광기
	정치 경제 생업	- 수렵 - 정변 - 한강 생활문화			- 암행어사 - 보부상 상업활동 - 흥부전 경제활동 - 유배문화	- 독립신문, 만민공동회 - 어로		
	종교 신앙	- 오방대제 - 부적 - 강릉단오제 - 군사			- 성신앙	- 굿 - 상제 - 승려	- 시나락	
	인물 (남/여)		- 선덕여왕 - 신라화랑 - 삼국사기 역사인물	- 고려사 인물유형	- 종성 기녀 - 조선중여성	- 신여성 - 근대 기생 - 최승희		
디자인형	회화		- 고구려고분벽화	- 탱화	- 전통민화 - 봉족화 - 감로탱 - 동물화,동물아이콘 - 기상천문도 - 탐라순력도			
	미술 공예	- 범종,불전사물 - 하회탈 - 청자	- 암각화 - 한국석탑 - 백제 금동향로		- 전통생채 - 고문서 디지털폰트 - 전자문양 - 길상이미지 - 전통가구 - 짚풀문화원형 - 수미단	- 단청문양 - 서예가 서체		
	음악				- 산조 - 궁악기음원 - 종묘제례악 - 축제성음배경음악 - 악학궤범 - 국악장단 - 전통음악음성원형 - 정간보	- 소리은행 - 백두대간 음악원형 - 아리랑 - 근대 음악원형		
	군사 외교	- 전투원형 - 전사집단 - 첩보활동	- 실크로드 - 발해	- 삼별초	- 전통무기,몬스터원소스 - 진법 - 성곽경호체계 - 궁중대신사 - 무예,무과시험 - 수영, 군영사 - 암호,신호체계 - 역관			
	의(복식)	- 전통머리모양		- 고려복식	- 복식원형 - 전통장신구			
	식(음식)	- 술문화			- 조선 조리서			- 와인문화
	주(건축)	- 전통건축 구성요소 - 사찰건축 - 전통목조건축 - 전통다리			- 전통건축 - 전통한옥 - 궁궐조경 - 정원, 정자			- 앙코르와트
정보자료형	과학 기술 (의학)	- 도량형 - 24절기			- 검안기록 - 과학문화유산 - 옛 의서			
	교통 통신 지리	- 해상선박, 해전 - 독도 - 뱃길(수상교통)			- 한성도성복원 - 활쏘기 한양 - 대동여지도 - 예교문화 - 전통항로 - 서울근대공간			
	천문 주 (우주관)	- 풍수지리			- 토정비결 - 한국천문, 별자리		- 저승세계	
	의례	- 죽음전통의례	- 고인돌	- 팔관회	- 화성의궤 - 궁중의례 - 종묘의례 - 전통가례			
	놀이 연회	- 전통놀이			- 탈 - 남사당 - 줄타기 - 표명세자, 춘앵전	- 무형문화재 춤 - 전통놀이 - 전래동요		
	문화 일반	- 얼굴유형 - 무궁화	- 별지기		- 아동교육 - 여항문화	- 택견 - 러시아이준사 - 근대한국문화 - 택견 8마당		

○ 2002년 1차 자유공모(13개)

과제명	주관기관
우리 음악의 원형 산조 이야기 거문고, 가야금, 대금, 아쟁, 해금, 피리의 산조를 대상으로 연주소리와 악기의 기원 그리고 인물, 장소, 악기, 연주, 그림자료 등을 텍스트와 스틸사진, 동영상으로 제작	㈜국악중심
한국 신화 원형의 개발 동이민족의 원형인 <산해경>을 기초로 하여 국내 역사유물 등에서 나타나는 <산해경>의 신화적 요소를 찾아 시나리오로 재구성하고 이와 관련한 캐릭터를 2D, 3D로 제작	㈜동아시테크
한국 전통건축, 그 안에 있는 장소들의 특성에 관한 콘텐츠 개발 현존하는 한국전통건축물 중 대표적인 건물을 선정하여 그들 건축물 안에 있는 장소들의 특성을 찾아 애니메이션, 만화, 2D, 3D, 다이어그램, 텍스트 등 다양한 미디어로 재구성	㈜하우스세이버
온라인 RPG 게임을 위한 한국 전통 무기 및 몬스터 원천 소스 개발 <무예도보통지>, <국조오례서례> 등의 사료에 소개된 전통 무기와 한국 설화나 유물에 그려진 한국형 몬스터의 콘텐츠를 토대로 한국 전통무기를 3D 동영상으로 구현하고 유물의 전통 문양에 새겨진 한국형 몬스터를 DB화하며 동시에 3D 동영상 캐릭터 작업화	히스토피아
조선시대 검안기록을 재구성한 수사기록물 문화콘텐츠 개발 조선시대 검안(檢案)기록과 <증수무원록> 등의 법의학 관련자료 및 사건 관련 상세 스토리를 현대어로 번역, 문화콘텐츠 관련 산업의 시나리오 창작소재로 제공	㈜엠에이컴
신화의 섬, 디지털제주 21 : 제주도 신화 전설을 소재로 한 디지털콘텐츠 개발 제주도의 설화를 DB로 구축하고, 애니메이션용·캐릭터용·게임용·인터넷콘텐츠용·모바일서비스용 등으로 구분하여 TEXT, 사진, 동영상/오디오 자료로 제공	㈜서울시스템
애니메이션 요소별 배경을 위한 전통건축물 구성요소 라이브러리 개발 전통건축물을 구성하고 있는 다양한 요소와 건축물 사진을 대상으로 해당분야 전문가가 소장하고 있는 사진을 활용하여 시대별·지역별·용도별·요소별로 구분 및 패턴화하고, 1차적인 해석을 가한 콘텐츠를 개발	㈜한국예술정보

과제명	주관기관
화성의궤 이야기 조선시대 왕실 의전행사인 <화성성역의궤> 및 <원행을묘정리의궤>를 대상으로 행차, 화성건설, 정조의 3개축을 시공간을 넘나드는 스토리텔링 기법으로 재조명하며, 여기에 포함된 풍부한 의상, 무기, 풍속 등에 관한 자료를 웹기반 데이터로 디지털화	㈜포스트미디어
고려시대 전통복식 문화원형 디자인개발 및 3D 제작을 통한 디지털 복원 고려시대 관복, 사대부복식, 아동복식, 비빈 및 시녀 복식, 악공 및 무공 복식, 평서민 복식 등 종합적인 복식 관련 자료를 2D, 3D 디지털 콘텐츠로 개발	㈜드림한스
문화원형관련 복식디지털콘텐츠 개발 한국의 복식을 대상으로 하여 복식, 공예품, 민속/생활용품 전반에 나타난 문양 및 색채의 특성을 비교/분석 및 재해석하여 디지털콘텐츠화	이화여대 섬유패션 디자인센터
전통놀이 원형의 디지털 콘텐츠 제작 한국의 전통놀이 및 민속놀이를 대상으로, 관련 자료의 고증/원본자료수집/놀이별 콘텐츠기획을 통해 전통놀이를 현대적 관점에서 재조명하여 콘텐츠화	㈜아툰즈
한민족 전투원형 콘텐츠 개발 유사 이래 근대까지 한민족의 전투 및 대외항쟁에서 치른 전투와 관련된 인물, 유물, 유적을 대상으로 자체 보유자료 정리, 현지답사 촬영, 전문가 감수를 통해 텍스트(전투상황 시나리오), 사진(유물, 유적지), 도면(지형도, 구조도), 일러스트, 애니메이션(전투상황, 무기류), 동영상 등을 개발	다할미디어
한국의 소리은행 개발-전통문화소재, 한국의 소리 한국 민속문화에 등장하는 소리, 설화에 등장하는 동물/자연물의 소리, 구전민요에 등장하는 인간의 소리를 대상으로 기 보유하고 있는 자료를 문화산업별의 기본소재로 재구성하여 디지털 콘텐츠화	코리아루트

○ 2002년 2차 자유공모(20개)

과제명	주관기관
조선시대 대하소설을 통한 시나리오 창작소재 및 시각자료 개발 조선시대 '대하소설' 및 '풍속사' 작품을 대상으로 소설의 단위담, 에피소드, 인물/배경 등을 유형별로 추출하여 현대적으로 재구성하고, 관련 기록, 삽화, 물목(物目 등을 디지털로 구현하여 한국 고유 정서에 기반한 콘텐츠 창작소재 개발	㈜엔브레인
고려 '팔관회'의 국제박람회 요소를 소재로한 디지털콘텐츠 개발 고려 '팔관회'의 정치/외교, 문화/종교, 무역 등의 특성을 재해석하고 시각적 요소를 복원하여 문화산업(게임)의 시나리오 창작소재 개발	㈜투알앤디
게임/만화/애니매이션 및 아동 출판물 창작소재로서의 암행어사 기록 복원 및 컨텐츠 제작 조선시대 정조~한일합방 이전까지 왕실 기록중 암행어사 공식보고서인 <일성록>, <수의록>, <서계집록> 등 현존하는 암행어사 관련 문헌의 주요 사건을 디지털 콘텐츠화	㈜레디소프트
만봉스님 단청문양의 디지털화를 통한 산업적 활용방안 연구 개발 중요무형문화재 제48호로 지정되어 있는 만봉스님의 사찰단청 작품 및 만봉스님이 보유하고 있는 사찰단청 중 문양위주의 단청과 관련된 이야기, 기법 및 종류 등에 대해 설명하고, 관련 작품을 선별 및 체계적인 분류를 통한 이미지 파일 및 문양 파일로 일러스트화 개발	㈜엔알케이
오방대제와 한국 신들의 원형 및 인물 유형 콘텐츠 개발 우리 고유의 신인 오방대제 및 그 외의 한국의 신들을 음양오행이나 사상과 같은 동양적 사고의 토대 위에서 분류 및 의미부여를 위하여 <오제본기>를 중심으로 각 신들의 계보 및 형상을 음양오행과 사상에 기초하여 고증 및 재구성	국민서관㈜
사이버 전통 한옥 마을 세트 개발 고건축물이 가장 많이 남아 있고, 다양한 스토리 개발이 가능한 조선시대 중후기, 양반과 상민의 생활공간으로 가장 많이 거주했던 산악지방 동성마을을 기준으로 구성하여 중요 건축, 가옥 구조물의 복원 및 표준모델 및 개별 모델별 스토리 보드 등 개발	㈜여금
진법 자료의 해석 및 재구성을 통한 조선시대 전투전술교본의 시각적 재현 진법운용의 재구성을 통해 조선시대 전쟁 양상을 가장 구체적으로 밝혀 전쟁 관련 문화 콘텐츠에 구체성과 실제감을 불어넣을 수 있는 진법 문화원형(조선시대 병서에 기록된 자료 및 부가 자료 중심) 개발	㈜창과창

과제명	주관기관
국악기 음원과 표준 인터페이스를 기초로 한 한국형 시퀀싱 프로그램 개발 국악의 기보법에 맞는 시퀀싱 프로그램 개발과 전자악기의 표준 전송규격인 MIDI와 호환이 되면서도 국악의 특성을 반영한 독자적인 인터페이스 체계를 설계하여 향후 국악 전자 악기 프로그램 제시	춘천교육 대학교
선사에서 조선까지 해상 선박과 항로, 해전의 원형 디지털 복원 선사시대에서 조선시대에 이르는 전통 일반 선박 및 군선, 무역활동과 해전, 군선 탑재 무기, 선단 및 진구성도, 전선 승선원 구성도, 선박 세부 구성요소 등을 디지털 복원 및 3D 시뮬레이션 개발	㈜코리아 비주얼스
조선후기 한양도성의 복원을 통한 디지털 생활사 콘텐츠 개발 궁궐, 운종가, 육조거리, 북촌, 칠패거리 등 5개 공간의 공간에 얽힌 이야기, 삶의 모습, 역사의 현장 등 조선후기 한양도성을 디지털 복원 및 그 속에 살던 사람들의 삶의 원형을 복원	㈜엔포디
조선왕실축제의 상징이미지 디자인 및 전통색채디지털콘텐츠 개발 영조 <정순후가례도감>과 정조 <원행을묘정리의궤>에 나타난 조선시대의 민속, 전통의상, 각종 기물 등의 분석을 통해 우리 민족 고유의 디자인 상징 이미지 기반을 제시하고, 전통색채 중심의 문화원형 개발, 전통색채 디지털 팔레트를 개발	이화여대 색채디자인 연구소
조선시대 국왕경호체제 및 도성방위체제에 관한 디지털콘텐츠 개발 조선시대의 국왕경호체제라는 독특하고 흥미로운 소재와 정치, 군사, 문화의 중심지였던 궁궐과 도성(한양)방위체제의 전반적 유무형 요소의 운영과 변화 및 특징, 그리고 한양성의 건축적 자료를 정리 개발	㈜디자인스톰
고구려·백제의 실크로드 개척사 및 실크로드 관련 전투양식, 무기류, 건축, 복식 디지털 복원 실크로드를 개척한 고선지장군(고구려계)와 흑치상지(백제계)의 행적과 고구려·백제 및 실크로드 각 민족의 전투양식, 무기류, 건축기술, 생활도구, 복식 등 개발	㈜하트코리아
<토정비결>에 나타난 한국인의 전통서민 생활규범 문화원형을 시각콘텐츠로 구현 <토정비결>의 144괘를 전통 민화의 이미지와 연계하여 전통생활 규범과 교육적 성격을 부각하고, 특히 민화에 표현된 이미지를 <토정비결>의 내용과 결합하여 인터넷, 모바일, 캐릭터 등 다양한 형식으로 응용되게 구성	㈜예스필

과제명	주관기관
한국 불화(탱화)에 등장하는 인물 캐릭터 소재 개발 　한국 불화(탱화)에 등장하는 인물들을 그룹 요소별로 래스터 이미지, 2D·3D 캐릭터 및 캐릭터를 활용한 플래쉬 애니메이션으로 개발하여 DB화	호남대학교
전통민화의 디지털화 및 원형 소재 콘텐츠 개발 　전통민화의 내용에 따라 대표적 민화를 선별하여 2D 이미지화하고 각 민화의 구성요소를 동물, 조류, 곤충류, 어패류, 식물, 자연, 기물 등의 분 류로 추출 3D 캐릭터로 개발	중앙대학교 문화산업 연구소
전통 한선(韓船)라이브러리 개발 및 3D 제작을 통한 디지털복원 　전통 한선(韓船 을 대상으로 한선의 제원/특징 라이브러리/한선의 이미 지 라이브러리/한선의 운동 시뮬레이션을 개발하고 3D 제작	㈜소프트엔터
대동여지도와 대동지지의 3D 디지털아카이브 개발 　김정호의 <대동여지도>를 대상으로 조선시대 지형지물의 실사 축쇄모 형을 입체적으로 재현하고 <대동지지> 32권 15책의 전 항목 정보를 한 글화하여 대동여지도의 개별 지형지물에 적용함으로써 조선시대 지형 지물의 정보탱크 구축	동방미디어㈜
고문서 및 전통문양의 디지털 폰트 개발 　<월인석보>와 <간이벽온방>의 서체를 디지털로 재현하여 폰트로 개발 하고, 한국고유 전통문양을 그림폰트로 개발	㈜윤디자인 연구소
한국 풍속화의 문화원형 디지털콘텐츠 개발 　우리 삶의 진수와 전통사회의 시대상을 보여주는 한국 풍속화를 선정하 여 인물과 배경 등의 그림 속 구성요소를 문화산업계에서 활용할 수 있 도록 인물 캐릭터, 배경도구, 이야기 시나리오, 2D/3D 등으로 재구성하 여 디지털콘텐츠 개발	나노픽쳐스㈜

○ 2002년도 3차 자유공모(6개)

과제명	주관기관
전통 자수문양의 디지털 콘텐츠 개발 국립민속박물관 소장 유물 중 골무, 베갯모, 흉배 등과 같은 유물에 나타난 자수문양을 채취하여 문화산업에서 다양하게 응용이 가능하도록 문양 도안 및 문양 전개 개발	국립민속 박물관
종묘제례악의 디지털 콘텐츠화 600년 전통의 "종묘제례악"을, 공간인 "종묘"와 의식인 "종묘제례", 그리고 "종묘제례악"을 중심으로 하여, 관련 원천자료 재구성, 악기 및 복식 등의 그래픽, 음원이나 움직임 등의 동영상, 사운드 등 포괄적이고 다양한 내용 개발 제공	국립국악원
서사무가 "바리공주"의 하이퍼텍스트 만들기 및 그 샘플링 개발 우리의 전통 서사무가인 "바리공주"를 게임, 애니메이션 등의 문화콘텐츠산업의 인프라로 다양하게 활용될 수 있는 다중 디지털구조 시나리오로 개발하고, 주 유저인 콘텐츠 개발자의 작업공정을 효율적으로 단축시킬 수 있는 시나리오 에디팅 툴 개발	한국예술 종합학교
〈삼국유사〉 민간설화의 창작공연 및 디지털콘텐츠화사업(연오랑과 세오녀) <삼국유사>에 기록된 우리나라 최초의 해와 달을 소재로 한 민간설화인 "연오랑과 세오녀"를 현대적 시나리오 소재로 제공될 수 있도록 스토리보드를 제공하고, 배경이나 의상 등의 당시 사회상을 다양한 멀티미디어 기술을 활용하여 동영상 등으로 제공	정동극장
탈의 다차원적 접근을 통한 인물유형 캐릭터 개발 한국의 대표적 전통탈춤인 봉산탈춤, 수영들놀음, 고성오광대와 천재동, 이석금의 창작탈을 대상으로, 탈 및 탈춤의 3D스캐닝 및 모션캡쳐를 통한 3D캐릭터의 소재화 및 동작 소스화 등의 개발	민족미학 연구소
우리 문화 흔적들의 연구를 통한 조선통신사의 완벽 복원 한일 양국 문화교류의 중심이었던 '조선통신사' 8회차의 행사, 행렬, 배경 등을 재현 고증하여 제공하고, 관련자료 및 주제별 에피소드의 멀티미디어 구성, 행렬 및 배경지역 VR 제공 및 사용자의 직접 재구성이 가능하도록 설계하여 다양한 흥미 요소 제공	한빛 문화기획자 개발원

○ 2003년 1차 자유공모(10개)

과제명	주관기관
근대적 유통경제의 원형을 찾아서 – 조선후기(17C~19C)상인과 그들의 상업 　활동을 통한 경영, 경제 시나리오 소재 DB 개발 　1차 사료 25종에 기록된 역사적 사실, 조선후기 문학작품에 반영된 역사적 사례에서 발굴/분류한 조선후기(17C~19C) 상인과 그들의 상업활동을 근거로 한 경영/경제에 관한 시나리오 소재 개발	세종대학교 만화 애니메이션 연구소
한국천문, 우리 하늘 우리 별자리 디지털 문화콘텐츠 개발 　별자리를 우리의 시각에서 조망하여, 『천상열차분야지도』 등의 옛 천문 관련서적에 나타난 관측기록을 토대로 선조들의 시각을 반영한 천문도를 3D 재구성하고, 별자리에 얽힌 설화, 고소설, 역사적 관련 사건을 발굴 및 재구성하여 영화·방송·인터넷·모바일·게임 등에서 사용 가능하도록 디지털 컨텐츠화	㈜씨퀀스 엔터테인먼트
한국무예의 원형 및 무과시험 복원을 통한 디지털 콘텐트 개발 　무예도보통지의 24반 무예 및 관련 조선시대 무과시험을 대상으로, 무예 3D 모션 제작, 무사 캐릭터 개발, 무예기반의 무과시험 재현 등을 통해 24반 무예에 대한 Text 해석자료, 무예모션데이터, 무사캐릭터 (2D/3D), 무과시험 시나리오(Text/그래픽), 무과시험 애니메이션(동영상) 등의 디지털콘텐츠 제공	영진전문대학
게임제작을 위한 문화원형 감로탱의 디지털 가공 　현존하는 감로탱(불교회화의 일종)을 대상으로, 실사촬영 및 적외선 카메라 촬영을 통해 디지털화하고 인물, 동물, 소품, 문양, 이야기, 기타 각종 장면 등을 추출하여 2D 개발, 게임용 3D 모델 제작, 각종 문양 제작 및 디지털콘텐츠화	한서대학교 애니메이션 영상 연구센터
국악선율의 원형을 이용한 멀티 서라운드 주제곡 및 배경음악 개발 　전통음악에서 사용되는 선율 및 음색, 형식, 짜임새의 원형(조선조 이후)을 현대의 문화산업에 맞게 편곡(arrange), 변주(variation), 디지털화 (sampling), 변조(Digital Signal Process)하여 게임 및 영화, 드라마 주제곡(title song) 및 배경음악(background music)으로 사용할 수 있도록 데이터베이스화하며, 게임과 애니메이션을 위한 국악적인 오디오 효과음 개발	㈜세인트뮤직
한국의 고인돌 문화 콘텐츠 개발 　고인돌 및 거석문화를 6개 아이템(거석문화와 고인돌, 고인돌 이야기, 고인돌 축조, 그 당시 사람들, 그곳의 고인돌, 다른 나라의 고인돌)으로 분류하고, 6개 아이템의 특성을 살려 고인돌, 도구 및 배경, 인물, 건축물, 이미지 및 해설 등을 텍스트, 이미지, 2D, 3D, 동영상, 플래시애니메이션 등 각각의 멀티미디어 콘텐츠로 개발	㈜김포캐릭터 월드

과제명	주관기관
조선시대 상인(商人)활동에 나타난 "한국상업사 문화원형"의 시각콘텐츠 구현 조선시대 대표적 5대 상인의 조직, 상거래, 도구, 활동무대, 놀이와 의식을 대상으로 풍속화 및 사진자료 등을 통한 2D/3D와 캐릭터, 가상체험관(VR) '장터', 기타 연구논저 및 참고자료를 통한 Text 등을 디지털콘텐츠화 개발, 제공	㈜시스윌
조선시대 조리서에 나타난 식문화원형 콘텐츠 개발 조선시대 조리서 12종에 수록된 음식, 식품재료, 도구, 조리조작법, 음식 유래담을 대상으로 원문과 번역문, 재현음식의 동영상, 조리도구의 이미지 및 사용법, 상차림 Wizard서비스 등 멀티미디어형태의 조선시대 음식문화를 WEB 서비스 형태로 구축 제공	㈜토스코리아
[악학궤범]을 중심으로 한 조선시대 공연문화 콘텐츠 개발 「악학궤범」에 전하는 전통악기와 춤, 연주절차, 복식, 악보와 가사 등을 디지털화하여 사진, 현대화된 텍스트(악보), 샘플링(음원), 2D/3D 모션, 플래시 애니메이션 등으로 개발하여 조선시대 공연문화를 멀티미디어 콘텐츠로 제공	㈜프라스 프로덕션
한국 미술에 나타난 길상 이미지 콘텐츠 개발 길상의 의미를 가진 한국의 전통미술을 대상으로, 특히 회화, 조각, 공예, 건축 가운데 약450종을 선별하여, 소재별, 상징적 의미별로 구분하고, 길상이 갖는 의미를 이미지 언어로 개발하며, 길상 이미지를 캡처하여 2D/3D 등의 멀티미디어 콘텐츠로 개발	㈜골든벨 애니메이션

○ 2003년 2차 자유공모(7개)

과제명	주관기관
조선시대 기녀 문화의 디지털컨텐츠 개발 우리나라 양반의 향유문화이면서 서민 생활의 중요한 부분인 조선시대 기녀 문화를 그림, 유적지, 구전 및 기록자료를 바탕으로 디지털화하여 재구성하여, 조선시대 기녀 자료에 대한 분류 및 포탈 사이트 서비스, 기녀에 대한 대표적 스토리를 디지털 각색한 엔터테인먼트, 아바타 등의 부가가치 서비스 개발	한국방송통신 대학교
한국 도깨비 캐릭터 이미지 콘텐츠 개발과 시나리오 제재 유형 개발 한국 설화 원형에 충실하게 도깨비를 분석하여 도깨비의 형상/성격/행위에 대한 유형화 및 분류체계를 구축하고, 서사 진행의 일반적 규칙과 분류체계를 축으로 도깨비 시나리오 매트릭스 구성 및 시나리오 제재 유형 개발, 도깨비 캐릭터 콘텐츠 구축 및 캐릭터별 근거자료(텍스트, 이미지) 제시	㈜네오그라프
문화원형관련 동물아이콘 체계 구축 및 고유복식 착장 의인화(擬人化) 소스 개발(조선시대 동물화(動物畵)에 근거하여) 조선시대 동물화를 대상으로 주요 동물의 종(種 색채/질감/형태/세부사항 등 다양한 분류기준에 의한 동물아이콘 체계를 구축하고, 고유복식 착장을 통한 의인화(擬人化 소스 개발 및 뮤턴트(mutant) 캐릭터 모델 사례 제시	이화여대 섬유패션 디자인 센터
사찰건축 디지털 세트 개발 사찰건축을 중심으로, 문, 대웅전 등의 불전, 요사채 등의 부속건물, 각종 탑 및 석조물, 범종을 포함하는 가람을 범위로 하여, 문화산업 영역에서 활용될 수 있도록 Set 개념을 적용하여 3D 모델링, 애니메이션, VR, 멀티미디어 북 등 개발	㈜여금
조선왕조 궁중통과의례 문화원형의 디지털 복원 **(국상의례, 가례원형을 중심으로 한 디지털콘텐츠 개발)** 의궤, 조선왕조실록, 오례의, 속오례의 등 사료와 조선말 고종황제가례, 순종황제국상 등 왕실과 관련된 사진 등 역사적 사실에 근거하여 궁중통과의례(관혼상제)에 등장하는 인물, 의례요소(복식, 음식, 악세사리, 기타 물품)와 국상의례를 2D, 3D 및 VR로 재현하고, 관련 내용 Text 제공	국민대학교 한국학연구소
죽음의 전통의례와 상징세계의 디지털 콘텐츠 개발 한국 전통상장례(매장, 화장, 수장, 풍장, 세골장)와 상징세계, 상장례 용품 및 부장품 관련 문헌자료와 이미지 자료를 문화콘텐츠 창작소재 콘텐츠(Flash Animation, 3D 모델링, 3D Virtual Reality, 동영상, 오디오 자료)로 개발	히스토피아㈜
문화산업 창작소재로서의 신라 화랑 콘텐츠 개발 삼국사기, 삼국유사, 화랑세기, 금석문 등에 기초하여, 6세기에서 8세기의 화랑관련 인물/사건/생활사 라이브러리를 개발하고, 캐릭터, 세트, 시놉시스 등 OSMU (one-source multi use)가 가능한 다양한 화랑 콘텐츠를 개발	㈜엠디에이치

○ 2003년 지정과제(2개)

과제명	주관기관
국악 장단 디지털콘텐츠화 개발 산조, 민속악, 농악, 무악, 가사, 시조, 정재무 등의 영역으로 장단을 세분화하여 분류하고, 음악의 작·편곡에 음원으로 활용될 수 있도록 디지털콘텐츠화하고, 각 장단에 대한 다양한 설명자료(Text, 동영상, 악보 등)의 개발 제공	단국대학교
부적의 디지털콘텐츠화 개발 부적 관련 전문가들로부터 원천자료를 수집·구성·분류하여 DB를 구축하고, 내용적/디자인적 요소를 현대적 감각에 맞게 재구성하여 텍스트, 사진, 그래픽(2D, 3D 등), 3D 모델링, 동영상 등의 멀티미디어로 개발 및 부적 관련 스토리 발굴 제공	㈜코리아 비주얼스

○ 2003년 정책과제(3개)

과제명	주관기관
중국 문화원형에 기반한 문화콘텐츠 창작소재 개발 지원 중국 최초의 집대성문학집인 태평광기(太平廣記 를 통해 콘텐츠 산업에 적용할 중국 및 동아시아 환타지 콘텐츠의 시놉시스 및 캐릭터를 개발하여, 애니메이션 및 엔터테인먼트 소재로 제공	한국문화 콘텐츠진흥원 (애니메이션 산업팀)
궁중문양의 디지털콘텐츠 개발 궁중유물전시관 소장 유물 중 복식과 장신구, 공예, 노부류 등에 나타난 동물문, 식물문, 자연문, 길상문, 기하문 등 각종 문양을 체계적으로 수집, 분류, 정리하여, 현대적 디자인 응용이 가능한 2D, 3D 형태의 문양으로 도안 및 전개 개발	궁중유물 전시관
현대 한국 대표 서예가의 한글 서체를 컴퓨터 글자체로 개발 '궁체', '판본체', '민체' 등의 다양한 서예작품을 대상으로, 한국을 대표하는 한글 서예가들의 글꼴을 디지털서체로 개발하여 대중화함으로써 인쇄 및 영상용 글꼴로 활용하고, 미술, 서예 등의 교육용 교본으로도 제공	(사)세종대왕 기념사업회

○ 2004년 자유공모(16개)

과제명	주관기관
유랑예인집단 남사당 문화의 디지털 콘텐츠화 사업 조선말 민중의 삶을 대변하던 유랑예인집단 남사당의 문화를, 남사당 놀이 문화에 포함된 유희 동작을 위주로 하여 음원, 복식, 문양 등 각종 요소를 디지털 콘텐츠화하여 문화 전반적인 다양한 분야에 재활용할 수 있도록 구성함	㈜디파인
한국전통목조건축 부재별 조합에 따른 3차원 디지털콘텐츠 개발 한국전통목조건축의 구성 부재(기단, 초석, 기둥, 가구, 공포, 창호, 지붕가구, 지붕 등) 등을 부재별 조립과정, 부재별 및 용도별로 설명하고 3D Model DB구축(상세 Model, Mass Model, 부재별 Model) 및 가상체험 서비스를 구축함	명지전문대학 산학협력단
한국석탑의 문화원형을 이용한 디지털콘텐츠 개발 익산의 미륵사지 석탑을 위시하여 분황사 모전석탑, 정림사지 5층 석탑, 의성 탑리 석탑, 고선사지 3층 석탑, 감은사지 3층 석탑, 석가탑, 다보탑, 화엄사 4사자 3층 석탑, 왕궁리 5층 석탑 등 한국의 대표적인 10개 석탑 개발	전남대학교 문화예술 특성화 사업단
조선시대 欽恤典則에 의한 形具 복원과 刑 執行 事例의 디지털콘텐츠 개발 조선시대 흠휼전칙(欽恤典則　　　　推案及鞫案　경국대전에 나타난 조사, 관결 내용, 각종 법과 적용 사례, 형구와 형틀, 법률 집행 기관과 조직 및 법률 집행의식 등을 3차원 모델링 복원, 관련 사건 시나리오 등을 제작	혜천대학
조선시대 수영의 디지털 복원 및 수군의 군영사 콘텐츠 개발 조선시대 해상방위를 맡았던 수군의 진영을 디지털로 복원하고 그 속에서 이루어졌던 수군의 군영사(생활)를 통제영을 중심으로 관할지역, 수영간 연락망, 성곽, 영역구성, 건축물 등 각 공간이 가지고 있는 장소적인 특성과 훈련·의례 등의 군영사를 읍지, 유물, 전서 등을 통해 발굴, 재해 디지털콘텐츠화	동명대학교 건축도시 연구소
맨손무예 택견의 디지털 콘텐츠화 – 시나리오와 동작의 리소스 개발 국가지정중요무형문화재 제76호인 택견의 역사와 동작을 택견 역사(장기간 모든 계층에서 향유한 문화유산), 택견 동작(곡선형의 몸동작), 택견을 통한 우리 민족의 이야기와 몸짓 등을 디지털콘텐츠화	한국외대 일반대학원
근대 토론문화의 원형인 독립신문과 만민공동회의 복원 한국 최초의 근대 일간지인 독립신문을 주요 텍스트로 하여 근대적 공론장인 만민공동회를 복원 및 기타 연구성과물과 개화기의 각종 자료, 사진을 근거로 근대의 사회상과 근대적 공론장의 모습을 디지털콘텐츠화	(재)서재필 기념회

과제명	주관기관
중요무형문화재 제13호 강릉단오제 문화원형 디지털 콘텐츠 개발 중요무형문화재 제13호 강릉단오제의 지정문화재(제례, 단오굿, 관노가면극)를 실연하여 영상콘텐츠를 개발하고, 설화를 토대로 하는 2D/3D 캐릭터, 애니메이션 등으로 콘텐츠화하여 교육 및 지역 관광문화산업의 창작 소재를 제공	강릉문화원
암각화 이미지의 재해석에 의한 캐릭터 데이터 베이스 작업 암각화를 현대에 맞게 재해석하여 캐릭터화 고 실제 사용 시의 이해를 돕기 위한 창작 애니메이션 제작(암각화에서 찾을 수 있는 동물, 식물, 문양, 구름, 가상환경 등을 각각의 캐릭터로 제작하여 DB화하고 샘플애니메이션을 제작)	숙명여자 대학교 산업디자인 연구소
한국전통가구의 디지털 콘텐츠 개발 및 산업적 활용방안 연구 조선시대 가구관련책자와 박물관·미술관 소장품을 중심으로 전통 가구문화, 전통가구양식, 전통가구 제작공정, 전통가구 구조상세 등을 체계적으로 정라.데이터 베이스(DB)화하여 향후 한국적 정체성을 지닌 다양한 문화사업 전반에 활용할 수 있는 기초 자료가 되도록 디지털콘텐츠화	한양대학교 생활과학대학
옛길 문화의 원형복원 콘텐츠 개발 **(조선시대 유곡역참의 원형복원을 중심으로)** 길과 관련된 생활 콘텐츠 복원, 길과 관련된 제도와 이야기의 복원, 창작소재 활용을 위한 교통문화원형 콘텐츠 개발을 위하여 교통시설, 교통수단, 교통제도, 옛길체험, 역참복원, 유곡역참의 옛모습 등을 디지털콘텐츠화	경기대학교 전통문화 콘텐츠 연구소
전통음악 음성원형 DB구축 및 디지털 콘텐츠웨어 기획개발 한국 전통음악 음성원형 중 판소리 다섯마당(심청가, 춘향가, 수궁가, 흥부가, 적벽가)의 음성원형인 완창녹음(음성데이터 : 노래, 구음, 사설)의 디지털 콘텐츠화	중앙대학교 국악교육 연구소
한국 전통 머리모양새와 치레거리의 디지털콘텐츠 개발 삼국시대부터 조선후기의 <규합총서>, <증보문헌비고> 등의 문헌과 회화자료, 유물 속에 나타난 한국 전통 머리모양새와 치레거리를 디지털콘텐츠화	중앙대학교 인문콘텐츠 연구센터
조선후기 궁궐 의례와 공간 콘텐츠 개발 가장 많은 자료와 창작 소재의 대상이 되고 있는 궁궐의 대표적인 동궐(창덕궁, 창경궁)에 대하여 조선후기 의례(조회(朝會 朝賀 즉위(卽位 進饌 經筵 를 공간과 함께 디지털콘텐츠화	㈜엔포디
한국 인귀(人鬼)설화 원형 콘텐츠 개발 한국 인귀설화의 수명, 환생, 주관, 세계, 제사, 사랑, 복수, 보은, 예언, 소통별로 200개의 이야기 구조와 100개의 캐릭터를 개발 및 인귀설화의 10가지의 주제별로 정리하여 영화/ 방송드라마에 적합한 이야기 소재 개발	한양대학교 한국학연구소
구전신화의 공간체계를 재구성한 판타지콘텐츠의 원소스 개발 – "새롭게 펼쳐지는 신화의 나라" 한국인의 우주론적 관념을 바탕으로 풍부한 상상력을 갖춘 구전신화를 독창적인 한국의 판타지 콘텐츠로 개발하기 위하여 판타지의 핵심인 구전신화를 대상으로 신성 공간체계를 재구성, 디지털콘텐츠화	건국대학교 문과대학

○ 2004년 지정공모(9개)

과제명	주관기관
고대국가의 건국설화 이야기 한국고대국가(고조선, 고구려, 부여)의 건국설화를 현재까지의 학술적 연구성과를 바탕으로 산업적 활용이 가능하도록 흥미롭게 재구성하고, 문자, 이미지, 그래픽, 애니메이션 등의 다양한 디지털 콘텐츠화	전남대학교 역사문화연구센터
백두대간의 전통음악 원형지도 개발 한반도를 전통적 지역 분류에 따른 대표적 문화권으로 구분하고 음악자료를 중심으로 지역별 음악 문화의 입체적 이해와 음악문화와 관련된 지역별 풍속에 대한 콘텐츠 제공	한양대 산학협력단 한민족공연예술학센터
전통 수렵(사냥) 방법과 도구의 디지털콘텐츠 개발 농경문화와 구별되는 전통수렵(사냥)을 주제로 한 디지털콘텐츠 제작을 통해 애니메이션, 영화, 게임 등의 문화콘텐츠산업 분야에서 다양하게 활용할 수 있는 텍스트 및 시각콘텐츠 제공	㈜다할미디어
전통 어로방법과 어로도구의 디지털콘텐츠화 동서해안과 제주도를 중심으로 전통 어로문화 및 어미들의 지식 등을 정리하고 시각화하여 어로문화의 지역차와 특성을 콘텐츠화하여 문화콘텐츠산업에 활용을 위한 창작소재 제공	목포대학교 도서문화연구소
조선시대 궁중기술자가 만든 세계적인 과학문화유산의 디지털 원형복원 및 원리이해 콘텐츠 개발 조선시대 궁중 기술자들에 의해 만들어진 독창적 과학문화유산(측우기, 해시계 등)을 디지털콘텐츠화하여, 다양한 문화콘텐츠산업 리소스 및 라이브러리 제공	㈜여금
풍수지리 콘텐츠 개발 자연환경과 길흉화복을 연관지어 설명하는 전통 지리이론인 풍수지리를 콘텐츠화, 고대에서 근세까지의 산과 강, 도성과 읍성, 궁궐, 사찰 등에 산재되어 있는 다양한 풍수관련 이야기를 영화, 게임, 애니 등의 문화콘텐츠산업 소재로 제공	㈜시스윌
한국 근대 여성교육과 신여성 문화의 디지털콘텐츠 개발 근대 여성교육과 신여성 문화에 관한 자료를 다양하게 발굴, 수집, 정리하여 여성교육, 대표적 신여성 인물, 직업 및 사회활동 등의 내용을 산업적 활용이 가능하도록 디지털로 재구성하여 문화콘텐츠산업에 활용가능한 콘텐츠 제공	(사)한국여성연구소
한국 산성 원형의 디지털 콘텐츠 개발 우리나라 산성의 원형을 시대적 대표성과 산업적 활용성을 고려하여 대표적 산성을 선정하고 산성의 원형을 첨단의 디지털 기술을 활용하여 콘텐츠화 하여 게임, 애니메이션 등의 문화콘텐츠산업에 창작소재로 제공	다인디지털㈜
한국인 얼굴 유형의 디지털콘텐츠 개발 만화, 애니메이션, 캐릭터 등 문화산업에 광범위하게 사용할 수 있는 한국인 얼굴 각 유형의 기준을 3차원 디지털화하여 제시함으로써, 문화산업 종사자들이 이에 근거하여 변형 응용할 수 있도록 함	한서대학교 부설얼굴연구소

○ 2004년 추가경정예산사업(20개)

과제명	주관기관
고구려 고분벽화의 디지털콘텐츠 개발 고구려 고분벽화 96기의 내용 중에서 문화산업적 가치가 있는 소재를 산업적 활용이 가능하도록 흥미롭게 재구성하고, 시나리오, 이미지, 그래픽, 애니메이션 등으로 다양하게 디지털 콘텐츠화	숙명여자 대학교 디자인연구소
고려인의 러시아 140년 이주 개척사를 소재로 한 문화원형 **(농업, 생활상, 의식주 등) 디지털콘텐츠 개발** 한민족의 유랑사인 러시아 고려인 이주사의 중요한 사건과 인물들의 이야기를 디지털 스토리텔링 개념을 적용하고 멀티 시나리오로 가공하여 영상과 게임 등 다양한 분야에서 창작소재로 활용할 수 있도록 개발	한국외대 산학협력단 (인문학부)
근대 기생의 문화와 예술에 대한 디지털콘텐츠화 근대 기생사진첩, 구전 및 각종 기록 자료를 다양하게 발굴, 수집, 정리하여 근대 기생의 역사, 제도, 생활상 등의 내용을 산업적 활용이 가능하도록 디지털로 재구성하여 문화콘텐츠산업에서 활용 가능한 콘텐츠 제공	한국방송통신 대학교
근대초기 한국문화의 변화양상에 대한 디지털콘텐츠 개발 근대초기의 신문, 사진과 엽서 등을 바탕으로 당시 한국의 문화적 변화양상을 디지털콘텐츠화하여 애니메이션, 영화, 게임 등 문화콘텐츠산업 분야에서 다양하게 활용할 수 있는 텍스트 및 시각콘텐츠 제공	한국문화정책 연구소
무형문화재로 지정된 한국의 춤 디지털콘텐츠 개발 중요무형문화재로 지정된 한국의 춤 中 살풀이, 호남류 승무, 처용무, 경기류 승무, 진주검무, 태평무, 승전무를 인간문화재의 실연 통하여 재현하고 모션캡쳐 등의 디지털기술을 이용하여 3D 애니메이션 디지털 콘텐츠로 개발	㈜프리진
민족의 영산 백두산 문화상징 디지털콘텐츠 개발 백두산의 역사적 자료 및 전설, 설화 등 민속자료를 복원·고증 및 재해석하고, 디지털 콘텐츠화 함으로써 애니/만화/게임/음악/케릭터/공연/영화/방송 등의 분야에서 활용	호서대학교 벤처 전문대학원
발해의 영역 확장과 말갈 지배 관련 디지털콘텐츠 개발 한민족 고대 역사인식에 대한 주체적 시각을 확보하고 국민적 관심을 부각시켜 중국의 동북공정에 대한 구체적 대응논리와 객관성을 확보함과 동시에, 발해의 건국·발전과정과 대외전쟁의 역사를 복원하여 디지털콘텐츠화	성균관대학교 대동문화 연구원

과제명	주관기관
불교설화를 통한 시나리오 창작소재 및 시각자료 개발 불교경전 및 우리 불교설화의 흥미로운 이야기와 관련 인물에 관한 일화 등에서 원형을 발굴하고 시나리오 소재 및 시각소재 등으로 개발하여, 시나리오/캐릭터/애니메이션/만화/출판 등의 분야에서 활용	재단법인 전남문화재 연구원
서울의 근대공간 복원 디지털콘텐츠 개발 종로, 남대문로, 육조거리, 정동 등을 중심으로 현존하는 근대문화유산과 사라진 근대건축물 및 가로경관을 복원, 디지털 출판 산업의 기초자료 및 애니메이션, 영화의 디지털 세트로 활용할 수 있는 콘텐츠 제공	㈜포스트 미디어
아리랑 민요의 가사와 악보 채집 및 교육자료 활용을 위한 디지털콘텐츠 개발 국내외 아리랑에 관한 어원, 역사, 갈래, 일화, 악보, 가사, 작품해설, 음원, 영상을 콘텐츠 발굴·정리·재구성하고, 이를 문자, 이미지, 음원, 동영상 등 디지털 콘텐츠로 개발	중앙대학교 (국악교육연구소)
옛 의서(醫書)를 기반으로 한 한의학 및 한국 고유의 한약재 디지털콘텐츠 개발 동의보감, 방약합편, 의학입문, 본초강목 등의 의서를 기반으로 한약재, 의료기구, 처방법 등을 디지털콘텐츠화하여, 게임, 영화, 드라마 등 다양한 문화콘텐츠 산업에 소재 제공	㈜시스월
전통놀이와 춤에서 가장(假裝)하여 등장하는 인물의 디지털콘텐츠 개발 세시놀이, 굿놀이, 풍물 잡색놀이, 전통춤 등에 가장하여 등장하는 인물의 형상과 재담 등을 체계적으로 정리하고, 등장인물과 관련한 의미와 내용들을 텍스트, 이미지, 동영상 등으로 개발하여 산업적으로 활용	동덕여자 대학교
조선왕조 아동교육 문화원형의 디지털콘텐츠화 격몽요결, 동몽선습, 명심보감 등의 사료를 기반으로 조선왕조 아동교육의 여러가지 사례를 발굴하고 아동교육체계를 재해석하여, 오늘날 아동교육현장에서 적용시킬 수 있는 실질적 DATA를 개발하여 에듀테인먼트 창작 소재로 활용	세종대학교 만화 애니메이션 산업연구소
조선의 궁중 여성에 대한 디지털콘텐츠 개발 경국대전, 가례도감, 친잠의궤 등의 문헌을 바탕으로 궁중여성들의 공적 생활, 정치생활, 여가생활 등의 내용을 산업적 활용이 가능하도록 디지털로 재구성하여 방송, 게임 등의 문화콘텐츠산업에서 활용 가능한 콘텐츠 제공	글로브 인터랙티브㈜

과제명	주관기관
조선 후기 여항문화(閭巷文化)의 디지털콘텐츠 개발 인왕산으로부터 청계천에 이르는 중인들의 생활상, 예술활동 등을 살필 수 있는 문헌자료 및 예술 창작물을 디지털콘텐츠화하여 게임, 애니메이션 등의 문화콘텐츠산업에서 활용할 수 있는 창작소재 제공	㈜블루엔씨지
천하명산 금강산 관련 문화원형 디지털 콘텐츠화 금강산 관련 문화원형을 자연물과 사찰 등에 관련된 설화의 내용과 문헌자료, 예술작품으로 분류하여 역사 및 문화, 고문학 등의 관련분야 전문가의 고증과 감수를 통하여 선별, 디지털화 하며 산업적으로 사용이 가능하도록 콘텐츠화	㈜위드 프로젝트
한국 고서(古書)의 능화문(菱花文) 및 장정(裝幀)의 디지털콘텐츠화 한국 고서에 시문된 다양한 유형의 능화문을 추출, 가공해 디지털화하여 제시함으로써, 게임, 애니메이션, 실내장식 분야와 관련된 문화산업 종사자들이 이에 근거하여 변형 응용할 수 있도록 함	청주시문화 산업 진흥재단
한국 근대의 음악원형 디지털콘텐츠 개발 한국 근대 음악의 음악 원형을 체계적으로 정리하고, 한국 근대 음악 8대 항목에 대한 악보, 문헌, 도상, 음향을 디지털콘텐츠화하여 휴대폰 벨소리·배경화면, e-Book, 교육용솔루션의 배경음악, 영상 자료, 게임의 창작소재·캐릭터·음악, 공연 및 관광의 소재로 활용	㈜아사달
한국 무속 굿의 디지털 콘텐츠 개발 30여 가지의 한국 무속 굿을 유형별, 지역별로 재구성하고, 각각의 굿에 대한 해설, 동영상, 오디오, 사진을 디지털콘텐츠로 개발하여, 시나리오/모바일/캐릭터/교육 등의 분야에서 활용	연세대학교 국학연구원
한국의 전통 장신구 – 산업적 활용을 위한 라이브러리 개발 한국 전통장신구의 형태, 구성, 색채, 제작기법적 특징 등을 체계적으로 분류, 정리, 디지털콘텐츠화하여 애니메이션, 캐릭터 및 출판 업계에서 2D/3D 라이브러리로 활용	숙명여자 대학교 디자인대학원

○ 2005년 자유공모(통합형) (10개)

과제명	주관기관
범종을 중심으로 한 불전사물의 디지털콘텐츠 개발과 산업적 활용 국보, 보물, 유형문화재, 문화재자료급 범종을 비롯, 불전사물(범종·법고·목어·운판)의 형상, 문양, 음원의 디지털화를 통해 산업적 활용성이 높은 문화원형 소재 개발	불교방송
독도 역사 문화 환경의 디지털 콘텐츠 개발 독도와 관련된 인문·사회·역사적 현황, 지형·지질, 생태환경, 경관 등에 관한 문헌자료 및 이미지 자료를 콘텐츠화하여, 독도에 대한 심도있는 이해를 돕고, '우리 땅-독도'에 관한 국제적인 홍보효과를 제공	㈜지엑스
한국 궁술의 원형 복원을 위한 디지털콘텐츠 개발 활쏘기 문화, 궁중의 활터, 활과 화살, 부속품 복원 및 한국 궁술 사법의 복원을 통해 민족정체성을 확립하고, 국궁의 역사, 문화, 유물을 활용한 다양한 문화상품 개발의 기초재료 제공	㈜네오그라프
한국 바다문화축제의 뿌리, 「당제(堂祭)」의 문화콘텐츠화 전국의 도서 · 연안의 대표당제를 중심으로 당제 의례와 놀이, 당신의 설화, 당의 신격, 제당의 형태로 구분·접근하여, 설화를 중심으로 한 시나리오, 신격을 중심으로 한 캐릭터, 의례와 놀이를 중심으로 한 동영상 등 산업적 응용이 가능한 디지털콘텐츠로 구축	㈜두김
조선시대 암호(暗號)방식의 신호전달체계 디지털콘텐츠 복원 (兵將圖說 兵學指南演義 ㅣ 신호체계, 신호연, 봉수를 중심으로) 병장도설(兵將圖說 兵學指南演義 등에 나타난 조선시대 암호에 의한 정보전달 체계, 암호체계와 신호체계 집행조직 및 도구를 디지털콘텐츠화하여 애니메이션, 영화, 방송, CF,게임 등의 원천소스로 활용	㈜싸이런
국악대중화를 위한 정간보(井間譜) 디지털폰트 제작과 악보저작도구 개발 정간보에 기록된 율명과 부호, 정간의 유형을 발췌 및 정리하여, 표준양식과 형태를 체계화한 후, 디지털 폰트로 제작하고 정간보를 디지털 환경에서 직접 제작할 수 있는 저작도구로 개발	모젼스랩㈜
조선시대 궁궐조경의 디지털 원형 복원을 통한 전통문화 콘텐츠 리소스 개발 조선왕조실록, 동궐도, 동궐도형, 궁궐지, 의궤, 조선고적도보 등을 바탕으로 창덕궁 원유의 원형과, 전통외부공간과 공간에 담긴 생활문화·인문학적 요소를 디지털콘텐츠로 복원하여, 창작소재로 활용	㈜리앤장

과제명	주관기관
조선후기 사가(私家)의 전통가례(傳統嘉禮)와 가례음식(嘉禮飮食) 문화 원형 복원 조선후기 사가의 전통가례에 깃들인 예(禮)의 정신과 표현양식인 가례 절차와 가례음식, 가례복식, 가례용품의 원형을 복원하고, 조리시연 과 정을 디지털콘텐츠화하여 인터넷방송, 문화관광상품, 인터넷 비즈니스 등의 영역에서 활용	㈜질시루
최승희 문화 원형 콘텐츠 개발 100년전 대표적인 신여성으로 현대무용가안무가로 활동했던 최승희의 일화와 초립동, 보살춤, 검무, 옥적의 곡의 유래 및 특징을 정리하고, 모 션캡처, 동영상 등 디지털콘텐츠로 개발하여 산업적으로 활용	㈜발해게이트
우리의 전통다리 건축 라이브러리 개발 및 3D디지털 콘텐츠 개발 현존하는 옛 다리(도성, 궁궐, 성곽, 사찰, 민간)에 얽힌 전설/전통놀이 등을 재구성하고, 3D모델링을 통해 디지털 콘텐츠화하여 온라인 콘텐 츠 산업은 물론, Off-Line연계 문화/관광산업의 소재로 활용	㈜넥스팝

○ 2005년 자유공모(분리형) (5개)

과제명	주관기관
어린이 문화 콘텐츠의 창작 소재화를 위한 전래동요의 디지털 콘텐츠 개발 불교경전 및 우리 불교설화의 흥미로운 이야기와 관련 인물에 관한 일화 등에서 원형을 발굴하고 시나리오 소재 및 시각소재 등으로 개발하여, 시나리오/캐릭터/애니메이션/만화/출판 등의 분야에서 활용	안동대학교 (민속학연구소)
한국 호랑이 디지털 콘텐츠 개발 한국 호랑이를 소재로 한 서사문학(이야기) 자료와 회화(민화) 자료를 대상으로 선정하여 이를 분류, 비교, 해설 및 색인 정리하여 영화, 애니메 이션, 만화, 게임 등의 시나리오 및 이미지 캐릭터로 활용할 수 있는 디지 털컨텐츠로 제공	건국대학교 산학협력단 (동화와 번역연구소)
바다 속 상상세계의 원형 콘텐츠 기획 바다 속 상상세계를 생명력 있게 형상화한 설화, 무가, 고소설, 판소리 등 을 종합하여 재구성하고, 발굴 및 개발함으로써, 지역 문화축제분야, 시 나리오, 교육용 스토리텔링, 사회적 놀이문화(교육소재), 지역 향토문화 의 브랜드화(CI : Culture Identity)에 활용	동국대학교 산학협력단 (한국문화연구단)

과제명	주관기관
한국 대표 이미지로서 국보 하회탈의 문화원형 콘텐츠 구축 한국문화 대표 이미지이자 한국인의 얼굴인 국보 하회탈에 대한 면밀한 고증과 실측을 통해, 제작기법, 조형미, 작동원리, 복식, 관련 설화 등을 콘텐츠화 하여 문화산업 현장에서 쉽게 활용할 수 있도록 질높은 원천소스를 제공	안동대학교 (박물관)
한국전통팔경의 디지털화 및 원형소재 콘텐츠 개발 전통팔경의 내용에 따라 대표적 경관을 선별하여 2D 이미지화 하고 각 팔경의 구성요소를 자연(비, 눈, 저녁노을 등), 생활(승려,사찰 등)을 매개로 한 경관문법체계를 재구성, 디지털화하여 독창적인 한국의 판타지 콘텐츠로 개발	성균관대학교 (건설환경연구소)

○ 2005년 지역 문화원형콘텐츠 개발 지원사업(5개)

과제명	주관기관
흙의 美學, 빛과 소리 – 경기 도자 문화원형의 디지털콘텐츠 개발 – 경기도 문화 예술의 대명사이자 한국적 장인 정신의 결정체인 도자 문화의 원형을 예술적, 과학적 측면에서 분석하여 기존의 문양 중심의 시각적 이미지와는 차별화된 질감(촉각), 빛깔 및 모양(입체시각), 소리(청각)의 요소를 아울러 갖춘 오감 체험형 공감적인 콘텐츠를 개발	경기디지털 콘텐츠진흥원
"千佛千塔의 신비와 일어서지 못하는 臥佛의 恨" 雲住寺 스토리 뱅크 '운주사 불국토 이상국가론'과 '대동사상', '평등사상'에 담긴 전통민족문화 원형을 운주사의 조형물(천불석탑, 와불, 칠성바위, 불상 등)과 건축물의 외적 아름다움을 통해 재발견하고, 다양한 설화와 구전이야기를 산업적 OSMU 원천 스토리 및 DB로 제작	광주정보문화 산업진흥원
잃어버린 백제문화를 찾아서 **(백제금동대향로에 나타난 백제인의 문화와 백제기악탈 복원)** 예술적, 문화적으로 우수한 "백제금동대향로"를 통하여 우수한 백제문화 콘텐츠를 개발하고, 일본에 전수된 "백제기악탈"을 복원하여 우리 문화의 우수성을 알리며, 이를 한국적 문화콘텐츠로 산업에 활용	대전엑스포 과학공원 (대전문화산업 지원센터)
삼별초 문화원형에 기반 한 디지털콘텐츠 개발 항몽의 역사 속에 담긴 삼별초군의 방어체계, 성곽, 전투, 인물, 설화 등의 문화원형을 발굴, OSMU가 가능한 디지털콘텐츠화로 개발하여 게임, 캐릭터 뿐만 아니라, 문화상품 분야 및 관광 등의 오프라인 산업에서도 활용 가능한 콘텐츠로 제작	제주지식산업 진흥원
한국 전통일간과 철제연장사용의 디지털콘텐츠 개발 **– 금속생활공예품 제작을 중심으로** 고대로부터 철생산의 중심지였던 충북(충주 다인철소, 청주 철당간, 진천 석장리 등)의 철문화를 대상으로, '만드는 이'와 '만드는 일'에 대한 과학기술적, 공예기술사적 접근을 통해 다양한 디지털콘텐츠로 개발	청주시문화 산업 진흥재단

○ 2005년 지정공모 - 지정과제(10개)

과제명	주관기관
한국설화의 인물유형 분석을 통한 콘텐츠 개발 설화에 나타나는 인물들을 유형별, 테마별로 재구성하여 설화인물대백과사전을 개발하고, 인물의 유형화 작업과 각 인물 이야기의 서사구조 분석을 통해 스토리 뱅크 구축을 통해 포괄적 관점에서 인물과 사건을 연결하고 색인하여 한국 문화의 인물 정형화	㈜광주방송
한국 술문화의 디지털콘텐츠화 **- 고대부터 근대까지 한국 전통주를 중심으로** 전통주의 종류와 기원, 대표 풍류객, 문화예술과 전통주, 금주문화 등삼국시대부터 근대까지의 전통주 문화관련 정보의 스토리 뱅크화 및 전통주 제조법, 술 빚는 장소와 기구, 술과 안주상 등의 술 관련 이미지를 시각자료화한 콘텐츠 제공	㈜디지털에볼루션
세계의 와인문화 디지털콘텐츠화 와인의 제조법뿐만 아니라 이를 둘러싼 정치, 경제, 사회, 예술상의 영향과 의미를 고려한 스토리뱅크 구축 및 와인과 관련된 각종 이미지 자료를 멀티미디어로 활용한 시각자료뱅크로 구축, 그리고 와인의 탄생, 변화, 확산 등의 과정 등 다양한 정보를 담고 있는 정보지도 개발	㈜애듀미디어
앙코르와트의 디지털콘텐츠화 앙코르와트 역사에 대한 시각자료의 개발, 앙코르와트 건축의 신화적 의미와 건축미술적 의미 재구성 및 앙코르와트 건축의 3D 스캐닝 자료 제공과 앙코르와트 건축과 조각미술 속에 나타나는 라마야나 등 힌두신화 요소의 재구성을 통한 콘텐츠뱅크 구축	㈜시지웨이브
기산풍속도(箕山風俗圖)를 활용한 19세기 조선의 민중생활상 재현 기산풍속도를 토대로 19세기 민중들, 예능집단과 예능 종목 모습의 재구성, 기산풍속도 속 민속놀이와 현존놀이와의 비교, 그리고 민중층의 상장례 등 의례재현 등 생활사의 재구성을 통해 시나리오 소재화와 시각자료화	㈜제이디에스인포테크
우리 저승세계에 대한 문화콘텐츠 개발 지옥도, 극락도, 지장탱화 등의 불교 탱화를 중심으로 저승세계의 구조와 이야기 재구성을 통한 콘텐츠 뱅크화 및 저승세계로 들어가는 인물과 되돌아오는 인물의 정형화 작업과 상여소리 등의 저승관련 소리자료의 채취 및 재구성	㈜디지털오아시스
조선시대 유배(流配)문화의 디지털콘텐츠화 전통 형벌제도 중에서 유배형의 기원, 역사, 등급, 분류 등의 제도 일반의 내용과 시나리오 소재로 제공할 수 있는 서술 시각자료 제공 및 조선시대 주요 유배지역과 유배경로를 정보 지도로 재구성하고 조선시대 유배인물의 유배생활과 문화교류 현상을 재구성하여 스토리뱅크화하여 제공	㈜세종에듀테인먼트
한국 승려의 생활문화 디지털콘텐츠화 승려의 수도과정 및 일상 생활과 의례모습 등의 다양한 모습을 재분류하고 다양한 형태의 결과물로 제작하고 사찰생활과 관련된 각종 도구, 복식, 음식 등의 특징과 사용·방법 등을 멀티미디어 시각자료로 제공	㈜디자인피티

○ 2005년 지정공모 – 창작연계형(3개)

과제명	주관기관
한국 정령 연구를 통한 극장용 장편 애니메이션 제작 지역 및 민초에 기반한 한국 정령 연구를 통한 '나눔', '화합', '민초'를 주제로한 시나리오, 캐릭터, 배경, 소품 디자인 시안, 이미지 보드 등의 비쥬얼 자료 및 극장용 장편 애니메이션 파일럿 영상 제공	㈜연필로 명상하기
천년고택 시나락 신주, 삼신할매, 조왕, 업, 터주 등 집안의 '집지킴이'들을 주인공으로 현대 인간과 맞닥뜨리면서 벌어지는 에피소드를 호러, 코믹을 버무린 시트콤 형식의 Pre-Production 결과물 및 Pilot 동영상 제공	동우 애니메이션㈜
온라인게임 땅별지기 국내외 고대유적(고구려, 발해 등)에 대한 고증을 통한 문화유적, 시대상, 인물 3D 구현, 재현된 시대별 전통유적지에서 적들을 상대로 문화유적 약탈을 지키는 미션의 RPG 성장 카드게임의 컬렉션 요소를 가미한 MORPG 게임 제작	㈜류니

○ 2005년 정책과제(2개)

과제명	주관기관
한국 전통 도량형의 디지털콘텐츠화 신체의 일부를 활용하여 사물을 재는 고대의 단계부터, 표준척과 표준용기를 제작하여 기준척도를 삼는 근세 개화기까지 도량형의 기원과 원리의 변천사 재구성, 관련 문화사 이야기 소재 개발 및 시각적 재현을 통한 다양한 콘텐츠 제공	㈜코아섬
한국사에 등장하는 첩보(諜報) 활동 관련 문화콘텐츠 소재개발 삼국부터 광복이전의 시기까지 우리나라를 포함한 중국, 일본을 아우르는 영역에서 역사서, 문집, 기록화, 회화, 사진 등에 나타나는 첩보활동과 관련 인물을 발굴하여 시나리오 창작 소재화하고 관련 도구, 복식 등의 시각적 콘텐츠 제공	㈜블루엔씨지

○ 2006년 자유공모(13개)

과제명	주관기관
초·중등 학생용 '재미있는 역사 교과서(가칭)'교재 개발 현재 한국문화콘텐츠진흥원에서 개발한 문화원형콘텐츠와, 새로 제작되는 콘텐츠를 접목하여 '재미있는 역사 부교재 제작'을 통해 평면적인 학습 부교재에서 3D, VR로 전환되는 획기적인 학습교재로 개발	국사편찬 위원회
조선시대 유산기(遊山記) 디지털콘텐츠 개발 한국 6대 명산의 유산관련 기행자료 추출 및 분석을 통해 대상자료를 선정하여, 내용과 기술을 조화롭게 구성, 근대 생활문화사의 여가생활에 대한 욕구에 부응한 우리 선조들의 일상생활 및 여가활동에 관한 종합콘텐츠 개발	한국국학 진흥원
줄타기 원형의 창작소재 콘텐츠화 사업 줄타기원형의 창작 소재적인 측면을 디지털화함. 줄타기에 포함된 민담 및 설화 등 스토리 소재를 위주로 하여 교예, 재담 등 각종 요소를 디지털콘텐츠화 하여 문화 전반적인 다양한 분야에 재활용할 수 있도록 구성	㈜디파인
한국 전통무예 택견의 미완성 별거리 8마당 복원을 통한 디지털콘텐츠 개발 및 상품화 사업 초대 인간문화재 故 〓덕기, 신한승 용의 유물자료 분석 및 미완성 별거리 복원 및 현 택견 인간문화재인 정경화 선생의 연구등을 토대로 별거리 8마당의 디지털콘텐츠화	㈜메세나 코리아
우리 역사 최초의 여왕, 선덕여왕의 드라마 중심 스토리 개발 「삼국사기」,「삼국유사」를 기본 원전으로 한 텍스트 자료와 신라유물, 장소, 배경등의 이미지 자료를 바탕으로 시나리와와 캐릭터 이미지 개발	㈜다할미디어
우리 장승의 디지털콘텐츠 개발 한국 서민문화의 원형성을 담고있는 장승관련 설화, 속담, 판소리, 문화원형으로 보존가치가 높은 문화재로 지정된 수호신 성격의 장승에 대한 디지털콘텐츠화	㈜디지털 코리아루트
우리 성(性)신앙의 역사와 유형, 실체를 찾아서 우리 성신앙, 성풍속, 성석, 옛그림속 성문화들에 대한 이야기 및 신앙, 생활, 놀이, 도구 등 기타 주제별로 분류하여 우리 性 신앙의 역사와 유형, 실체의 이야기를 시나리오 창작소재 개발	㈜미래듀
국가문화상징 무궁화의 원형자료 체계화와 문화콘텐츠 개발 무궁화 관련 역사기록, 설화, 구비전설 등의 원문 텍스트 번역을 통해 문화원형 추출, 112종에 달하는 무궁화 전체 종별 실사활용, 역사 속에 담겨진 무궁화 자료 실사 촬영등의 콘텐츠 개발	㈜한양씨티 허브
표해록을 통한 시나리오 창작 소재 및 캐릭터 개발 조선시대 표해록 6편의 스토리를 선별하여 서사적 스토리로 재구성하여 시나리오 소재로 활용도를 높이기 위해 일정한 분류기준에 따라 DB 구축 및 캐릭터 제작	㈜메타미디어

과제명	주관기관
조선시대 최고의 문화예술 기획자 효명세자와 〈춘앵전〉의 재발견 조선조 최고의 문화예술 기획자인 효명세자의 창작정재인 '춘앵전'을 3D 그래픽, 캐릭터, 3D 모션캡처, 게임 애니메이션 소재 및 문화원형 시나리오 제작	㈜스페이스 일루전
조선시대 탐라순력도의 디지털 콘텐츠 개발 탐라순력도에 나타나는 18세기 탐라의 공간과 행사, 문화를 디지털 이미지화하고, 각 그림을 시나리오화 하고, 그 속에 녹아 있는 탐라의 전설과 문화를 발굴, 재해석하여 창작소재 제공	버츄얼빌더스 ㈜
한국사에 등장하는 '역관'의 외교 및 무역활동에 관한 창작 시나리오 개발 한국사에 나타나는 흥미로운 직업 '역관'의 개발을 통해 생동감있는 한국형 인물을 유형화 하고 이를 시나리오로 개발. 이를 통해 당시의 외교활동, 무역활동과 시대상황에 대한 콘텐츠 개발을 통해 문화콘텐츠 창작소재 개발	㈜유니엠
근대 대중문화지에 실린 '야담'을 통한 시나리오 창작소재의 개발 「월간야담」, 「야담」을 종합하여 전통 이야기문화의 근대 대중문화의 결합된 근대 문화의 원형으로 재구성	㈜굿소프트 웨어랩
한국불교 목공예의 정수〈수미단〉의 창작소재 개발 수미산관련 고증자료 및 조선시대 불교의 이해를 위한 성불도를 대상으로 불교 전통 목공예의 콘텐츠화 및 수미산과 성불도를 활용한 창작소재 개발	㈜inek
한국의 24절기(節氣)를 이용한 디지털콘텐츠 개발 조상의 슬기와 지혜가 담긴 24절기 관련 문헌자료 및 생활풍속을 활용하여 한국문화의 우수성을 알려주는 창작소재 개발 디지털콘텐츠화.	㈜써스텍

○ 2006년 지정공모(7개)

과제명	주관기관
고대에서 조선시대까지, "정변(政變)" 관련 문화콘텐츠 창작소재화 개발 고조선에서 근대까지 '정변', '변란', '민란' 3개 범주로 총 24개 사건을 선정하여 사건의 준비,모의, 발발, 성패 갈림, 극적인 마무리, 신격화와 망각 등의 과정이 분명한 소재를 집중 발굴하고 영화,드라마,게임 시나리오 작가를 위한 one stop content expecting service를 제공할 수 있도록 탄탄한 story bank와 image resource bank를 구축	㈜여금
고려사(高麗史)에 등장하는 인물유형의 디지털콘텐츠화 원종을 중심으로 한 주변 인물들(문신, 무신, 외세세력)을 통하여 이후 고려사 변화에 미친 역사적 의미를 재조명하고 방대한 고려사중 고종-원종-충렬왕 시대의 인물과 사건들을 중심으로 콘텐츠화	㈜와이즈온
『삼국사기(三國史記)』소재 역사인물 문화콘텐츠 개발 삼국사기 열전에 입전된 51명의 인물군 중 고대 한국인의 특색 있고 개성적인 삶을 대표하는 10인의 이야기를 대상으로, 다양한 캐릭터 개발을 통한 고대 한국인의 전형적 이미지를 창출하고 고대인의 삶을 구성하는 정치, 사회, 경제, 문화적 요소에 관한 다양한 콘텐츠 개발	㈜가민정보 시스템
전통시대 수상교통–뱃길(水上路) 문화원형 콘텐츠 개발 전통수상 교통인<조운(漕運)>과 <교통>을 토대로 전통적 수상교통의 체계, 제도, 시설, 수단, 문화, 공간을 분석하고 전통 뱃길 지도, 주요 거점, 뱃길 문화, 조창 마을을 해설하고 재구성하여, 뱃길노선도, 문화생활, 조창마을, 뱃길여행 콘텐츠로 개발	다인디지털㈜
한강을 중심으로 하는 생활문화 콘텐츠 개발 한강의 독특한 자연 지리적 환경을 이미지와 함께 구축하고 한강의 삶의 형태와 내용 및 민속신앙, 놀이, 음성을 대상으로 한강의 지리적 정보와 콘텐츠를 접목시켜, 한강의 생활양식을 이미지, 음원, 동영상 등 멀티미디어콘텐츠로 구축	㈜역사만들기
한국 전통 문화공간인 정원과 정자의 창작소재화 개발 한국 전통 문화공간인 정원·정자를 "생활 문화의 집합체"와 "풍류의 공간"이라는 주제를 중심으로 다양한 창작소재를 가진 콘텐츠로 개발하고, 정원·정자의 문화원형을 복원하기 위한 관련 자료를 고문헌, 개인 소장자, 도서관, 박물관 등을 통해서 수집하여 텍스트, 이미지, 동영상, 자료로 분류하고 창작소재화 함	㈜마인테크
한국적 감성에 기반한 이야기 문화원형 디지털콘텐츠화 구비문학작품, 설화, 신화, 문학작품 등의 이야기 및 삽화, 그림을 대상으로 한국인의 감성적 분류를 통한 이야기 text 및 삽화, 애니메이션을 디지털콘텐츠화하여 교육적 차원으로 미래 산업 자원으로 활용	㈜대웅에듀 미디어

〈별첨논문〉
세계화와 민족문화

본 글은 1994년 학술단체협의회 제7회 연합 심포지움에서 '국제화와 한국 사회'라는 주제로 진보적 대안을 제시한 자리에서 발표한 글이다. 심포지움 발표문은 이후 책으로 출간되었으며, 필자의 글도 수록되었다(김기덕, 「국제화와 민족문화」『국제화와 한국사회』, 나남출판, 1994). 머리말에서 밝혔듯이 비록 10년이 넘은 글이지만, 본 책의 주제에 부합되며, 기본적으로는 아직도 필자의 문제제기가 유효하다고 보아 그대로 수록하였다. 본래의 글에서 제목을 '국제화'에서 '세계화'로 바꾸었다. 그리고 본래 글은 장의 제목이 없었는데 새로 넣었다. 그 외에 본문의 글은 꼭 필요한 경우만 수정한 후 그대로 수록하였다.

당시에는 국제 정세를 '국제화'로 표현할 것인가, 세계화로 표현할 것인가를 두고 논의가 분분하였는데, 일단 '국제화'로 정리한 바 있다. 그러나 그후 일반적인 용어는 '세계화'로 정착되었다. 따라서 제목은 세계화로 바꾸었으나, 본문의 서술에서는 '국제화'라는 표현을 그대로 두었다.

아쉬운 것은 정식논문의 형식이나 아니면 사론(史論)의 형식으로라도, 21세기 전통문화의 방향을 전론(全論)으로 다룬 글이 수록되었어야 한다. 비록 각 글의 내용에서는 이러한 점이 반영이 되었다고 하더라도, 이 주제에 대한 단독 글을 싣지 못하고, 예전 글을 〈별첨논문〉으로 수록한 점에 대하여 죄송하게 생각한다. 이 점 차후의 과제로 삼고자 한다.

I. 인간과 문화

작년 말1) 우루과이라운드 협상의 비준 문제로 갑자기 제기되기 시작한 '국제화·세계화·개방화'라는 구호는 이제 이 시기 가장 유행하는 담론이 되었다. 그러한 '국제화'라는 당면의 과제에 대한 다양한 검토는 이미 올해 들어와서도 정부·언론계·학계 등에서 여러 차례 조명된 바 있어 일일이 열거하기 어려울 정도이다. 단 그러한 논의에서 우리의 '민족문화'는 어떻게 될 것인가 하는 점, 즉 '국제화시대의 민족문화'라는 주제는 대부분 빠져 있었으며, 주로 사회과학의 분야가 집중적으로 검토되었다. 아무래도 시급한 우선순위에서 민족문화라는 주제는 부차적인 것으로 인식되었다고 보인다. 대신 민족문화와 관련해서는 주로 문학·예술을 주제로 하는 계간지에서 특집의 형태로 다루어졌다.2) 그런데 민족문화를 주제로 한 많은 특집이나 심포지엄에서 필자나 발표자, 토론자를 일별해 보면 전통시대의 민족문화라는 주제와 보다 가깝게 있었다고 생각되는 역사학이나 민속학 전공자들은 거의 동원되지 않고 있는 사실이 흥미로운 점이다. 이는 우리의 전통과 보다 가까운 거리에서 어떤 형태로든 민족문화에 관심을 갖고 활동해 온 자들에게는 새로운 전망을 기대할 수 없다는

---

1) 1993년의 상황을 의미한다.

2) 필자가 접할 수 있었던 것들을 열거해 보면 다음과 같다. (1)『민족예술』94년 봄호 특집, "국제화시대의 문화전략" (2)『현상과 인식』94년 봄호 특집, "범세계화의 구조와 과정" (3)『창작과 비평』94년 여름호 특집, "국제화·민족문화·민주주의" (4)『상상』94년 여름호 특집. "동아시아문화 제대로 보기" (5) 연세대 국학연구원 학술회의, 94년 6월, "세계화 속의 국학-전통과 세계화" (6)『공동선』94년 7·8월호 특집, "문화운동을 시작학자" (7) 역사문제연구소 대토론회, 94년 9월, "국제화시대의 민족주의와 민족문화". 이 특집의 글들이 전부 민족문화를 다룬 것은 아니나, 대체로 그 범주 안에 포괄할 수 있는 것을 제시해 본 것이다. 위의 것 외에 필자가 파악하지 못한 것도 있을 것이며, 특집이 아닌 개별적인 글로 발표된 것까지를 합한다면 그 양은 더욱 많아질 것이다.

의식의 발로가 아닌가도 생각되어 소감의 일단을 피력해 둔다.

오늘날의 유행어인 '국제화'라는 문제가 논의된 배경에 대해서는 이미 여러 논자들에 의해 다양하게 언급된 바 있지만, 그것은 정부의 이데올로기 공세라는 측면과 실제 세계사의 전개과정이 국제화라는 틀에 의해서 전개될 것이라는 현실적인 측면을 아울러 가지고 있다고 본다.3) 즉 우루과이라운드 협상의 국회 비준을 앞두고 예상되는 반발을 선제공격에 의해 제압하는 동시에 국제무역에서의 기업경쟁력을 제고하기 위해 정부-기업-언론 연합이 벌이는 이데올로기의 성격을 띠고 있었던 점이 먼저 지적될 수 있다. 그러나 그러한 점이 분명히 있다고 하더라도 역시 그 방향타를 '국제화'로 설정한 배경에는 그것이 세계사의 뚜렷한 변화로서 우리 곁에 다가오고 있다는 현실의 반영이며, 결국 우리의 논의는 본격적으로 거기서 시작하지 않으면 안 될 것이다.

오늘날 우리 곁에 다가오고 있는 국제화란 기본적으로 서양을 중심으로 한 자본주의의 영향력이 동구권의 와해와 더불어 지구 전체에 관철되는 과정,4) 즉 서구 산업문명의 인류적 공유화 과정이라 요약할 수 있다고 본다. 이러한 상황에서 우리의 민족문화는 어떻게 될 것인지, 앞으로 거의 남아날 것이 없을 것이라는 비관론과 그래도 '우리 것'을 간직하며 나아가야 하며, 나아갈 수 있다는 희망론이 교차하고 있으며, 본 글의 목적도 당연히 그러한 문제의식에 대한 일단의 모색이라 하겠다.

문화란 인간이 집단을 이루면서 살아가는 삶의 방식 그 자체를 말한다. 즉 그 삶이 표현하고 있는 행위와 행위를 이루어내는 전과정의 사고, 그리고 그에 관련

---

3) 염무웅, 「'국제화' 시대의 민족문화」, 1994년 9월 역사문제연구소 대토론회.

4) "서양 명작소설, 지금 우리에게 무엇인가," 『창작과 비평』, 1994년 가을호, 7쪽. 서양문학이 우리 문화지평에서 어떤 의미를 갖는 것이고, 또 그것을 어떻게 받아들여야 바람직한 것인가를 살펴본 위의 특집도 넓게는 결국 국제화시대에 민족문화의 나아갈 길을 살펴본 것이라 하겠다.

된 삶의 현상을 문화라고 말할 수 있다.5) 그러므로 문화란 당연히 당대 시기마다 삶의 여건에서 노력해 왔던 인간의 창조물이며, 삶의 지혜이고 양식이다.

또한 인간의 집단은 다른 인간의 집단과 서로 교류하면서 살아갈 수밖에 없다. 그러므로 항상 하나의 문화에는 그 집단이 간직하고 있던 문화와 외래문화가 만나게 된다. 그것들은 서로 접촉하여 습합(褶合)되기도 하고, 혹은 충돌하여 어느 한쪽을 밀어내기도 한다. 그런데 그것이 하나의 국가나 민족 안에서의 접촉이라고 한다면 큰 문제는 없겠으나, 만약 국가나 민족 단위의 문화접촉이라고 한다면 그 후유증은 클 것이다. 삶의 방식에 커다란 변화를 수반하므로 외래문화의 수용을 둘러싸고 당연히 구성원들간의 커다란 논쟁을 야기시킬 것이다.

이처럼 문화란 고정불변의 것이 아니다. 항상 삶의 여건에 따라 변화한다. 그리고 그런 접촉·갈등·수용과정을 통해 형성된 문화는 그 구성원들의 '인간해방·인간화'에 기여한다. 그리고 그러한 '인간해방·인간화'는 본질적으로 구성원의 건강한 공동체적 의식에서 구현된다. 실로 문화의 주된 기능은 구성원의 인간화일 것이고, 가능한 한 전체 구성원의 처지를 반영한 문화는 그 사회를 보다 건강하고 풍요롭게 이끌 것이다.

전근대 시기 인간의 삶에는 지배층과 피지배층이 존재하여 왔다. 따라서 문화는 지배층의 문화와 피지배층의 문화가 구별하여 존재할 수도 있으나, 사실 많은 부분에서는 서로 모방·착종·동화하여 존재한다. 그런데 후대까지도 훌륭한 문화유산으로 인정되는 것들은 비록 신분제가 존재한 전근대사회라는 한계 안에서이기는 하지만 지배층과 피지배층의 진정한 합작품일 경우가 많다. 신라시기 대표적인 불교조형물이 그러하며, 고려자기·조선백자 등이 그러할 것이다. 언뜻 생각하면 그러한 문화유산의 향유자는 귀족세력이며, 그것이 가능한 경제적 기초는 피지배층, 그것도 그들의 눈물과 고통이 가미된 것일 수도 있다.

---

5) 전경수,『문화의 이해』, 일지사, 1994, 7쪽.

이러한 괴리 속에서 지고(至高)의 아름다움이 나오는 것은 분명히 모순된 것이다. 그러나 누가 봐도 아름답다고 평가되는 문화유산의 경우는 지배층과 피지배층 양쪽이 서로의 건강성을 간직한 채 가까이서 만났기 때문에 가능하였다고 보아야 할 것이다. 피지배층의 처지가 힘든 것과 그런 가운데서도 그들의 문화를 향유하면서 건강성을 유지하는 것은 구분될 수도 있겠다. 미적 안목이 있으면서도 현재의 모순을 해결하고자 하는 미래 지성을 간직한 지배층의 조성계획에, 비록 살기 힘들지만 건강성과 자신감을 간직한 피지배층이 참여하였을 때 걸작은 출현될 수 있다. 비록 신분제의 한계 속이기는 하지만 그들은 가까이에 있는 것이다. 그렇기 때문에 당시는 괴리이고 모순이었지만, 뒤에는 해결되어 누구에게나 아름답게 여겨지며 오늘날까지도 아름다움의 평가를 받는 것이다.

동일선상에서 비유하기에는 문제가 있지만, 신분제가 폐지된 근대 이후 오늘날까지도 고급문화(상층문화)와 대중문화(하층문화)가 일정하게 구별되어 존재한다는 것을 감안한다면, 아무리 훌륭한 문화유산이라 하더라도 전근대의 경우 지배층과 피지배층의 거리는 어느 정도 이상 가까워지기는 현실적으로 불가능하였다. 그들의 거리가 멀어지면 멀어질수록, 그리하여 서로를 소외시킨다면(흔히 그것을 '보수화'했다고 표현한다), 그러한 상태에서는 어떤 조형물에 같이 참여한다 하더라도 많은 한계가 있을 것이다. 당연히 괴리나 모순은 그대로 남아 누구에게나 공감하는 아름다움을 당시에나 후대에도 발할 수가 없을 것이다. 그러므로 지배층과 피지배층의 거리가 실제에서나 의식에서나 멀면 멀수록, 즉 사회가 보수화(保守化)하면 할수록 그 사회의 삶은 열악해지고 문화는 왜소해지게 마련이다.

이 글은 두 가지 관점, 즉 하나는 매시기 우리의 문화가 외래문화의 보편성을 수용하면서 그것을 어떻게 우리 것으로 만들어 왔는가 하는 점, 그리고 다른 하나는 그것이 계속해서 얼마나 구성원 전체의 삶을 풍요롭게 했는가 하는 점을 통해 우리의 민족문화가 걸어온 길을 검토해 보고자 한다. 나아갈 길이 보이기 위해서는 걸어온 길을 잘 알아야 할 것이다. 우리의 경우 민족문화가 걸어온 길은 여러 요소가 대단히 복합되었으며, 그 결과 문화의 양상이 주도적 문화전통 외에도 왜곡·습합·잔존의 다양한 형태가 있었다. 따라서 그것은 오늘날 버릴 부분과 계승할 부분에 대한 시각에 있어 많은 혼선을 가져오는 원인이 되고 있으며, 아울러 계승의 방향성에서도 전망을 갖기 어려웠다고 생각된다. 과연 민족문화가 우리에게 기여했던 것이 무엇이고, 그것이 어떻게 가능했던 것인지를 살핌으로써, 국제화의 도전에 직면한 오늘날 민족문화가 나아가야 할 방향의 일단을 찾아보고자 한다. 그러나 그 검토 시기가 고대국가 초기 불교의 도입으로부터 최근의 국제화의 흐름에 이르기까지 너무 긴 기간을 대상으로 함으로써 많은 한계와 오류가 있을 것이다. 여러분의 질정을 바란다.

II. 고대 · 고려시기 불교문화의 전개

문화는 각각 특수성과 보편성, 개별성과 공통성, 지역성과 세계성을 가지고 있다. 문화에 있어 보편성이란 공통된 인간성에 입각한 세계성을 가지고 있음을 의미한다. 어느 문화이든 지속적인 창의력을 발휘하려면 반드시 보편성을 내포해야 하며, 만일 이러한 보편성이 결여되어 있다면 그 문화는 고립되거나 폐쇄되고 말 것이다. 바꾸어 말하면 어느 특정한 문화가 본래의 세력권을 벗어나 다른 지역으로까지 전파되어 나간다면 그 문화가 지역과 민족을 초월해서 보편적인 '공감'을 일으킬 수 있기 때문이다.[6]

---

6) 차하순, 「민족문화와 보편문화」『역사의 의미』, 홍성사, 1981, 42-43쪽. 이러한 견해는 이기백 교수에 의해서도 비슷하게 언급된 바 있다. 이기백, 『민족과 역사』, 일조각, 1977에 실려 있는 민족문화에 대한 사론 참조.

우리 민족에게 보편성을 갖춘 외래문화와의 만남은 무엇보다 불교를 들 수 있을 것이다. 원래 불교는 기원전 6세기경 인도에서 성립된 이래, 그 보편성과 세계성으로 말미암아 국경을 넘어 각 지방으로 널리 전파되었다. 그 가운데 서북인도에서 아프가니스탄·파키스탄 지방으로 전파된 불교가 실크로드의 대상(隊商)과 함께 중앙아시아의 여러 나라를 거쳐 서기 1세기경 마침내 중국에 전해지게 되었다. 그리하여 중국에 전해 온 이 불교는 중국의 사상 및 문화와 융합되어 독자적인 중국의 불교를 형성시키게 되었다. 그리고 그 중국불교는 동아시아의 전지역, 특히 한국·일본, 그리고 월남 등으로 전파되어 이른바 동아시아 불교권을 형성하게 되었다.7)

불교라는 외래적 사유방식이 기존의 전통적 신앙 및 그와 결부된 문화내용과 어떻게 갈등을 겪었는지에 대해서는 현재 사료의 부족으로 이차돈의 순교사실 이외에는 두드러진 것이 없다. 기존의 전통적 신앙형태로는 조상신(祖上神) 신앙, 천신(天神) 신앙, 산천신(山川神) 신앙, 샤머니즘 등이 있었으며, 이들 여러 신앙형태들은 서로 갈등을 일으키지 않으면서 공존하였다. 이들 종래의 신앙체계로 본다면 불교의 신앙대상은 조상과도 무관하고, 자신들에게 익숙한 하늘에 있는 존재도 아니며, 그렇다고 산천(山川)에 임재(臨在)해 있던 신(神)에 대한 신앙도 아니었으므로 어떤 형태로든 갈등이 있었을 것이다.8)

그러나 불교라는 것이 본래 배타적인 유일신 신앙을 고수하는 것이 아니기에 뒷 시기 다른 외래사상의 유입에 비해 그 갈등의 폭은 상대적으로 크지 않았을 것이다. 특히 당시는 삼국이 중앙집권적 고대국가로 발전해 나가면서 종래의 혈연성·지역성·폐쇄성을 극복하고 하나의 국가 구성원으로서의 일체감을 조성할 필요가 있었던 시기였으므로, 삼국 공히 왕실에 의해 보다 보편적이

---

7) 嫌田茂雄, 「동아시아 불교권의 형성」 『불교와 정치·경제』, 1972, 85-98쪽.

8) 김기홍, 『새롭게 쓴 한국고대사』, 1993, 94-112쪽.

고 객관적인 관념체계였던 불교가 적극 수용되었다.

이제 새로이 등장한 불교는 종래의 다신적(多神的)인 전통신앙과 병존·습합하면서 주도적 위치를 차지해 갔다.9) 그러나 한동안 불교는 왕실과 귀족의 불교에서 벗어나지 못하였으며, 중국불교의 모방 수준에 머물러 있었다. 삼국이 본격적으로 통일전쟁을 수행해 나가던 시기는 전체 구성원의 일체감이 더욱 요구되었으므로, 불교를 통하여 지배층은 점차 피지배층에 가까이 가고자 하였다. 이 시기 조형물에 있어 온화하고 친근한 미감은 그 점을 잘 말해주고 있다. 그런 의식이 확대되어 드디어 원효(元曉, 617~686)에 와서 이론적으로나 실천적인 면에서 전개된 불교 대중화운동은 실로 불교가 피지배층의 인간해방 문제에까지 관심을 확대시킨 것이었으며, 이는 또한 외래사상이었던 불교의 확실한 '우리화' 과정의 징표이기도 하였다.

통일이 되자 특권귀족은 점차 보수화해 갔으며, 그 결과 지배층과 피지배층의 괴리는 심화되어 갔다. 그래도 신라 중대까지는 통일의 과실(果實)이 남아 있었으며 그 괴리 속에서 미래를 내다보는 지성이 있어, 비록 점차 중앙귀족 불교화로 되어 갔지만 불교를 통한 인간화가 가능하였다. 전제왕권의 전성기임과 동시에 붕괴기로 이해되는 경덕왕 시기에 저 유명한 불국사와 석굴암이 만들어진 것은 신라 불교와 피지배층과의 만남의 마지막 화려한 불꽃이었다. 그것은 앞에서 언급했듯이 그래도 중앙귀족의 일부에 남아 있던 미래 지성과 피지배층과의 만남으로 가능한 것이었다.

그러나 르네상스의 산마루에서 담배 한 모금 피울 여유가 없다는 비유처럼, 불국사와 석굴암에서 마지막 불꽃을 피운 이후 신라 불교는 급격히 쇠퇴하였다.

---

9) 불교사원에서 삼성각(三聖閣)의 존재나 불교의 입장에서 고유신앙을 수용·승화시킨 국가적 행사로서의 팔관회(八關會) 등의 시행은 기존 신앙과 문화를 습합하면서 큰 갈등 없이 주도적인 위치를 점한 불교의 전개과정을 잘 말해주고 있다고 하겠다.

모순된 현실에 불만을 갖고 자신의 사회적 처지를 자각해 가는 피지배층의 처지를 수용하면서 새로운 사회를 건설하려는 대안이 없었던 기존의 지배층들은 자기들끼리의 왕위쟁탈전에 빠져들면서 피지배층에 대한 착취를 강화하였고, 이에 피지배층들은 전국적으로 저항하였다. 그런 속에서 귀족불교로 보수화한 신라불교는 이러한 계급간의 갈등 해소에 전혀 기여하지 못하였다. 이 시기 수많은 조형물에서 나타나는 절제나 규형의 파괴는 새로움을 위한 시도가 아니라, 이러한 괴리된 계급간의 갈등 속에서 나타나는 매너리즘의 현상이었다.

보수화한 경주 중심의 중앙귀족과는 달리 지방에서는 각 지역의 호족과 피지배층이 새로 들어온 선종(禪宗) 사상과 결합하여 성장하고 있었다. 그들은 괴기적이고 개성적이며 도전적인 조형물들을 창출하였는데, 이는 과거의 기득권에 집착하는 왜소한 중앙중심의 귀족문화에 대하여 새로운 시대를 향한 그들의 자신감 있는 발언이었다. 특히 이 시기에 다양하게 출현하는 부도(浮屠)는 그 정교함과 아름다움이 예전 전성기 통일신라의 조형물에 버금가는 것으로, 이는 당연히 미래 지성을 겸비한 선사들과 그들의 사상과 연결된 지방 호족 그리고 현실은 어렵지만 새로운 시대에 대한 희망을 간직한 피지배층과의 만남에서 가능한 것이었다. 결국 그들에 의해 신라말의 혼란은 극복되고 고려가 건국되었다.

신라말의 혼란과 귀족 불교의 보수화를 선종 사상을 통해 재해석함으로써 한 차원 올라갈 수 있었던 고려 불교의 과제는, 양립된 교종과 선종의 문제를 해결하면서 고려의 중앙집권체제의 수립에 상응하여 난립된 불교교단을 정비하고 그 사상적 통일을 이루는 일이었다. 11세기 의천(義天, 1055~1101)의 천태종과 교관병수설(敎觀幷修說), 12세기 지눌(知訥, 1158~1210)의 조계종과 정혜쌍수설(定慧雙修說)은 당시 동아시아 불교사의 공통된 과제였던 교종과 선종의 문제에 대한 뛰어난 해결책이었으며, 특히 지눌의 불교는 실로 고려 불교사의 기본적 과제인 교·선(敎禪) 통합의 문제를 완전히 해결한 것이었을 뿐 아

니라 동아시아의 불교권에서 불교가 도달한 마지막 단계의 것이었다고 할 수 있는 것이었다.10)

　　그러나 고려 후기에 오면서 불교는 다시 보수화하였다. 실로 전래 이후 1천 년에 가까운 불교의 국교화는 더 이상 불교로 하여금 새로운 자기반성의 기회를 갖지 못하게 하였으며, 이는 서구의 경우 중세 가톨릭의 경우에서도 비슷하게 나타난 현상이었다. 특히 무신집권기, 대몽항쟁기, 원 간섭기라는 시대의 격변과 그에 따른 지배층과 피지배층과의 괴리에 대한 불교의 대응은 나약한 것이었고, 오히려 불교사원 자체가 그 괴리의 주범이 되었다. 고려말에 도입된 성리학과 그로 무장한 신진사대부들은 그러한 불교를 강력하게 비판하였으며, 결국 왕조의 교체와 더불어 문화의 중심은 유교(성리학)로 넘어 갔다.

III. 조선시기 유교문화의 전개

　　성리학은 성명(性命)과 의리(義理)를 주로 파고드는 유학의 새로운 해석으로, 우리는 그 중에서도 이학 계통의 정주학(程朱學) 일변도로 전개되었다는 특징을 갖고 있다. 그 결과 성리학으로도 대표되는 유교적인 문화전통은 불교와는 달리 사회와 생활의 전부분을 거의 배타적이고 독점적으로 지배하고자 하였다. 그것은 우리에게 있어 거의 유례가 없었던 것으로, 보다 깊고 넓게 생활의 모든 면에 침투하고 또 그것이 경직화함에 이르러 종래의 문화전통은 비단 불교뿐 아니라 다른 비유교적인 것도 모두 배격되기에 이르렀다.11) 성리학에 입

---

10) 최병헌, 「동양불교사 상의 한국불교」『한국사 시민강좌』4, 1989, 39-42쪽.

11) 그러나 유교의 종교성 결핍으로 인하여 불교는 종교적인 측면에 한정하여 왕족이나 궁인, 양반 사대부의 여인들, 일반 평민들 사이에 지속적인 영향력을 미쳤으며, 그 이외에 불교와 병존했던 기존의 산천신앙이나, 샤머니즘 등은 음사(淫祀)라 하여 배척되면서 잔존의 형태로

각한 유교적인 전통이 관료·지식층 및 양반·지주층을 거의 완전히 휩쓸었으며, 또 그와 표리일체가 되는 주자가례(朱子家禮)가 유례없이 엄격히 준수되었다. 결국 성리학과 그에 입각한 각종 제도와 예절, 이른바 '양반문화'라고도 할 수 있는 이 변화는 문화적인 면에서 그 이전시대와는 커다란 단층을 가져오게 하였다.12)

그러나 실제로 이러한 단층은 성리학을 지도이념으로 채택한 조선 성립이후 250여 년이 지난 17세기 중엽 이후에 굳어졌음을 주목할 필요가 있을 것이다. 친족구조, 조상숭배, 가계계승, 상속제도, 여성의 위치, 혼인관계, 상장례 등 실로 사회전반에 걸쳐 기층사회까지 유교식으로 전개되기 시작한 17세기 중엽의 시기는13) 조선의 유교화 과정의 일단의 완료를 의미하는 것이다. 그런데 그것이 달성되기까지 국가와 지배층의 강력한 추진 속에서도 250여년의 세월이 걸렸다는 것은 그만큼 중국에서 온 외래사상인 성리학의 조선 정착이 쉽지 않았음을 뜻하는 것으로, 이는 어떤 원리를 받아들였을 때 쉽게 동화하지 않고 우리의 입장에서 끝까지 추구하는 끈질긴 기질이 우리에게 있음을 보여주는 것이라 하겠다.

존속되었다.

12) 고병익, 「한국문화와 세계문화」『한국사 시민강좌』 4, 1989, 10쪽.

13) 동성혼의 금지, 가계계승 방식의 변화, 상속제도의 변화 등에 대하여 현재 많은 연구성과들이 축적되어 있다. 여기에서는 이 점을 종합적으로 검토한 외국인 연구자의 저서 하나를 소개해 둔다. M. 도이힐러, 『한국의 유교화 과정 : 사회와 이념에 대한 연구』로서, 원 제목은 The Confucian Transformation of Korea : A Study of Society and Ideology(Council on East Asian Studies, Harvard University, 1993)이다.(『한국사 시민강좌』 15, 199~204쪽 참조). 이 책에서 필자는 17세기 중엽의 변화를 다양한 측면에서 분석하고 있다. 그런데 조선사회는 설득력이 강한 이데올로기인 유교사상에서 깊은 영향을 받았음에도 불구하고 완전히 '유교사회'가 되지 않았음을 밝히고 있다. 예를 들어 친족구조에 있어 중국과 달리 고려사회의 특징이었던 양계적(兩系的)인 개념이 그대로 지속되었다는 것이다.

이처럼 오랜 세월에 걸쳐 기층사회까지 변화시킨 17세기 중엽의 전면적인 유교화는 바로 동시에 유교의 형식화 과정이기도 하였다. 그것은 이 시기에 기층사회까지 관철된 유교식 변화를 주도한 자들의 성향에서 비롯된 것이었다. 주지하듯이 성리학은 고려 후기 사족층의 성리학에 대한 이해가 깊어지면서 전통적인 지배체제를 비판하는 이론적 무기로 원용되었고, 이윽고 조선왕조의 개창과 함께 제도・문물의 정비에 새로운 교학(敎學)으로 활용되었다. 이러한 정치적 교학으로서의 성리학이 조선왕조 사회에 보다 더 정착하여 기능하기는 15세기 말에서 16세기로 이어지는 사림파(士林派)의 성장과 더불어서였다. 이제 성리학 규범의 사회적 실천, 그 일상화가 국가정책의 차원에서도 추진되었지만, 사림을 중심으로 하는 사회적인 차원에서 많이 강조되었다.14) 그리고 이러한 바탕 위에서 성리학은 이후 이발・기발설(理發氣發說), 사단칠정논쟁, 인성・물성(人性物性)의 동이론(同異論), 주리설(主理設)과 주기설(主氣設) 등 다각도로 조선왕조 특유의 전개를 보여 나갔다.

한편 점차 과거를 통한 관직 진출에 한계가 오면서 지방으로 낙향하여 향촌사회에 머물고 있던 지방 사족들은 자신들의 신분과 특권을 정당화하는 수단으로 자신들이 머물고 있던 향촌사회에서 유교식 의례를 강력히 시행하고자 하였다. 형이상학적으로는 고도의 철학논쟁으로 나아가는 한편 피지배층과의 만남에서는 형식과 의례를 통한 현실적인 특권의 정당화로 나아간다는 것은 결국 유교가 보수화함을 의미한다.

이후의 전개는 명・청(明淸)의 교체와 그를 합리화하는 북벌론과 자존적인 소중화사상에15) 영향을 받으면서 유교는 보다 명분론적이고 형식적인 예송・

---

14) 김태영, 「성리학」『한국사 연구입문』, 1981, 289-291쪽. 정통론의 재해석인 의리 정신의 고양, 도통(道統)의 보편적 해석, 선현(先賢)의 추모, 서원(書院)의 건립, 향약(鄕約)의 시행 등이 그러한 것들이었다.

예론논쟁(禮訟禮論論爭)으로 빠져들었고, 지배층과 피지배층의 괴리를 해결할 수 있는 방안을 제시하지 못한 채 오히려 중세사회의 여러 모순을 은폐하기 위한 세계주의로 고립되어 갔다. 이러한 상태에서 당연히 유교문화는 왜소해지고 초라해질 수밖에 없었으며, 이러한 한계를 극복해 보고자 한 것이 실학의 새로운 학풍이었다.

18세기를 전후하여 나타나기 시작한 실학사상은 전통적인 화이관(華夷觀)의 변동을 통해 중화문화로부터 분리된 독자적 문화현상에 대하여 많은 관심을 가졌으며, 이러한 문화적 자각현상과 관련하여 국학 분야에 대한 광범위한 연구를 진행하였다.16) 그리고 조선후기 사회의 사회경제적인 모순을 극복하기 위하여 농민층을 중심으로 사회를 재건하여 소농(小農)경제를 안정시키는 방향으로 개혁을 구상하기도 하였다. 이처럼 실학사상은 현실세계의 적용에는 한계가 있었지만, 기존 보수화・형식화한 유교문화에 대해 재해석을 시도했다는 점에서 큰 의의를 갖는다고 할 것이다. 이러한 실학사상의 진보적 의식에 영향을 받으면서 민중의 사회경제적 지위의 상승에 따른 민중의식의 성장으로 새로운 문화형태인 서민문화가 발흥하였다. 서민문학, 판소리, 가면극, 풍속화, 민화, 장승 등에는 이 시기에 솟아오르는 민중의 생명력이 배어 있다.

IV. 근대 및 일제시기의 민족문화

조선후기 실학의 발흥으로 새로운 기운이 싹텄으나, 그것이 현실정치로 연결되지 못하고 세도정치로 흐름으로써 조선의 사회모순은 더욱 심화되었다. 그

---

15) 이 점에 대해서는 이이화, 「북벌론의 사상사적 검토」『창작과 비평』, 1975년 겨울호 참조.
16) 조광, 「조선후기의 역사인식」『한국사학사의 연구』, 1985, 137쪽.

런 가운데 조선은 서구 열강과 일본이라는 외세의 도전에 직면하였다. 이제 개혁(반봉건)과 자주(반외세)라는 이중의 과제가 우리 민족에게 주어진 것이다. 이를 해결하기 위해 다가오는 시대를 새로운 '개벽'의 세상으로 파악하면서 유·불·선의 전통을 종합하여 '서학'에 대응코자 동학(東學)이란 민중사상이 출현하였으며, 그에 바탕을 두고 반봉건·반외세 민중투쟁이 전개되기도 하였지만 역부족이었다. 결국 기존의 자체 문화도 괴리된 채 새로운 변화를 하지 못한 가운데에서 새로이 외래문화와의 만남은 조선사회에 많은 충격을 줄 수밖에 없었다.

흔히 중세사회에서 근대사회로의 이행은 어느 나라이건 간에 전통문화와의 단절을 어느 정도 겪게 되는 것이지만, 동양의 경우는 그 단층이 어느 다른 지역에서보다도 더 크게 생겨났다. 19세기 후반에서 20세기 초두에 걸친 시기에 서양문화의 도입·수용이 동아시아의 전통문화에 커다란 변화를 가져왔으며 이것이 자신의 문화전통을 비판적으로, 심지어는 부정적으로 보게 하고 나아가서는 자체 전통을 배격하는 운동으로까지 나오게도 하였던 것이다.[17]

우리는 이 과거 문화전통과의 단층이 어느 나라보다도 심했다. 그것은 우리의 경우 봉건성을 탈피하면서 그것을 근대적인 전통으로 이어나감에 있어 우리 내부의 자생적인 논의의 축적이 미약했으며, 이후 곧 외세에 의해 식민지가 됨으로써 그러한 전환 의식이 철저히 왜곡·차단되었기 때문이었다. 그 결과 서양문화와 접촉하기 시작하면서부터 우리의 종래의 문화유산에 대해서는 부정적인 시각으로 이와 소원해졌다. 그 가장 대표적인 개화사상은 활발한 계몽활동과 역사서술을 통하여 당당한 독립국으로서의 자주적 발전 모습을 크게 부각시키고는 있었다.

그러나 이는 주로 중국과의 대립의식에서 제기되고 있는 반면, 상대적으로

---

17) 고병익, 앞의 글, 2-3쪽.

일본·서양과의 대립의식은 결여되었다. 이는 구미문명을 이 땅위에 실현시키고자 했던 개화사상의 근대주의 역사의식 때문이었던 것으로, 그 의식에서는 일본·서양은 근대문명의 실현체로서 선망의 표적이었고, 청국은 비문명·비서양으로서 오히려 경멸의 대상이었기 때문이었다.[18]

민족으로서의 또는 국가로서의 주체성이 결여된 문명화도 하나의 문명화로 긍정할 수밖에 없었던 개화사상의 이러한 주체성의 한계는 구한말 단재 신채호 (1880~1936)에 의해서 극복되어 나갔다. 신채호에게는 자기 문화에 대한 신뢰와 긍지가 깔려 있었다. 또한 그에 못지않게 바람직하지 못한 전통문화에 대한 강렬한 비판의식도 갖고 있었다. 비록 좀 뒤의 시기의 글이지만, '주체성'의 강조를 잘 보여주고 있는 것은 다음의 글이다.

우리 조선은 매양 이해 밖에서 진리를 찾으려 하므로 석가가 들어오면 조선의 석가가 되지 않고 석가의 조선이 되며, 공자가 들어오면 조선의 공자가 되지 않고 공자의 조선이 되며, 무슨 주의가 들어와도 조선의 주의가 되지 않고 주의의 조선이 되려 한다. 그리하여 도덕과 주의를 위하는 조선은 있고 조선을 위하는 도덕과 주의는 없다.

아, 이것이 조선의 특색이냐? 특색이라면 노예의 특색이다. 나는 조선의 도덕과 조선의 주의를 위하여 통곡하려 한다.[19]

이처럼 신채호는 주체성 없이 외국의 것을 맹목적으로 숭배하는 비민족적이고 비자주적인 입장을 통렬히 비판하였던 것이다.[20]

---

18) 정창열, 「한말의 역사인식」『한국사학사의 연구』, 1985, 214-226쪽.

19) 신채호, 「浪客의 신년만필」『동아일보』1925년 1월 2일;『단재 신채호전집』하, 단재 신채호 선생 기념사업회, 1975 재수록.

20) 여기서 언급되고 있는 불교와 유교의 예는 아마도 필자가 앞에서 언급한 바 보수화하고 형식화된 시기의 것을 대상으로 비판하고 있는 것이라고 이해된다.

그러나 이러한 단재 등의 시각이 확산되기도 전에 우리 민족은 나라를 빼앗기고 말았다. 이처럼 그나마 일부에서 있었던 민족문화에 대한 새로운 재해석이 무르익기도 전에, 새로운 서구문명에 대한 무조건적인 수용과 그에 따른 전통의 몰시 그리고 그에 대한 반발로서 단순한 복고적인 문화전통의 강조만이 양립되어 있던 상황에서 우리는 일제의 식민지가 되었다.

일제의 식민지정책은 사상 유례 없는 혹독한 것이었으며, 특히 식민지 국가의 전통문화 파괴는 엄청난 것이었다. 이 시기 무형문화재의 단절·왜곡은 말할 것도 없고, 수많은 유형문화재의 반출·파괴·왜곡으로 인하여 오늘날 그 복원조차 힘들게 되었다. 그런데 그보다 더 큰 문제점은 이러한 눈에 보이는 파괴보다는 일제가 식민지 지배의 필연성을 합리화하고 식민통치의 효율성을 높이기 위해 우리의 역사와 문화를 왜곡한 식민주의사관이었다.

일선동조론, 타율성론, 정체성론, 민족성론으로 대표되는 일제의 식민주의사관은 한국사의 열등한 특수성을 강조하는 왜곡된 한국사회상을 창출하여 식민통치의 타당성을 역사적으로 실증함과 동시에 한국인에게 패배주의를 조장하여 굴종을 강요하는 이론이었다. 그것이 식민지 문화정책으로 나타날 때는 식민지문화를 무조건 미개·저열한 것으로 멸시하고, 이른바 저들의 식민지적 근대화를 위해서는 식민지의 전통문화는 말살해야 하는 것으로 정책화하였다. 특히 그 중 기층문화는 어느 민족이건 그 전통적 체질을 가장 끈끈하게 담고 있으므로 서구 식민주의보다 더욱 악랄한 일제 식민주의는 근대화를 위한다는 명목으로 한국의 기층문화 말살에 열을 올렸던 것이다.21)

이러한 일제의 식민지 문화정책에 대하여 최남선 등은 조선문화의 독자적인 기원과 발전을 제시함으로써 대항하고자 하였고, 안확 등은 조선의 문명에 대한 주체적인 연구작업을 진행하기도 하였다. 특히 단재 신채호는 국외에 있

---

21) 이만열, 「민속학과 역사학」『한국민속학의 과제와 방법』, 정음사, 1986, 64쪽.

으면서도 우리의 민족문화에 대한 일제의 왜곡과 그 전 시기 조선의 유교에 침윤되어 그 주체적 모습이 많이 사라진 한국문화의 토대를 마련하기 위하여 노력하였다. 그것은 우리 문화에 대한 폭넓은 인식과 주체적 문화기반의 구축을 통하여 일제하의 자주독립운동을 가능하게 할 수 있다고 믿었기 때문이었다. 따라서 많은 뜻있는 분들이 국내외에서 독립운동을 벌이고 있을 때, 단재가 북경대학 도서관에서 『사고전서(四庫全書)』를 찾고 불사(佛寺)에서 원고를 뒤적이고 있었던 것도 이러한 이유에서였을 것이다.[22]

한편 1930년대에는 국내에서 대대적인 조선학운동(朝鮮學運動)이 전개되었다. 조선학운동은 좌우합작에 기초하여 성립한 신간회(新幹會)가 1931년 해소된 뒤 비타협적 민족주의진영은 운동의 방향을 문화운동으로 전환하고 있었는데, 조선학운동은 그 문화운동의 일환으로 주창된 것이었다. 정인보, 안재홍에 의해 주도된 이 운동은 일제의 민족말살 정책에 대한 문화적 대응이기도 하였지만, 다른 한편 이 시기 민중세력에 뿌리를 내리고 있었던 사회주의 운동과 맑스주의 역사학에 대응한 자구책이기도 하였다.[23]

이처럼 일제시기는 정책적인 측면에서 우리 문화에 대한 파괴 및 왜곡이 광범위하게 진행되던 시기였고, 그에 대한 저항이 국내외 민족주의자들을 통하여 대응되고 있었다. 그 과정에서 민족주의자들은 한민족의 문화적 자존의식을 환기시켜 주기도 하였지만 대부분 문화전통의 근대적인 재해석 수준까지는 가지 못하였고, 오히려 국수주의의 편협성으로 흐르기도 하였다. 특히 대대적으로 전개된 조선학운동은 우리의 민족문화에 대한 연구의 축적량으로 인하여 우리나라 민속학의 정립기로 이해되기도 하고[24] 일제의 기층문화 말살에 대한 저

---

22) 이만열, 『단재 신채호의 역사학 연구』, 문학과 지성사, 1990, 297-299쪽.

23) 한국역사연구회편, 「한국사인식의 방법과 과제」『한국사강의』, 1989, 27-28쪽.

24) 인권한, 『한국민속학사』, 1978, 65-74쪽.

항이란 의미에서 그 의의가 인정되기도 하나, 다분히 당시 현실에서 문화측면으로 도피한 것이며 이러한 문화연구로의 매몰은 반동적이거나 타협적인 자세로 인식될 여지가 있었다.

더구나 일제가 조선에 대한 식민지 지배를 합리화하고 식민지 민중의식을 교묘히 조종하기 위하여 '문화·문화통치'라는 말을 자주 사용하였으므로, 1930년대 식민지 현실에서 전개된 조선학운동은 이후 문화사 연구의 중요성이나 민족문화의 문제를 논하는 것 자체가 비과학적이요 반동적인 것으로 매도될 수 있는 심각한 후유증을 낳았다고 하겠다.[25]

결국 조선말기와 일제시기는 우리의 민족문화가 심하게 도전받고 폄하·훼손·왜곡되는 시기였다. 그리고 그에 대한 대응도 있었으나 봉건성을 탈피하면서 근대적인 전통으로 이어 나가기에는 많은 한계가 있었다. 그런 상황에서 조선 말기부터 접촉했던 서구문화, 그리고 일본을 통해 다시 한 번 굴절되고 강화된 서구문화의 주체적 수용은 기대하기 어려운 것이었다. 단지 민족문화는 그 반발로서 존속되는 수준에 머물렀고, 이는 이후 민족문화의 버려야 할 측면과 계승해야 할 측면이 착종되는 원인이 되었으며 그에 따라 민족문화의 바람직한 계승의 방향이나 방법은 더욱 어려운 과제가 되었다.

V. 해방 이후 근대화와 민족문화

1945년 해방이 되었다. 해방정국기는 새로운 조국에 기여할 수 있는 새로운 역사학을 모색하는 과정으로, 그것은 당연히 일제 식민지의 잔재를 청산하

---

25) 조광, 「한국 문화사 서술의 반성과 방향」『제37회 전국역사학대회 발표요지문』, 1994, 34-36쪽.

는 것에서 시작될 수 있었다. 민족문화의 문제와 관련해서도 일제에 의해 왜곡된 민속과 전통을 되찾자는 움직임이 여러 부분에서 전개되었으며, 특히 일제시기부터 민속학연구에 관심이 많았던 안재홍, 손진태, 이인영 등의 신민족주의 사학자들에 의해 활발히 연구되었다.

그러나 미군정시기 진보적·민족적 민주주의 진영의 탄압, 남·북 각기 단독정부의 수립, 그리고 한국전쟁은 더 이상의 진전된 민족문화론을 전개할 수 없도록 하였다. 이 시기를 거치면서 해방정국기의 국가·민족의 문제를 나름대로 세계사의 변화과정을 고려하면서도 우리 입장에 근거하여 풀어 보고자 한 일단의 진보적 지식인들은 대부분 제거되었다. 더구나 분단으로 인하여 맑스주의 사학은 물론 민족주의 사학도 그 학자의 대부분이 월북하거나 납북됨으로써, 남한에는 식민주의 역사학의 아류인 문헌고증 사학의 전통만이 남아 학계와 강단을 장악하고 주류를 이루었다. 그 결과 해방 후 활발히 전개되었던 민족문화에 대한 논의도 미국을 통해 들어오는 거센 서구문화에 압도되어 거의 자취를 감추고 말았으며, 결국 남한에서는 일제 식민사관의 청산과 바람직한 민족문화의 수립이라는 지난한 과제는 그대로 유산으로 남겨지게 되었다. 1952년에 창립된 역사학회가 1958년 하버드 대학 옌칭연구소에서 지원받은 공동연구의 주제가 <한국의 역사와 문화에 끼친 중국의 영향>이라는 사실에서 이 시기 역사의식, 그리고 민족문화에 대한 인식 수준을 말해주고 있다.[26]

1960년에 4·19혁명을 계기로 비로소 본격적인 식민사관에 대한 비판과 민족사관의 수립이 제창될 수 있었다. 그러나 곧 이은 1961년 5·16군사쿠데타로 들어선 박정희 정권은 미국의 지원 아래 근대화 경제개발정책을 제일의 과제로

---

26) 이 점은 북한의 경우에도 비슷하였다. 1956년 간행된 『조선통사』(상)에서는 문화의 형성과 발전과정에서 외래문화의 영향을 중시하고 있다. 안병우, 「민족문화유산 평가의 기준과 내용」『북한의 한국사인식』(1), 한길사, 1990, 407-409쪽.

삼아 대내적으로는 반공 이데올로기에 입각하여 독재체제를 강화해 나가고, 대외적으로는 일본과의 국교 정상화, 월남파병 등을 추진하였다. 그리고 70년대에 들어서는 정권연장을 위한 '유신체제'를 본격적으로 수립하여 광범하게 확산되는 반독재 민주화운동을 탄압하는 한편 그 체제적 지배이데올로기로서 반공과 국수주의적 민족주체사관으로 무장된 '한국적 민주주의'를 주창하였다. 이 시기 이러한 남한의 역사 전개과정에서 민족문화와 관련된 몇 가지 연구경향을 언급해 보면 다음과 같다.

먼저 문화사관을 들 수 있다. 이는 독일의 관념론 철학, 구미의 문화사이론, 문화인류학 등을 이론적 기반으로 하여 역사전체를 종합사로서의 문화사로 파악하는 입장이다. 그 가장 대표적이라 할 수 있는 김철준의 경우[27] 문화의 계승발전을 기준으로 한 것으로, 이때의 문화란 인간이 사회에서 획득한 생활능력 전부를 말하는 것이었다. 그는 어느 민족의 경우에도 문화는 시간적·공간적으로 전달되고 계승되어 그것이 민족문화를 형성하게 된다고 보았다. 그리고 그 민족문화 내부에는 귀족문화와 평민문화간의 대립. 지방문화와 도시문화간의 대립 등이 있는데, 한 민족의 문화전통이란 이러한 각 시대의 모순과 대립을 극복하는 능력을 가질 때 비로소 성립한다고 보았다. 또 그는 모든 민족문화는 자기 전통문화의 기준에 서서 자기 방향을 상실하지 않는 범위 안에서 새로운 외래문화 요소를 복합하여 문화의 폭을 넓히는 과정을 통해 자기발전을 꾀해 나가야 한다고 보았다. 이처럼 김철준은 문화의 계승발전을 기준으로 하여 고대문화의 성립의 문제에서부터 중세 영·정조시대 실학의 대두까지를 살펴봄으로써 새로운 민족사관을 수립하고자 하였다.

이러한 문화사관적 입장은 우리의 전통문화와 역사에 대한 총체적인 인식

---

27) 자신의 사론을 모아 편찬한 『한국문화사론』(지식산업사, 1976)과 『한국문화전통론』(세종대왕기념사업회, 1983)을 참고하였다.

체계를 제시하고자 한 점에서 일정한 의의가 있었다. 그러나 실제 여기에서 말하는 문화의 개념은 아직 소수 지배계급의 범주에 속하는 것이 일반적이며, 또한 전체적으로 몰계급성을 가지고 있었다. 따라서 이 입장은 문화와 토대와의 관련을 소홀히 하는 등 문화의 제반요소 상호간에 드러나는 관련성을 제대로 추적하지 못한 한계를 가지고 있었다.

다음으로는 근대주의 사관을 들 수 있다. 이는 독일 역사학파의 사회경제사학 전통과 사회진화론 및 미국의 근대화론 등을 이론적 기반으로 하여 근대화=서구화=자본주의화를 최고 가치로 설정하고, 주로 사회경제사 분야에서 우리 역사에 나타난 근대적 요소를 부각시키고자 한 입장이었다. 내재적 발전론으로 대표되는 이 입장은 조선후기 자본주의 맹아론 등 우리 역사에 나타난 근대적 요소를 부각시키고자 한 것으로, 우리 역사의 주체적 발전을 발견해 내고자 한 점에서 정체적인 한국사 인식을 불식시키는 데에 일정한 역할을 하였지만, 본질적으로 근대화를 미화함으로써 박정희 정권의 '조국근대화'와 고도성장을 뒷받침해 주는 이론으로 빠져드는 한계를 갖고 있었다.[28]

주지하듯이 박정희 정권 시절은 근대화 경제개발 정책과 국사 및 민족문화가 크게 강조된 시기로 각인되어 있다. 사실 이 두 과제는 일견 크게 어긋나는 것이다. 전자는 근대화론에 입각한 것으로 그것은 조선말기 개화론자들의 근대지상주의, 일제하의 근대화론의 연장선상에 있는 국제화 흐름이며, 이후 오늘날에 이르기까지 지속적으로 추구되고 있는 우리 사회의 지배적인 이데올로기라고 할 수 있을 것이다. 그리고 그 최고의 정점이 현금의 '국제화'일 것이다. 반면에 후자는 '우리 것'의 문제로서 기본적으로 민족주의의 문제라 할 수 있겠

---

28) 이상에 대해서는 다음을 참고하였다. 한국역사연구회편, 앞의 『한국사강의』, 38-43쪽; 박찬승, 「분단시대 남한의 한국사학」 『한국의 역사가와 역사학』 (하), 창작과 비평사, 1994, 338-349쪽.

다.

　서로 배치되는 이 두 성향의 과제는 사실 후진국에게는 당연히 검토되어야 할 측면이었다. 민족주의 없는 근대화, 근대화 없는 민족주의는 모두 역사의 흐름에서 낙오할 위험이 크기 때문이다. 그러나 박정희 정권 시기는 이 두 과제의 조화되지 않는 양극단만을 취함으로써 문제의 본질에서 벗어나 버렸다. 이는 기본적으로 근대화론으로의 지나친 경도와 민족주의와 정권연장을 위한 도구로 활용한 때문이었다. 따라서 이 시기는 서구화·서구문화의 범람과 함께 국수주의적·복고주의적 '민족주체사관'이 기승을 부리는 모순이 공존해 있었다. 민족문화를 강조한 결과 비록 외형적으로는 민족문화의 우수성이 강조되고 많은 문화유적이 복원되었지만, 이것은 이후 오히려 많은 휴유증을 낳기도 하였다.

　앞에서 언급했듯이 진정한 문화는 그 구성원들의 인간화·인간해방에 기여하는 것이다. 그러나 단순히 찬란한 민족문화의 우수성과 국난극복의 한국사만을 강조하던 분위기 속에서, 이 시기는 미화주의가 기승을 부렸다. 그리고 그것이 독재정권 연장의 수단으로 결합된 상태에서 이 시기 민족문화의 강조는 오히려 민족구성원의 인간화를 저해하고 왜곡하는 기능을 하기도 하였다. 특히 이 시기 성장정책으로 인한 농촌의 파괴 그리고 새마을운동이라는 이름으로 시행된 농촌문화의 획일화와 통제화, 미신타파라는 명목으로 자행된 당산제(堂山祭)의 금지 등 전통적인 훌륭한 농촌공동체 의식의 파괴는 그 대표적인 것이었으며, 이는 일제의 문화파괴 못지않은 부정적인 측면을 나타냈다. 그런 가운데 문화사관은 이 시기 잘못된 민족문화의 강조를 시정할 말한 시각과 실천 의지를 갖고 있지 못하였으며, 근대주의사관 역시 경제개발이라는 극단적인 한 쪽 측면의 입지를 강화시켜 주는 데에 그쳤을 뿐이었다.

　이처럼 구성원의 공감과 인간화가 동반되지 않는 관제(官製) 민족문화 찬양론 하에서는 식민지사회를 거치면서 왜곡되고 또다시 무분별한 외래문화의 수

입·모방에 위축되었던 민족문화의 자기 복구 및 재창조는 기대할 수 없는 것이었다. 오히려 이는 일제하 문헌고증사학자들의 국학 연구, 1930년대 조선학운동 때처럼, 당시의 민주화 투쟁에서 민족문화라는 것을 운운하는 것이 도피적이고 반동적이며 부정적이라는 인식을 강하게 심어줌으로써 거꾸로 민족문화에 끼친 폐해가 심대하였다고 할 수 있을 것이다.

그 외에도 이 시기 성장 제일주의의 정책은 여러 면에서 우리의 문화풍토의 부정적인 영향을 가져 왔다. 양적 우선주의·달성 우선주의의 팽배는 '무조건 빨리'라는 가치관을 심어주었고, 군데군데 도사린 비리와 관련하여 '대충대충'의 풍조까지 가져왔다. 여기에는 군사문화도 일조를 하였다. 이러한 것들은 차분히 전통문화의 장점을 계승하여 그것을 오늘에 되살리는 작업을 오히려 봉쇄하였을 뿐만 아니라, 이러한 풍조와 관련된 문제가 반복될 때마다 사람들로 하여금 그것이 마치 우리의 본래부터의 문화풍토요 국민성으로 인식하게끔 함으로써 어떤 측면에서는 식민사관의 왜곡된 민족성론을 합리화해 주는 측면도 있었다.

한편 이 시기에 대안 없이 가속화하는 농촌의 파괴는 이후 전부분에 걸쳐 중앙문화와 지방문화의 심한 불균형을 가져왔다. 거기에 지방색이 가미됨으로써 민족 구성원의 파편화현상을 가속화시켰다. 오늘날까지도 계속되는 지방문화의 왜소함은 기존의 민족문화의 발굴, 의미부여, 재해석의 여지를 축소시키는 결과를 가져옴으로써 지금까지도 바람직한 민족문화의 창출을 가로막는 커다란 원인의 하나가 되고 있다.

민족문화의 올바른 보존과 그 계승의 방법이 제대로 자리잡지 못한 것은 박정희 정권에 이은 5공, 6공의 경우도 이와 크게 다르지 않았다. 그 때는 오히려 박정희 정권 때와 같은 조화되지 않는 두 마리 토끼가 아니라 경제성장이라는 한 마리의 토끼만을 붙잡았을 뿐이었으므로 문제가 오히려 덜했는지도 모른다. 그러나 6공 출범시 '국풍80' 여의도 민속잔치에서 보듯이 단순히 박제화하고

의식 없는 민족문화의 강조는 오히려 민족문화라는 주제에 대하여 부정적 인식을 갖는 결과를 가져오기도 하였다.

한편 70년대 후반부터 80년대에 활발히 전개되었던 민족민중운동권에서는 변혁운동의 차원에서 농악·탈춤·굿·장승 등 민중적 전통에 해당되는 것들을 부활시켰다. 이는 국가나 일부 민속학자들이 보여주는 박제화한 전통부활에 대항하는 측면도 있었으나, 그러한 움직임을 '근대성과 전통문화'라는 본질적인 측면으로까지 천착해 들어가지는 않았다. 이는 이전 일제시기부터 보여주었던 민족문화에 대한 탐구가 갖는 부정적인 시각도 큰 원인이었을 것이다.[29]

VI. 민족문화의 발전방향

1990년대를 전후한 동구권과 소련의 몰락은 자본주의와 사회주의를 양대축으로 하는 국제질서를 붕괴시켰다. 그리고 그로부터 몇 년이 지난 오늘 날 서구를 중심으로 하는 자본주의가 지구 전체에 관철되는 과정이라 할 수 있는 '국제화'의 흐름이 거세게 닥쳐오고 있다. 지금의 국제화 흐름은 일단 자본주의의 새로운 변화라기보다는 자본주의 자체의 철저한 지역적·양적 확대과정이며 자본주의 본래 방향의 철저한 관철과정이라는 데에 문제의 심각성이 있다고 하겠다.

---

29) 해방 이후 북한에서의 민족문화에 대한 검토는 생략하였다. 북한은 혁명전통을 계승하기 위하여 전통을 강조하였으므로, 상대적으로 남한보다는 일찍부터 민족문화와 전통에 대한 평가와 계승이 중요한 문제로 부각되었다. 그리고 북한 역사학 일반이 그러하듯이 민족문화에 대한 평가기준도 처음에는 유물사관에 입각해 있었고, 주체사상이 확립된 이후에는 그에 따르고 있다. 그런데 최근에 단군릉 조성에서 보여주듯이 민족문화의 미화(美化)와 조작으로 흐를 위험성이 항상 내포되어 있는 한계를 갖고 있다고 하겠다. 북한의 민족문화에 대한 개괄적인 이해는 다음을 참고할 수 있다. 안병우, 앞의 글; 주강현, 『북한민속학사』, 이론과 실천, 1991.

이에 대한 우리의 대응은 가능한 모든 수단과 방법을 동원하여 역시 그 흐름에 철저히 동참함으로써 낙오되지 않고 국제사회에서 일정한 위치를 차지하고자 하는 것으로 보인다. 그 집약된 구호가 '국가경쟁력'으로 표현되고 있다. 우리의 이런 입장은 기본적으로 조선 말기부터 시작하여 지금까지 이어지는 근대화론의 연장이며, 그 정점의 상태이다.

그런데 지금의 상황은 우리가 1876년 국제사회에 공식적으로 모습을 드러내던 시점의 개국과는 다르다. 한때 언론에서는 최근의 국제화의 흐름을 '제2의 개항' '제2의 개국'으로 표현하며 요란을 떨었지만, 지금의 시점은 쇄국상태에서 맞는 것이 아니며 또한 외형상으로는 중진국의 위치에서 맞고 있는 것이다. 우리가 이 정도의 수준이나마 유지할 수 있었던 것은 그 동안 끈질기게 추구해 온 근대화론의 성과일 것이다.[30]

그러나 현재까지 도달한 우리의 성과는 그저 서구 것을 충실히 따라해 온 '모방'의 성취에 불과한 것임을 잊어서는 안 된다. 선진국을 흉내 내고 저임금으로 잘 살아보자고 열심히 노력한 일종의 하청기업의 수준에서 달성된 것이다. 따라서 우리가 지금 느끼고 있는 국제화시대에 직면한 총체적 위기는 결국 '모방' 수준의 한계에서 오는 것임에 다름아니다.

실로 우리의 현실은 지금 도처에 '모방' 문화가 만개되어 있다. 우리는 창조의 위대함을 망각한 지가 오래되었고, 도대체 창조의 기운이 없다. 경제·사회는 말할 것도 없고, 창조의 원천이어야 할 교육도 오히려 모방의 원산지이며 세련

---

30) 물론 이러한 근대화론의 성과의 배경에는 우리 민족의 끈질긴 저력과 잠재력의 뒷받침이 있었기에 가능했다. 그 끈질긴 저력과 잠재력을 명확히 개념화하기는 어려우나, 사실상 근대화론과는 성격을 달리하는 민족주의나 민족문화의 기반 위에서 생성된 것이라 할 수 있겠다. 결국 우리의 경우 오늘날까지 이룩된 근대화론의 이나마의 성과는 비록 올바른 제 목소리는 내지 못했을지라도, 그리고 그토록 근대화론에 의해 구박을 받았을지라도, 민족주의와 민족문화의 희생과 협조하에서 가능했다고 보아야 할 것이다.

된 모방자를 배출하는 인력공급처가 되고 있을 뿐이다. 당연히 문화·정신적인 측면도 모방이 판을 치고 있으며, 그러한 현실을 진정으로 부끄러워할 줄도 모른다. 모방은 자기 것에 대한 진지한 사색 없이도 가능하다. 그리고 그 대상이 훌륭하다면 모방은 쉽게 일정한 수준을 유지할 수 있다. 반면에 창조는 자기 것에 대한 깊은 성찰이 있어야 비로소 가능하므로 힘이 든다. 그리고 많은 시행착오를 필요로 한다. 그러나 모방은 끝까지 모방으로 끝날 뿐이지만, 창조에는 무한한 발전의 파노라마가 있다. 국가경쟁력의 차이는 궁극적으로 창조력의 차이이다. 선진국은 창조하는 사회이고, 후진국은 모방하는 사회이다.

오늘의 과제의 해결은 창조의 위대함에 대한 각성에서 시작해야 한다. 모방의 안락한 강을 건너 창조의 광활한 바다에 뛰어들 용기를 갖는 것에서부터 시작해야 한다. 창조는 기존 것에 대한 철저한 비판과 새로운 재해석에서 나온다. 새롭기 위해서는 먼저 의식의 새로움이 전제된다. 세상에 대한, 사회에 대한, 인간에 대한, 자기 것에 대한 진지한 성찰 속에 변화되어야 할 새로운 의식이 생겨났을 때에야 비로소 새로운 시도가 가능하다.

근대화론은 기본적으로 모방의 철학이다. 그렇다고 그것이 전혀 의미가 없다는 것은 아니다. 항상 현실은 상대가 있는 것이므로, 我(우리)의 성격은 非我(서구)의 성격과 전혀 다르기만 할 수 없다. 특히 非我는 근대 이후 지금까지 세계사의 전개과정에서 주도적인 위치를 차지해 왔으므로, 그를 모방하는 근대화론은 필요한 것이며 일정한 역할을 하였다. 그러나 모방은 모방일 뿐이다. 모방만으로는 非我를 극복할 수 없다. 설혹 우리가 현재 추구하고자 하는 '국가경쟁력'의 목표가 기적적으로 성공하여 모방(근대화론)으로 非我(서구 자본주의)의 수준까지 갔다고 하더라도, 그것이 우리의 민족 구성원 전체에게 실질적인 이익, 즉 '인간화·인간해방'을 가져다줄지는 의문이다. 非我(서구 자본주의)의 도전과 非我의 모방(근대화론)은 기본적으로 '인간소외'를 동반하는 것이며,

인간화의 장인 '공동체성'과는 거리가 멀기 때문이다. 오늘의 국제화의 도전과 그것으로의 철저한 편입은 이러한 인간 소외와 공동체성의 파괴를 더욱 철저히 진행시킬 것이다.

국제화의 도전에 대한 진정한 극복, 그러면서도 부작용을 최소한으로 줄이고 그 과실이 구성원 전체로 귀결되는 방향은 근대화론을 열려 있는 민족주의와 민족문화로 견인하는 것이어야 한다. 민족주의와 민족문화는 당연히 상호 밀접하게 연결되어 있다. 폐쇄된 민족주의하에서는 왜소한 민족문화가 존재한다. 바람직한 민족문화의 발흥은 개방적이고 전진적인 민족주의하에서 가능할 수 있다.

최근 핵문제를 소재로 한 소설 『무궁화꽃이 피었습니다』 31)로 상징화할 수 있는 대중들의 광범위한 민족주의적 정서는32) 우리에게 중요한 측면을 제시해 주고 있다. 그것은 우리 사회에서 오랜 동안 지속적인 지배 이데올로기로서 작용해 왔던 근대화론의 물결 속에서도 민족주의적 정서는 잠재되어 존재하고 있었다는 것이다.33) 물론 『무궁화꽃이 피었습니다』식의 민족주의가 옳다는 것

---

31) 김진명, 『무궁화꽃이 피었습니다』, 해냄출판사, 1993.

32) 『무궁화꽃이 피었습니다』의 폭발적 관심 직전에 『소설 동의보감』, 『소설 토정비결』, 『소설 목민심서』, 등 우리 역사를 소재로 한 소설들이 역시 큰 반응을 얻었다는 점을 감안하면, 근래에 들어 와서 대중들의 잠재된 민족주의 의식은 상당한 기반을 갖고 있다고 보인다. 물론 『소설 토정비결』은 기본적으로 현대인의 마음 한구석에 내재하는 운명에 대한 관심을, 그리고 『소설 목민심서』는 문민정부 출범 초기 개혁 분위기와 관련이 깊은 점도 사실이다. 그러한 점을 인정한다 해도 전체적으로 민족주의 의식의 잠재 기반으로 파악하는 것은 가능하다고 생각된다.

33) 근대화론의 입장에 선 자들은 남한 사회의 주도적인 이데올로기가 오히려 민족주의라고 생각하는 경향이 많다. 그러나 이는 보다 철저한 근대화의 모방이 진행되지 않는 데서 느끼는 감정적 판단이라고 본다. 그들은 흔히 화교(華僑)의 한국 정착 실패, 국제결혼에 대한 부정적 반응, 일부 잔존하는 전통적 생활방식 및 의식구조를 예로 들며, 지금의 한국사회가 아직도 강력한 민족주의의 풍토하에 있음을 불평하고 있다. 그러나 조선 말기 이후 지금까지 집권층

은 아니다. 그러나 민족주의적 정서가 폭넓게 잠재되어 있다는 것은 중요한 것이다.34) 특히 그것이 최근 들어 국제화의 거센 도전이 일고 있는 상황에서 보다 증폭되고 있다는 것은 오히려 긍정적인 것이 아닐까 한다. 문제는 이렇게 잠재되어 있는 민족주의적 정서를 개방적이고 전진적인 방향으로 견인함으로써, 근대화론 일방의 한계를 극복하여 실질적인 민족의 이익을 도모하면서 범세계화문제에까지 대처할 수 있는 능력을 갖는 것일 것이다.35)

한편 민족문화에 관해서도 최근에 『나의 문화유산 답사기』로 대표되는 우리의 전통문화 유산에 대한 대중적인 교양서의 다양한 출간과36) 그에 대한 폭발적인 관심은 결코 우연이 아니다. 『나의 문화유산 답사기』가 절묘한 언어로 일반대중을 전통문화의 세계로 몰고 간 것도 사실이고, 삶의 향상으로 문화에 대한 관심이 높아지고 특히 자가용의 보급으로 답사여행을 선택하게 되었다는 분석도 일리가 없는 것은 아니다.

에 의해 주도된 지배 이데올로기는 지속적으로 근대화론이었으며, 그에 따라 점차 민족주의는 쇠퇴되어 갔다고 보는 것이 옳을 것이다. 그럼에도 우리 사회에 민족주의가 강하게 있는 듯이 느끼는 것은 5장에서 살폈듯이 박정희 정권시에 전개된 허구화된 관제 민족주의·민족문화의 실속 없는 강조와 그 잔존의 영향 때문으로 보이며, 아울러 투철한 근대화론의 기반 위에 있었던 군사독재정권에 투쟁해 오면서 형성해 온 대항 이데올로기로서의 민족주의를 과도하게 의식했기 때문으로 보인다.

34) 많은 대중에게 민족주의적 정서가 잠재되어 있다는 표현을 그들에게 전부 '민족주의적 성향'의 존재라는 것으로 오해해서는 안 되겠다. 그들은 꼬여 있다. 아마도 대부분은 '근대화론의 성향'일 것이다. 즉 근대화론의 대세 속에 그래도 민족주의적 정서가 잠재되어 있다는 것이다.

35) 김동춘, 「'국제화'와 한국의 민족주의」, 1994년 9월 역사문제연구소 대토론회. 그는 여기에서 우리가 취할 방향은 개방적으로 전진적인 민족주의 노선이며, 이는 '국제적인 표준'(내부의 개혁과 민주화)에 맞추면서 실질적으로는 민족의 이익을 도모하고 범세계화문제에 대처할 수 있는 능력을 갖는 것이라고 하였다.

36) 그 대표적인 것을 들어 보면 다음과 같다. 유홍준, 『나의 문화유산 답사기』 1·2, 창작과비평사, 1993-1994; 최완수, 『명찰순례』 1·2·3, 대원사, 1994; 신영훈, 『절로 가는 마음』, 책만드는집, 1994; 최순우, 『무량수전 배흘림기둥에 기대서서』, 학고재, 1994.

그러나 그러한 조건이 우리 문화유산에 대한 관심으로 연결될 수 있었던 밑바탕에는 앞의『무궁화꽃이 피었습니다』에서 분석해 본 것과 같이 우리에게, 특히 최근에 와서 민족주의의 정서가 폭넓게 잠재되어 있었기 때문이라고 보아야 할 것이다. 역시 이러한 반응을 두고 혹자는 국제화시대의 퇴행이라고 못마땅해 할 것이다. 그러나 일단 이처럼 대중들의 문화유산에 대한 폭발적 관심은 박정희 정권 시절의 관제 민족문화의 열기도 해내지 못했던 것으로, 실로 근대 이후 처음이 아닐까 한다. 그런 점에서 최근의 민족문화에 대한 열기를 애정을 갖고 바라보면서 그 바람직한 방향을 모색해야 할 것이다.

앞에서 언급했듯이 문화는 삶의 여건에 따라 변화하며, 항상 교류한다. 따라서 오늘의 국제화의 흐름과 그에 따라 유입될 외래문화의 여러 요소는 피할 수 없는 것이며, 피한다고 피할 수 있는 것도 아니다. 지난 시기 우리의 민족문화는 외래문화의 보편성을 받아들여 그것을 우리 삶을 풍부하게 하는 '우리 것'으로 만드는 노력을 잘 기울여 왔다. 그것이 오랜 세월을 요하기도 하였지만, 우리 민족은 외래의 것을 자기 것으로 만드는 데 철저한 민족이었다. 그러나 근대 이후 근대화론에 압도된 뒤로 그 전통을 다시 되살리지 못하고 있다. 그것은 17세기 중엽 조선화한 유교화 이후 더 이상의 자기 반성이 축적되지 못하였기 때문이다. 실학에 와서 자기 비판적 기운이 일기도 하였으나, 그것이 형식화한 유교사회를 부수는 데까지는 전혀 가지 못하였으므로 역사적 분기점을 마련하지 못하였다.

최근에 와서 근대화론의 입장에서 더 나아가 탈근대가 언급되고 있다. 그러나 세계를 제패한 적이 있는 서구가 이제 '해체'를 하겠다는 것과 한번도 '중심'을 잡아 본적이 없는 우리가 '해체'를 하겠다고 할 때의 의미는 다른 것이다.[37] 늦었지만,[38] 우리는 예전에 하지 못하고 지금까지 방치된 '전통성'에 대한 철

---

37) 조혜정,『탈식민지 시대 지식인의 글 읽기와 삶 읽기』(2), 또 하나의 문화, 1994, 125쪽.

저한 자기 반성과39) '근대성'에 대한 투철한 탐색에서부터40) 민족문화의 문제를 시작해야 한다. 그리고 그러한 작업에서 진정한 민족문화는 '인간화·인간해방'에 기여하는 것이라는 화두를 항상 잊어서는 안 된다. 오늘의 세계는 기존의 명확한 계급구분으로 설명하기 어려운 부분도 있고, 대중매체의 확산에 따라 인간성 자체가 크게 변하고 있는 것도 사실이다. 그러나 오늘 우리의 시점에서 '인간화·인간해방'의 내용은 아직도 계급간의 갈등 해소와 민족의 화해와 재일치에 대한 전망을 담아내는 것으로 요약될 수 있겠다. 즉 민족 구성원의 '공동체성'의 확보인 것이다.

이런 점에 기여할 수 있다면 어떠한 외래요소라 하더라도 민족문화를 살찌

---

38) 어떻게 생각하면 아주 늦은 것만도 아니다. 서구문화와의 만남을 19세기 말로 잡을 경우 현재 100년 정도가 지난 상태이다. 더구나 일제의 식민지기간, 남북의 갈등과 한국전쟁의 폐해 그리고 군사독재정치의 왜곡이라는 우리 사회의 험난했던 삶의 굴곡을 감안하면 이 정도의 기간은 어쩔 수 없는 것이기도 하겠다.

39) 자기 반성이란 꼭 부정적인 측면의 천착만을 의미하지는 않는다. 긍정적인 요소가 가능했던 이유와 그 예를 적확하게 찾는 일도 포함된다. 이는 우수한 우리의 문화유산의 가짓수를 늘리자는 목적이 우선하는 것이 아니다. 그러한 작업의 축적을 통해 우리 문화유산의 우수함을 객관적으로 제시할 수 있고, 아울러 바람직한 계승의 방법과 외래문화의 '우리화'과정도 가능할 수 있다는 점에서이다. 그리고 역시 이를 위해서는 당분간 우리 문화유산에 대한 발굴·복원·관심·애정이 뒤따라야 할 것이다. 거기에 매몰되어서는 안 되지만, 옛 것과 새 것 사이에 단절이 있는 듯이 알려진 것도 실상은 옛 것의 내용이 잘 밝혀지지 않았던 데에 원인이 있는 것이 많기 때문이다. 또한 옛 것을 오늘에 되살리는 것이 전혀 필요 없다고 생각되는 것도 그것이 단절되어서 그렇지, 본래는 현대화의 가능성이 충분히 있는 것도 많다고 보기 때문이다. 한복을 예로 들 수 있겠다. 지금 그대로 입기에는 그 불편함 그리고 디자인과 색상의 부분적인 거부감은, 한복 자체의 한계라기보다는 그것이 일찍 단절됨으로써 재해석의 기회를 상실했기 때문이 아닌가 한다. 그런 점에서 현재의 우리 눈으로는 아직 못마땅하지만, 우리 것에 대한 관심과 애정도 보다 더 필요한 시점이라고 본다.

40) 이 문제에 대해 많은 논의가 있었지만 아직도 미흡한 실정이다. 최근의 시도로는 "한국 근대 사외의 형성과 근대성 문제," 『창작과 비평』 1993년 겨울호 특집을 참고할 수 있다. 그리고 조혜정의 『탈식민지시대 지식인의 글 읽기와 삶 읽기』 연작도 이 점에 대한 평이하면서도 진지한 탐색이다.

울 수 있는 자양분이 될 수 있을 것이다.41) 그리고 그 과정에서 비록 어려운 난관이 있다고 하더라도 외래의 것을 철저하게 따지고 추구했던 우리의 전통과 기질을 자산으로 하면서 보편적인 가치를 갖는 외래문화를 우리의 삶을 풍부하게 하는 것으로 새롭게 문화전통을 구성해 나간다면, 이는 바로 세계문화에 대한 공헌이자 역시 세계의 구성원을 살찌우는 일이 될 것이다.

---

41) 예컨대 현재 기독교와 민족문화는 많은 부분에서 대치선을 형성하고 있다. 사실 전체 인구의 1/4에 육박하는 기독교인에 의해 민족문화의 많은 부분이 부정되고 방치되고 있는 현실은 우려할 만한 일이다. 그러나 현재 기독교에서도 '토착화'문제에 많은 관심을 갖고 있으며, 최근 가톨릭에서는 제사 문제 등 그 현실적인 몇 가지 토착화 방침을 결정한 바 있다. 따라서 닫힌 민족문화와 닫힌 기독교 문화처럼 형식적인 문제로 먼저 대치선을 긋는 것은 현명한 일이 아니다. 열린 민족문화와 열린 기독교 문화의 본질, 그것은 공히 진정한 토착화 논의는 바로 민족문화에 대한 방향과 직결되는 것으로 앞으로 보다 긴밀하게 논의되어야 할 것이다.

《 참고문헌

올바른 논문 인용은 학문이 정립되는 기본 전제이다. 그러나 문화콘텐츠분야는 새로 시작한 분야이므로, 아직 한국학술진흥재단 학문분류도 되어 있지 않으며, 관련 학회 및 연구 논문집의 검색 또한 단순하지가 않다. 석박사 학위논문도 조사되지 못하고 있다.

솔직히 필자 자신부터 문화콘텐츠 분야의 논문을 제대로 검색하지 못하고 있다. 따라서 무엇보다 문화콘텐츠 분야의 〈논저목록〉이 매년 지속적으로 조사될 필요가 있다. 관심있는 연구자가 문화콘텐츠 관련 대학원 수업을 진행하면서 이 작업을 해주어 그 결과를 문화콘텐츠 관련 학회지에 정기적으로 발표해 준다면, 문화콘텐츠의 학문적 정립에 크게 도움이 될 것으로 생각한다.

본 책을 저술하면서 필자가 더 읽었어야 할 논저들, 그리고 최소한 인용되었어야 할 논저들이 빠진 경우가 있을 것이다. 이는 전적으로 필자의 게으름과 무지의 소산이다. 이 점 해당 필자들에게 죄송한 마음을 전하고자 한다.

강진갑, 「문화콘텐츠 개발과 지역사 연구자의 역할」, 『향토사연구』 15, 2003.

공임순, 「역사 드라마의 멜로드라마적 구도와 민족주의의 이율배반성」, 『방송문화연구』 13, 2001.

_____, 「이미지, 역사 그리고 가족 로맨스」, 『문학과 경계』 4, 2002.

_____, 『우리 역사소설은 이론과 논쟁이 필요하다』, 책세상, 2000.

권덕영, 「역사와 역사소설 그리고 사극」, 『역사와현실』 60, 2006,

김기덕, 「김태곤 '원본사고' 개념의 이해와 의의」, 『한국의 민속과 문화』 11, 경희대 민속학연구소, 2006.

_____, 「문화원형의 層位와 새로운 원형 개념」, 『인문콘텐츠』 6, 2005.

_____, 「三元 캐릭터연구 試論」, 『인문콘텐츠』 9, 인문콘텐츠학회, 2007.

_____, 「역사가와 다큐멘터리-<역사스페셜>의 사례를 중심으로」, 『사학연구』 65, 2002.

_____, 「전통 역사학의 응용적 측면의 새로운 흐름과 과제 - '인문정보학'·'영상역사학'·'문화콘텐츠' 관련 성과를 중심으로」, 『역사와 현실』 58, 2005.

_____, 「정보화시대의 역사학 : '영상역사학'을 제창한다」, 『역사교육』 75, 2000.

_____, 「風水地理學 정립을 위한 科學風水의 一 事例 - 地氣에너지 移動 法則 'θ＝∠30°×n'의 이해-」, 『민속학연구』 17, 2005.

_____, 「한국사의 대중화 경향과 과제-한국사 저작물을 중심으로」, 『중앙사론』 10·11합집, 1998.

_____, 이상훈, 「'인문학 영상아카이브센터'의 필요성과 설립방안」, 『역사민속학』 17, 2003.

_____, 『영상역사학』, 생각의나무, 2005.

_____, 「문화원형 디지털콘텐츠화사업의 사회적 효용」, 『인문콘텐츠』 5, 2005.

_____, 「전통적인 인문학 관련 학과에 있어서 '콘텐츠 교과목'의 보완-역사학 관련학과의 사례를 중심으로」, 『인문콘텐츠』 2, 2003.

_____, 「콘텐츠의 개념과 인문콘텐츠」, 『인문콘텐츠』 창간호, 2002.

_____, 「TV사극의 열풍과 사회적 영향」, 『역사와 문화』 5, 2002.

김기덕·신광철, 「문화, 콘텐츠, 인문학」, 『문화콘텐츠입문』, 북코리아, 2006.

김기봉, 『팩션시대, 영화와 역사를 중매하다』, 프로네시스, 2006.

김만수, 『문화콘텐츠 유형론』, 글누림출판사, 2006.

김서령, 「(이 사람의 삶) 삼원론 철학자 박재우」, 『신동아』 556호(2006년 1월 호).

김석하, 『한국문학의 낙원사상연구』, 일신사, 1973.

김성민, 『융의 심리학과 종교』, 동명사, 2003.

김열규, 『한국신화와 무속연구』, 일조각, 1977.

김영애, 「문화콘텐츠산업의 기획」, 『인문콘텐츠』 창간호, 2002.

김용범, 「문화콘텐츠 창작소재로서의 고전문학의 가치에 관한 연구」, 『한국언어문화』 22, 2002.

_____, 「조선조 소설의 서사공간 연구」, 『한국학논집』 5, 한양대 한국학연구소, 1984.

김유철, 「동아시아 지식정보의 전통과 '정보화시대'의 역사학」, 『역사학과 지식정보사회』, 서울대출판부, 2001.

김제중, 「한국 김치문화의 디지털콘텐츠 개발에 관한 연구」, 『디자인학연구』 10-1, 2005.

김창진, 「'관념적 시공의 존재틀'과 그 형성 배경」, 『한국의 민속과 문화』 11, 경희대학교 민속학연구소, 2006.

김태곤, 「원본의 개념」, 『한국문화의 원본사고』, 민속원, 1997.

_____, 『한국무속연구』, 집문당, 1981.

_____, 『한국민간신앙연구』, 집문당, 1983.

김태곤 외, 『한국문화의 원본사고』, 민속원, 1997.

김헌선, 『한국의 창세신화』, 길벗, 1994.

김현 외, 「아시아 문화유산의 디지털화 프로그램 및 협력방안」, 『인문콘텐츠』

5, 2005.

김　　현, 「인문콘텐츠를 위한 정보학 연구 추진방향」, 『인문콘텐츠』 창간호, 2003.

류종영, 『웃음의 미학』, 유로서적, 2005.

마의천, 『복있는 관상은 어떤 얼굴인가』, 동반인, 1991.

문만기, 『디지털영상콘텐츠 기획론』, 정보와사람, 2006.

미디어문화교육연구회, 『문화콘텐츠학의 탄생』, 다할미디어, 2005.

박경하, 「한국의 문화원형콘텐츠 개발현황과 과제」, 『인문콘텐츠』 3, 2004.

박경하·홍윤기·김유환, 『동북아 공동의 문화유산에 대한 공동연구와 관리』, 통일연구원, 2004.

박경환, 「지식정보 활용 디지털콘텐츠 구축의 구상 - 국학진흥원 '지식정보기반 유교문화권 체험관광 서비스 구축'사업 사례 -」, 『인문콘텐츠』 5, 2005.

박광용, 「사극 <왕도>에서 왜곡된 홍국영의 참모습」, 『역사비평』, 13, 1991.

_____, 「역사소설 무엇이 문제인가-황진이 관련 소설을 중심으로」, 『역사와 문화』 6, 문화사학회, 2003.

_____, 「TV사극에 문제있다-한중록을 중심으로」, 『역사비평』 6, 1989.

박기수, 『애니메이션 서사구조와 전략』, 논형, 2004.

박상천, 「왜 문화콘텐츠인가」, 『내러티브』 7, 2003.

_____, 「Culture Technology와 문화콘텐츠」, 『한국언어문화』 22, 2002.

박재우, 『삼원 미소명상』, 오행출판사, 2004.

_____, 『삼원의 이해』, 오행출판사, 2002.

_____, 『틀기요법』, 오행출판사, 2006.

박현국, 『한국공간설화연구』, 국학자료원, 1995.

최진봉, 「창세신화의 공간연구」, 『숭실어문』 19, 숭실대 국문학과, 2003.

백승국, 『문화기호학과 문화콘텐츠』, 다할미디어, 2004.

서대석, 「구비문학과 웃음-웃음이론과 笑話」, 『구술문화, 현장문화, 웃음문화』

(한국구비문학회, 한국웃음문화학회 공동학술발표대회 발표문), 2007.

서병문, 「21세기 전략산업 '문화콘텐츠'」, 『한국콘텐츠학회지』 1-1, 2003.

서정오, 『우리가 정말 알아야 할 우리 신화』, 현암사, 2003.

송진영, 「중국의 문화산업정책과 문화원형콘텐츠 개발」, 『인문콘텐츠』 3, 2004.

_____, 「현단계 중국의 문화산업과 중국의 전통서사문화」, 『중국어문학지』 16, 2004.

송태현, 「카를 구스타프 융의 원형 개념」, 『인문콘텐츠』 6, 인문콘텐츠학회, 2005.

신덕룡, 「금오신화의 시간구조 연구」, 경희대 대학원 석사논문, 1981.

신동흔, 『살아있는 우리신화』, 한겨레출판, 2004.

신현주, 「설화의 공간체계연구」, 인하대 대학원 석사논문, 1984.

안태성, 『관상·체질로 보는 얼굴이야기 캐릭터문화』, 형설, 2004.

역사학회편, 『역사학과 지식정보사회』, 서울대출판부, 2001.

우실하, 『전통문화의 구성원리』, 소나무, 1998.

_____, 『전통음악의 구조와 원리 : '삼태극의 춤' 동양음악』, 소나무, 2004.

유경환, 「음양오행설에 나타난 순환체계」, 『한국문화의 원본사고』, 민속원, 1997.

유동식, 『한국무교의 역사와 구조』, 연세대학교출판부, 1975.

유동환, 「고건축, 디지털세트로 거듭나다 : 문화원형과 디지털콘텐츠의 소통을 담당할 기획자를 전망하며」, 『인문콘텐츠』 창간호, 2002.

유원종, 「한국전통화약무기 및 로켓의 디지털콘텐츠 소재개발: web서비스를 중심으로」, 『한국콘텐츠학회지』 1-2, 2003.

유인순, 「궁예왕 전설과 역사소설」, 『강원문화연구』 21, 강원대학교 강원문화연구소, 2002.

_____, 「전설에 나타난 궁예왕」, 『태봉국 역사문화유적 학술회의 논문집』, 2006.

이강현, 「캐릭터를 이용한 전통무예 디지털콘텐츠 개발연구」, 『한국콘텐츠학회지』1-2, 2003.

이계양, 「고려 속요에 나타난 시간현상 연구」, 조선대 대학원 박사논문, 1992.

이기백, 『우리 역사의 여러 모습』, 일조각, 1996.

이남식, 「전통문화콘텐츠를 통한 지역경제 활성화전략 : 전통문화의 현대적 재해석」, 『문화도시문화복지』159, 2004.

이남희, 「문화콘텐츠 인프라사업」, 『문화콘텐츠입문』, 북코리아, 2006.

_____, 「인문학과 지식정보화 - '지식정보자원관리법'과 '한국역사통합시스 템'을 중심으로-」, 『인문콘텐츠』창간호, 2002.

이상언, 「숫자 3(삼)에 대한 관념」, 『한국문화의 원본사고』, 민속원, 1997

이상준, 「<건강 웃음운동의 3가지 포인트>에 대한 토론문」, 『구술문화, 현장 문화, 웃음문화』(한국구비문학회, 한국웃음문화학회 공동학술발표대 회 발표문), 2007.

이상훈, 『디지털기술과 문화콘텐츠산업』, 진한도서, 2004.

이유경, 『원형과 신화』, 이끌리오, 2004.

이윤선, 『민속문화기반의 문화콘텐츠 기획론』, 민속원, 2006.

이정옥, 「경주세계문화엑스포의 콘텐츠 기획과 과제」, 『경주문화논총』 7, 2004.

이정재, 「김태곤 원본이론의 '존재' 문제 연구」, 『한국문화의 원본사고』, 민속 원, 1997.

이창식, 「전통민요의 자료활용과 문화콘텐츠」, 『한국민요학』11, 2002.

이현세, 『천국의 신화』, 코믹스투데이외, 2001~2006.

임학순, 「문화콘텐츠 접근성, 그 의미와 정책과제」, 『예술경영연구』3, 2003.

_____, 『디지털콘텐츠와 문화정책』, 북코리아, 2007.

장원석, 「유학과 문화콘텐츠」, 『유교문화연구』7, 2004.

장윤수, 「세계 한민족문화공동체 발전과 문화콘텐츠 개발」, 『교포정책자료』 65, 2003.

전방지 외, 『문화콘텐츠와 창의성』, 글누림출판사, 2005.

정두희, 「사극이 펼치는 역사는 과연 역사인가」, 『장희빈, 사극의 배반』, 소나무.

정 민 외, 「한중전통문화 관련 디지털 인문콘텐츠 실태비교 및 수준향상 방안 연구」, 『한국학논집』 36, 2002.

정석규, 「문화원형을 중심으로 한 문화콘텐츠 기술개발에 관한 연구」, 『호남대학교 학술논문집』 25-2, 2004.

정재서, 「일본의 문화전통과 학술 그리고 문화산업」, 『인문콘텐츠』 3, 2004.

조관연, 「해외 지역연구와 문화콘텐츠」, 『국제지역정보』 135, 2004.

조관연, 『시각콘텐츠 들여다보기』, 다할미디어, 2006.

조정희, 「고소설의 신성공간 연구」, 고려대 교육대학원 석사논문, 1994.

질베르 뒤랑, 진형준 옮김, 『상징적 상상력』, 문학과지성사, 1983.

최원오, 『이승과 저승을 잇는 다리 한국 신화』, 여름언덕, 2004.

칼G융, 이윤기 옮김, 『인간과 상징』, 열린책들, 2003.

한국문화콘텐츠진흥원, 『CT 로드맵』, 2005.

_____, 『문화원형 창작소재 개발 중장기 로드맵 수립』, 2006.

한국정신문화연구원·전국문화원연합회, 『한국향토문화전자대전 편찬 기초연구』, 2001.

홍영의, 「고려시대 관련 역사소설의 대중성과 향후 전망」, 『인문콘텐츠』 3, 인문콘텐츠학회, 2004.

황동열, 「문화원형의 디지털콘텐츠 개발모형에 관한 연구」, 『한국비블리아』 14-1, 2003.

황패강, 『한국서사문학연구』, 단국대학교 출판부, 1972.

〈〈〈 찾아보기